行政协议诉讼实证研究

An Empirical Study of
Administrative Agreement Litigation

余艳敏　著

法律出版社
LAW PRESS·CHINA
北京

图书在版编目(CIP)数据

行政协议诉讼实证研究 / 余艳敏著. -- 北京 : 法律出版社, 2023
ISBN 978-7-5197-7593-3

Ⅰ. ①行… Ⅱ. ①余… Ⅲ. ①行政诉讼—研究—中国
Ⅳ. ①D925.304

中国国家版本馆 CIP 数据核字(2023)第 028951 号

行政协议诉讼实证研究
XINGZHENG XIEYI SUSONG SHIZHENG YANJIU

余艳敏 著

策划编辑 许 睿
责任编辑 许 睿
装帧设计 李 瞻

出版发行 法律出版社
编辑统筹 司法实务出版分社
责任校对 王晓萍
责任印制 胡晓雅
经　　销 新华书店

开本 710 毫米×1000 毫米 1/16
印张 16.25 **字数** 291 千
版本 2023 年 5 月第 1 版
印次 2023 年 5 月第 1 次印刷
印刷 唐山玺诚印务有限公司

地址:北京市丰台区莲花池西里 7 号(100073)
网址:www.lawpress.com.cn
投稿邮箱:info@lawpress.com.cn
举报盗版邮箱:jbwq@lawpress.com.cn

销售电话:010-83938349
客服电话:010-83938350
咨询电话:010-63939796

书号:ISBN 978-7-5197-7593-3
定价:68.00 元

凡购买本社图书,如有印装错误,我社负责退换。电话:010-83938349

序

行政协议是公众社会参与权和公共资源分享权的必然产物，是行政管理所必需的治理工具。党的十八大以来，党中央和国务院把建设服务型政府作为国家治理体系和治理能力现代化的重要组成稳步推进，而行政协议在行政管理领域的广泛适用，正是政府职能深刻转变的改革缩影。为此，阐释行政协议基本理论脉络、回应行政协议纠纷处理的现实问题是当前理论和实务研究领域的重点课题。

自行政协议纠纷进入行政诉讼受案范围以来，对行政协议的研究方兴未艾。特别是2019年最高人民法院发布的《关于审理行政协议案件若干问题的规定》，将行政协议领域的理论成果和司法经验进行了较为全面的总结和凝练，同时也创造了行政协议研究新的增长点。应当看到的是，在行政协议研究的视角和路径选择上，域外行政协议理论无法适配中国特色社会主义法律体系，而本土的行政协议理论演绎又相对薄弱。因此，对行政协议的研究必然要以行政协议纠纷的司法审判实践和司法裁判经验作为主要的切入和素材。

本书以行政协议诉讼为研究选题，正是为了解决行政协议纠纷处理过程中存在的现实问题，弥合行政协议双重性质与行政诉讼现有程序规范间的不适和冲突。以行政协议的识别标准、行政协议诉讼原被告及第三人资格认定、行政协议效力审查体系、行政协议诉讼裁判依据以及判决方式为研究的基本架构。

行政协议诉讼的实践探讨和理论展开其现实意义并不仅局限于行政诉讼制度的完善。一方面，构建科学系统的行政协议司法审查体系，对行政机关履约行为实现监督，对行政机关违约行为进行纠正，是切实保障民营企业等社会主体合法权益的必然选择。另一方面，司法审查所建立的行政协议效力形态体系、不同效力形态下的法律后果及相对人救济渠道，能够督促行政主体重视行政协议的签订和履约过程，确保行政主体严格兑现向行政相对人的政策承诺。

最后,回归行政诉讼本身,围绕行政行为合法性审查的现有行政诉讼制度,在面对行政协议争议处理时存在的一些不适展开有建设性解惑的论述。随着"放管服"改革的推进,行政协议必会在行政管理活动中占据日益重要的地位,因此,行政诉讼制度必须立足行政协议争议处理的实际做出适当的修正。

本书的撰写特别注重对司法裁判经验的提炼和总结。一方面,行政协议纠纷进入行政诉讼受案范围使大量的行政协议争议获得了接受实体裁判的可能。各级人民法院依据行政协议司法解释的条文规定,探索形成了数量庞大、价值突出的裁判经验。本书撰写的重要任务之一即是将散落于裁判文书中的裁判规则和司法经验进行描述总结、归纳提炼,全景展示了行政协议司法审查的现状,并为审查的体系机制完善进路提供现实参考。另一方面,行政协议诉讼在具体实践中出现矛盾冲突的表象原因是规范供给的不足,但更深刻的原因则是行政协议理论体系建构的缺失。现有的研究成果主要聚焦在行政协议某一具化的问题中。这些问题虽然都能够填补理论研究中的空白、调和司法实践中的冲突,但是以服务于行政诉讼实践需要的理论体系建立还有待完善。因此,对司法裁判经验的提炼和总结必然要反哺和回归于理论视域的拓展和深入。

行政诉讼个案中所蕴含的经验和智慧总能为学术研究提供源源不断的养分。本书的撰写只是行政协议诉讼研究的初步成果,其中不免有疏漏之处,同时也真诚地期待本书的出版能为后续行政协议的理论和实证研究增添一些有益的力量。

目　　录

绪　　论

一、选题意义

随着行政管理活动中行政协议适用范围的扩大，行政协议纠纷也不断增多。现行法律规范对行政协议的司法审查缺乏充分的制度供给。虽然最高人民法院于2019年通过了《关于审理行政协议案件若干问题的规定》（以下简称《行政协议诉讼司法解释》），但理论、实务领域的争议并未止息。〔1〕立法的不足与理论的杂乱，在一定程度上导致了实践中解决行政协议纠纷的困境与乱象。即使是在最高人民法院的诸多裁判中，关于行政协议的认识也存在冲突，地方各级法院相互矛盾的裁判更是不胜枚举，这对促进行政协议的良性发展和制度化建设已构成严重障碍。构建符合行政协议特征的行政诉讼制度，公平、公正解决行政协议纠纷已迫在眉睫。

本书的实践价值主要体现在：第一，对全国各级法院既往行政协议纠纷典型司法判例进行梳理分析，归纳形成完整的行政协议纠纷裁判规则，为司法机关审理行政协议纠纷提供参考，统一裁判尺度；第二，回应行政机关以行政协议方式开展行政管理活动中存在的疑难问题，明晰行政协议的订立与履行规则、纠纷救济渠道等内容，为行政机关规范行政协议行为提供指引。

---

〔1〕 2019年12月10日，最高人民法院发布了《关于审理行政协议案件若干问题的规定》，全文29条。从2016年开始，最高人民法院正式启动行政协议司法解释的起草工作。在起草过程中，征求和听取了全国人大常委会法制工作委员会、司法部、最高人民检察院、中华全国律师协会和中国法学会行政法学研究会的意见建议；征求了国家发展和改革委员会、财政部、原国土资源部、住房和城乡建设部、原国家卫生健康委员会、教育部等30余个部委的意见建议；先后在浙江、陕西、北京、南京、上海、沈阳等地开展了十余次调研活动，听取了各高级人民法院的意见，特别是深入听取了部分中、基层人民法院一线法官的意见建议；多次听取民法学界和行政法学专家教授的意见建议。从征求意见的范围来看，本次司法解释征求意见是行政审判领域范围最广的一次。

从理论层面上看,国内行政协议的现有研究成果多集中于基础理论研究,现有关于行政协议纠纷司法裁判的实证研究十分匮乏。尤其是《行政协议诉讼司法解释》的颁布又引发了新的争议。笔者采取从司法案例透视现实问题,回应理论疑问的全新视角,力图构建完整系统的行政协议司法审查的理论框架,廓清行政协议的司法识别标准、行政协议诉讼当事人认定标准、行政协议的效力审查规则、行政协议裁判依据的适用、行政协议诉讼诉讼请求的确定规则及其判决方式的完善建议等内容,为行政协议研究的发展完善提供理论基础。本书采用数据分析法和调查研究法,这是在研究视角和研究方法上的创新。数据分析法通过采集各级法院裁判文书,准确描绘出行政协议司法审判和其在行政管理中的适用现状。调查研究法通过走访、座谈、互联网问卷等形式,与一线审判人员、研究人员、律师、行政执法人员直接对话,客观掌握其对行政协议的认识态度,从一线实务人员视角审视现有行政协议制度的不足及完善方向。

二、研究综述

(一)国外关于行政协议诉讼的研究综述

1. 法国

法国系行政法的母国,行政协议在法国历史悠久。陈天昊博士研究认为,法国的行政合同源于行政机关与私人合作共同完成公共服务的实践。司法判例是法国经典的行政合同制度渊源。但随着立法者频繁介入行政合同领域,判例逐渐被成文法所取代。传统行政合同基于公共服务理念将国家权力正当化,并以公共服务作为判断行政合同的核心标准。随着自由主义理念的传播,政府在行政合同中的角色也发生了变化,行政合同逐渐朝着竞争化、合同化的方向发展,行政合同的主观性被释放,经典行政合同中的行政特权日益边缘化。就行政合同的司法识别来说,经典行政合同的识别标准经历了由“公共服务之目的”标准[1]与“超越于普通法之条款”标准分别主导到“公共服务之标的”标准

---

[1] 1873 年布朗格案确立行政法院的“公共服务”管辖标准,在 1910 年德洪案中该标准适用到行政合同中。

与"超越于普通法之要素"标准[1]相结合的转变。伴随竞争理念被引入行政合同中,司法判例确立了行政合同的公开透明与强制竞争规则。在合同履行过程中,合同履行的刚性化、合同承诺的优位也限制了经典行政合同时期政府的合同特权。在合同救济方式上,法国确立了先合同紧急诉讼[2]和合同紧急诉讼[3],有效维护合同当事人的权益。[4]

此外,中国政法大学张莉教授、广州对外经贸大学杨解君教授、湖南大学胡琳教授也撰写了有关法国行政合同诉讼方面的论文,为我们了解法国行政合同救济制度提供了重要的参考。

2. 德国

在德国,关于行政合同能否作为行政机关的行政管理方式,曾长期存在争论。德国行政法鼻祖奥托·迈耶认为,国家可以民事主体身份与私人签订合同,在公法领域不应当存在。[5]奥托·迈耶的主张一度占主导地位,行政法学界认为国家的行政活动是单方的、高权的,公共利益不允许以协议的方式出售或交换。[6]因此,行政合同纠纷一直未纳入行政法院的管辖范围。在德国,行政合同进入理论研究和立法是在第二次世界大战(以下简称"二战")后,尤其是 1976 年《联邦德国行政程序法》肯定行政合同制度后,与之相关的理论研究逐渐完善。《联邦德国行政程序法》将行政合同定性为行政行为替代活动方式,行政合同也进入行政法院的管辖范围。为了规范行政权的运行,德国行政法学者为行政机关选择行政协议的自由设定了界限。与此同时,德国行政法学者立足于《联邦德国行政程序法》着重对行政协议的合法性要件进行了详尽的研究探讨。

---

[1] 所谓超越普通法条款,是指合同条款是否区别于个人与个人之间约定的条款。换句话说,超越普通法条款是指私法上不可能存在的条款,如合同条款引用政府文件、约定了行政机关行使公权力的情形、为了公共利益才能解释的条款等。

[2] 先合同紧急诉讼是为与合同签订有利害关系且可能违反公开透明与强制竞争性规则受到伤害的当事人提供合同签订合法性的诉讼。

[3] 合同紧急诉讼系先合同紧急诉讼的继续,法官可以中止合同履行、撤销合同、解除合同等。

[4] 陈天昊:《在公共服务与市场竞争之间——法国行政合同制度的起源与流变》,载《中外法学》2015 年第 6 期,第 147 - 149 页。

[5] 参见[德]哈特穆特·毛雷尔:《行政法学总论》,高家伟译,法律出版社 2000 年版,第 185 - 186 页。

[6] 参见于安编著:《德国行政法》,清华大学出版社 1999 年版,第 133 页。

3. 英、美两国

英、美两国没有公私法的划分，也没有大陆法系国家意义上的行政契约。但事实上，英国的行政机关也常常采用合同的方式推行政策。既然是为了推行政策，是为了公共利益，也就不可避免地存在特殊规则。〔1〕例如，英国政府在1975年至1978年将“工资控制条款”写进政府合同中实现立法目的。〔2〕美国最初的行政合同是政府与私人签订的军事服务合同，后扩大到社会福利和公共工程领域。〔3〕也有专家专门撰文指出，美国律师应该关注政府合同领域。〔4〕我国行政法学界关于英美行政合同的理论研究成果不多，这侧证了行政合同不是英美行政法的典型制度。

（二）我国关于行政协议诉讼研究综述

1. 我国台湾地区

于立深教授研究认为，我国台湾地区行政契约的转折点是1993年“司法院大法官”解释324号，呼吁立法机关尽快制定行政契约之立法。在我国台湾地区，行政契约与行政处分是并列关系，适用的法律原则和效力理论不同。行政行为的效力理论仅适用于行政处分，不适用于行政契约。行政处分与行政契约的本质区别在于是否具有合意。行政契约常为行政处分的替代方式。关于行政契约的诉讼救济，从法律适用上看，除“行政法”特别规定和“行政法”一般原则外，“民法”上关于契约的一般规定亦可适用。从当事人地位上看，我国台湾地区允许行政机关作为原告，对相对人一方提起契约诉讼。这源于行政处分效力不适用于行政契约的理念，行政机关对于不履行行政契约的私人一方，不能直接强制执行，除非约定了自愿强制执行条款。〔5〕

2. 大陆地区

（1）关于行政协议的司法识别

关于行政协议的识别，研究成果较为丰富。余凌云教授以最高人民法院指

---

〔1〕 参见王名扬：《英国行政法》，中国政法大学出版社1987年版，第224页。

〔2〕 参见［英］威廉·韦德：《行政法》，楚建译，中国大百科全书出版社1997年版，第489页。

〔3〕 参见应松年主编：《当代中国行政法》，中国方正出版社2005年版，第985页。

〔4〕 See Miller, Arthur S., *Administration by Contract: A New Concern for the Administrative Lawyer*, New York University Law Review, Vol. 36, No. 5, May 1961, p. 957 – 990.

〔5〕 参见于立深：《台湾地区行政契约理论之梳理》，载《中外法学》2018年第5期，第284－301页。

导性案例76号(亚鹏公司案)为切入点,提出行政法上的权利义务是判定行政协议的核心标准。〔1〕无独有偶,韩宁博士提出了"以行政法上的权利义务为核心"重构行政协议的判断标准。〔2〕沈福俊教授"以改造法定职责范围内为核心"提出了行政协议的定义。〔3〕陈天昊博士认为,应引入比例原则,只有当行政职责足够重要时行政机关才可以适用行政协议,若通过民事合同能履行职责,则不必认定为行政协议。〔4〕

此外,叶必丰教授、王学辉教授等在其撰写的有关行政协议的论文中,也提出了关于行政协议识别的标准,对于行政协议的判断也极具启发意义。

虽然我国关于行政协议判断的研究成果较多,但对司法实践的指引作用稍显乏力。从现有的研究成果看,行政协议识别标准的文章多为行政法学界的成果,民法学者对以上观点抱有疑虑。〔5〕在实务中,各级法院的民事审判庭和行政审判庭关于行政协议的认定标准不尽相同,导致大量案件在两个诉讼领域之间摇摆徘徊,凸显了理论研究的不尽完善。

(2)行政协议案件的审理规则

关于行政协议案件的审理规则,郭修江认为,行政协议是行政行为,要从行政行为的角度认识和分析行政协议,在优先适用行政法律规范的前提下,适用不违反行政法的民事法律规范。〔6〕耿宝建则认为,审理好协议类行政案件,就必须打破部门法的本位主义,越过公法与私法的鸿沟,建立统合民事、行政案件审理思路的新理念。法官应抛弃传统行政行为的审查思路,构建以"关系审"为主,以"行为审"为辅的审理路径。在坚持法律关系审查、合法性审查、维护公共利益的同时,充分继受民法有关诚实信用、意思自治等理念,既坚持依法行政又

---

〔1〕参见余凌云:《行政协议的判断标准——以"亚鹏公司案"为分析样本的展开》,载《比较法研究》2019年第3期,第98页。

〔2〕参见韩宁:《行政协议判断标准之重构——以"行政法上的权利义务"为核心》,载《华东政法大学学报》2017年第1期,第82页。

〔3〕参见沈福俊:《司法解释中行政协议定义论析——以改造"法定职责范围内"的表述为中心》,载《法学》2017年第10期,第90页。

〔4〕参见陈天昊:《行政协议的识别与边界》,载《中国法学》2019年第1期,第140页。

〔5〕参见王利明:《论行政协议的范围——兼评〈关于审理行政协议案件若干问题的规定〉第1条、第2条》,载《环球法律评论》2020年第1期,第5-22页。

〔6〕参见郭修江:《行政协议案件审理规则——对〈行政诉讼法〉及其适用解释关于行政协议案件规定的理解》,载《法律适用》2016年第12期,第50页。

诚实重约守信，既遵守法律规定又尊重意思自治，既维护公共利益又促进交易安全，既确保行政管理目标的实现又充分保障私人合法权益。〔1〕从上述两位法官的认识上看，行政协议案件的审理理念究竟是以行政法为主，还是应打破部门法理念是一个关键但依然存在分歧的问题。

(3)行政协议效力的司法审查标准

关于行政协议的效力，陈思融博士认为，对违法行政协议效力状态的确定，不能仅单方面考虑行政协议的"契约性"，也不能仅单方面考虑行政协议的"行政性"，不但要考虑依法行政原则，而且应关注信赖利益保护原则和契约应遵守的原则。对违法程度"严重且明显"的行政协议，应确认无效；对违法程度未达到"严重且明显"的行政协议，应确认有效；对涉及第三人权利的行政协议，应确定为效力待定的行政协议。〔2〕

关于行政协议无效的认定，王敬波教授认为，公私法规则在关于合同效力的价值取向上存在对极冲突，因此，单独适用行政法律规范或者民事法律，均无法搭建逻辑周延的行政协议的效力框架。与此同时，公法和私法在法律原则、法律规范等方面仍然存在相互融通并具备提取效力认定公因式的可能性。以违法作为无效的起点，无效行政协议的标准介于单方行政行为无效标准和民事合同无效标准之间。〔3〕

王贵松博士认为，在行政协议的无效认定时，可以适用行政行为无效的标准，但仍可存在针对行政协议的特别无效标准；也可以准用民事合同法的无效标准，但仍需要与公法原则相协调。行政协议无效标准的确定与选取，需要在依法行政原则、契约原则、法律优位与法安定性、信赖保护原则之间进行价值衡量。〔4〕

(4)行政协议案件的判决方式

围绕行政协议各判决方式之间的关系，陈思融博士认为，在行政协议案件中，确认有效判决和继续履行判决应当是首先考虑适用的判决形式。当行政协

〔1〕参见耿宝建、殷勤：《行政协议的判定与协议类行政案件的审理理念》，载《法律适用》2018年第17期，第124页。

〔2〕参见陈思融：《论行政协议的法律效力状态》，载《浙江学刊》2018年第5期，第123页。

〔3〕参见王敬波：《司法认定无效行政协议的标准》，载《中国法学》2019年第3期，第64页。

〔4〕参见王贵松：《行政协议无效的认定》，载《北京航空航天大学学报（社会科学版）》2018年第5期，第19页。

议无继续履行可能性和现实性时，补救判决是第二顺位考虑适用的判决形式，而赔偿判决应作为第三顺位的判决。[1]程琥认为，当前行政协议案件法定判决方式并不能满足行政协议案件多样性、复杂性裁判的要求，需要构建完整的行政协议案件判决方式体系。行政协议案件判决方式在选择适用时要结合行政协议案件的合法性和合约性审查要求，将传统行政案件判决方式与合同案件判决方式综合适用于行政协议案件中。[2]

(5)其他相关问题

刘飞教授围绕行政协议与行政行为关系以及行政协议诉讼制度构建的研究，[3]最高人民法院江必新副院长围绕行政协议的效力性审查以及行政协议变更、解除履行等问题的研究等，对于行政协议司法审查问题的研究都具有非常重要的参考价值。

三、主要内容和结构

(一)主要内容

1. 行政协议的司法识别与行政协议案件范围的类型

什么是行政协议？这是行政协议区别于民事合同，从而能够通过行政诉讼受案范围的入口进入司法审查的首要问题。目前，国内学界提出目的说、标的说、主体说、新主体说、权利义务说等多种学说，以上学说虽各有侧重但仍难以明确客观的标准将现有的行政协议完全囊括。我国行政机关的行政管理内容纷繁复杂，涉及签订行政协议的活动主要有以下三类：一是与行政职权的行使有关的；二是与提供公共服务有关的；三是政府以私法主体身份签订的协议。[4]本部分将对能够进入司法审查视野的行政协议进行类型化研究，凝练行政法视野中行政协议的识别要素，试图定义行政协议。在研究行政协议内涵和外延的基础上，提出行政协议诉讼的类型。

---

〔1〕 参见陈思融：《行政协议诉讼各类判决方式之间的关系》，载《政治与法律》2017年第8期，第152页。

〔2〕 参见程琥：《行政协议案件判决方式研究》，载《行政法学研究》2018年第5期，第79页。

〔3〕 参见刘飞：《行政协议诉讼的制度构建》，载《法学研究》2019年第3期，第32-48页。

〔4〕《行政协议诉讼司法解释》明确了行政协议不包括行政机关之间因公务协助等事由而订立的协议以及行政机关与其工作人员订立的劳动人事协议。

2. 行政协议诉讼的当事人

行政协议诉讼的当事人不同于一般合同诉讼的当事人。在一般合同诉讼中,受合同相对性的影响,合同之外的第三人在合同诉讼中不适格。但行政协议案件原告和被告的认定却与之不同,如何适用行政法律规范认定行政协议的当事人是必须关注的问题。此外,行政协议主体的合法性也不同于普通合同。行政法对相对人的权利能力和行为能力有特殊要求时,这些规定构成特殊的订约主体资格,如政府特许经营协议。就行政机关的权利能力和行为能力而言,签订行政协议亦是在履行行政职权,行政主体理论对判断行政机关签订行政协议的资格有重要价值。

3. 行政协议的效力判断

行政协议的效力研究是本课题的核心。与民事合同不同,一方面,行政协议是行政机关履行行政管理职能的行为,依法行政要求对协议效力应当从严认定。另一方面,行政协议是行政机关对社会公共资源进行配置的行为,协议相对人基于行政协议的公法性和对行政机关的合理信赖安排自己的生产活动,对一般违法情形的行政协议不应一概否定其效力。本部分将着眼于依法行政和相对人权利保护间的紧张关系,围绕行政协议的主体、内容、程序等对行政协议效力的影响,立足行政行为理论和民事合同效力的认定规则,形成行政诉讼对行政协议效力的科学审查标准,以实现法益保护的均衡。

4. 行政协议诉讼的法律适用

通过对现有行政协议纠纷的分析研判发现,行政协议履行过程中协议双方产生的纠纷占到了绝大多数。普遍认为,不同于民事合同,行政协议中的一方——行政机关在履行行政协议的过程中具有行政优益权,即行政机关可以在行政协议签订后突破协议的合意性单方面对协议的履行内容进行调整。无疑,行政机关在协议履行过程中行使行政优益权是对协议相对人权利的极大挑战。

行政协议既有其作为行政管理的“行政性”一面,也有其作为公私合意的“协议性”一面。行政协议在履行过程中发生纠纷时,会涉及行政法律规范与民事法律规范的选择适用问题。正是行政协议的双重特征使实务界对其法律适用的相关问题产生了不小的争议。本部分将明确行政法律规范和民事法律规范在行政协议中的适用范围,使行政协议纠纷得到公正有效的解决。

5. 行政协议案件的判决方式

如何正确地适用法律作出实体判决,如何在具体个案中选择恰当的判决方式,是行政协议案件必须解决的现实问题。选择正确的行政协议案件判决方式,需要正确处理契约自由和依法行政的关系,准确把握信赖保护和比例原则,合理平衡司法尊让和纠纷实质化解。在此基础上,明确不同判决方式的适用条件,对现有判决方式进行补充完善。

（二）本书结构

全书分为绪论、正文六章和结论八个部分。其中,第一章为行政协议诉讼的基本理论,第二章为行政协议之诉的司法识别,第三章为合同相对性突破与适格当事人,第四章为行政协议效力的司法判断规则,第五章为行政协议裁判依据的审查与适用,第六章为"诉判同一"视角下诉求确定规则和判决方式完善。

四、研究思路和方法

（一）研究思路

本书在对行政协议诉讼理论基础进行梳理的基础上,首先,分析行政协议诉讼的历史沿革、纠纷解决方式以及行政诉讼解决行政协议纠纷的优势。其次,围绕行政协议诉讼的几个核心问题:行政协议的司法识别、当事人、效力规则、法律适用、诉讼请求和判决方式等进行研究,从而得出研究结论。在这里,裁判文书收集、归纳、整理、分析是难点。一方面,中国裁判文书网上能够检索到的各级法院裁判文书达万篇以上,数据多,遴选工作量大,耗费时间长。另一方面,在庞大的裁判文书数据库中制定标准来选择文书作为研究对象,真实反映司法实践中行政协议纠纷的裁判现状也考验着研究者的研究、设计能力。最后,制定科学的数据分析模型更是对研究者提出了跨学科的研究挑战。

（二）研究方法

1. 数据分析法。利用中国裁判文书网、北大法宝等法律数据库,梳理全国各级法院对行政协议纠纷作出的裁判文书,总结归纳行政协议纠纷在现实司法活动中的裁判规则。

2. 调查研究法。走访各级法院一线审判人员、行政机关执法人员、法学专家、律师,了解有关人员对行政协议的认识和态度。制作调查问卷,通过线上、线下问卷调查的方式掌握审判机关和行政机关处理行政协议相关疑难问题的现状。

3. 个案分析法。通过对以行政协议纠纷为案由发布的最高人民法院指导性案例、公报案例进行个案分析，透视指导性案例背后的裁判要旨和裁判观点的变迁历程，总结出普适性的裁判结论，为审判工作和行政活动提供规范补充。

4. 比较研究法。横向研究，包括对不同法系国家审判机关对行政协议审查标准的比较分析。进行“过去—现在—未来”的纵向比较研究，探讨我国行政协议纠纷的司法审查演变轨迹，总结其未来发展变化趋势。

5. 文献研究法。收集、鉴别、整理各种相关行政协议的文献，并通过对文献的研究，形成对行政协议基础理论的科学认识。

第一章　行政协议诉讼的基本理论

第一节　行政协议诉讼的理论基础

一、公私法划分理论

公私法的划分始于罗马时期。乌尔比安认为，有的法律造福于公共利益，有的法律造福于私人，这就是公法与私法。查士丁尼进一步指出，公法涉及罗马帝国的政体，私法涉及个人利益。[1]从起源上看，公私法的划分是民主政治和商品经济发展到一定社会阶段随着市民社会与政治国家的分野而产生的。恩格斯指出，在罗马帝国时代，自由民是平等的，罗马法就是在此基础上产生的。[2]公私法的划分对于防止公权力过度介入私人领域以及培养市民社会的私权意识具有重要的意义。当资本主义发展到帝国主义阶段，经济危机促进了国家干预，公私法划分遭遇了极大挑战。公私法基于调整社会关系的需要开始了融合，出现了“私法公法化”和“公法私法化”的现象。[3]其中，“公法私法化”打破国家神话理念，是随着国家干预措施的失灵，国家干预手段调整出现的。“公法私法化”的主要表现是将平等对立、协商较量、等价有偿等私法手段引入公法关系。例如，在行政管理中运用行政合同的方式，变“行政命令”为一定范围内的“协商”。[4]

在有公私法之分的大陆法系，如何区分公法和私法是一个充满疑问和争议

---

〔1〕 参见周枏:《罗马法原论》,商务印书馆2004年版,第92页。

〔2〕 参见中共中央马克思恩格斯列宁斯大林著作编译局编译:《马克思恩格斯选集》(第3卷第2版),人民出版社1995年版,第445页。

〔3〕 See Chaim Saiman, *Public Law, Private Law, and Legal Science*, American Journal of Comparative Law, Vol. 56, No. 3 (Summer 2008), p. 691 – 702.

〔4〕 参见方立新、姚利红:《公私法的分野与趋同》,载《外国法制史研究》2011年第00期,第165页。

的法律任务。在法国,如何界定公行政与私人活动的界限,涉及行政法院和普通法院管辖权的划分。[1]在德国,公私法划分除关涉法院的管辖范围外,还涉及对行政行为、行政合同等性质的认定以及具体的法律适用。[2]但随着公私法的融合与渗透,这种区分有时候显得非常困难,一些新型的法律关系很难用纯粹的公法或者私法加以定性。[3]首先,在行政组织法领域,出现了介于公法与私法之间的组织形态,如公务法人制度。其次,在行政行为领域,公私合作变得异常频繁,如私人制定工业标准、私人受托建设公共设施并负责运营管理,甚至监狱的私有化。此外,行政管制手段从以命令与控制为核心的方式向以合同为中心的协商、协作转化。[4]

行政协议是公私法融合的产物,是行政机关借助私法手段实现行政任务的替代方式。既然是借用私法手段,就应当遵循私法的理念和规则。但复杂的是,行政协议又是实现行政目的的行政活动方式,如何平衡公法与私法的适用是行政协议良好运行的关键。

二、契约理论

"契约"与"合同"等同,这是我国民法学界的通说。[5]无论是在西方,还是在中国,契约早已有之。研究显示,中国人使用契约的历史甚至可以追溯到原始社会末期。[6]梅因认为,从古代法和证据看,尚未见到无契约的社会。[7]在西方,契约文化的世俗源头是古希腊文化,宗教源头是基督教。古希腊理性、平等、自由的观念为契约理念提供了重要的思想基础。在基督教文化中,人和神的契约为一切世俗的契约提供了根据、权威和渊源。[8]如果说原始社会的契约

---

〔1〕 参见王名扬:《法国行政法》,中国政法大学出版社1988年版,第5页。

〔2〕 参见[德]哈姆雷特·毛雷尔:《行政法学总论》,高家伟译,法律出版社2000年版,第40页。

〔3〕 See Levinson, L. Harold, *Public Law/Private Law Distinction in the Courts*, George Washington Law Review, Vol. 57, No. 6, August 1989, p. 1579 – 1594.

〔4〕 参见杨寅:《公私法的汇合与行政法演进》,载《中国法学》2004年第2期,第39–40页。

〔5〕 参见王利明、崔建远:《合同法新论·总则》(修订版),中国政法大学出版社2000年版,第11页。

〔6〕 参见张传玺:《论中国历代契约资料的蕴藏及其史料价值》,载《北京大学学报(哲学社会科学版)》1991年第3期,第112页。

〔7〕 参见[英]梅因:《古代法》,沈景一译,商务印书馆2009年版,第201页。

〔8〕 参见杨解君:《契约文化的变迁及其启示(上)——契约理念在公法中的确立》,载《法学评论》2004年第6期,第26页。

是无意识的,罗马时期的契约则被赋予一种法律上的效果。近代以来,《法国民法典》把契约自由确立为基本原则。按照契约自由的精神,每个人应有缔约或者不缔约的自由,以自己的方式追求自己的幸福生活。资本主义进入垄断时期,契约自由原则受到限制,绝对的契约自由演变为相对的契约自由。[1]

在传统公法学理论中,源于契约不得改变公法的理念,契约与行政格格不入。但随着政治经济的发展和给付行政的产生,契约在行政管理领域也得到应用。从逻辑上讲,依法行政的依据是"法",行政机关使用契约,必然会限制,甚至在一定程度上排斥依法行政的要求。因此,有观点认为,羁束行政没有行政者的自由,没有契约存在的可能性,行政机关的契约在自由裁量的范围内才具有合法性和正当性。[2]纵然理论界对于契约引入公法有各种顾虑和担忧,但实践中借助契约形式的管理活动却是大量存在的,如各种"协调"、"和解"和责任制合同等。为了缓和契约与依法行政的关系,有学者指出,法律就是民主的产物,也是妥协的过程,无论是法律的内容还是精神,均体现了契约的要素。因此,行政活动可以通过契约义务与法律义务的统一,尤其是对于缺乏法律规定的情形,在法的一般原则下,通过契约责任条款,更好地促进依法行政。[3]法定义务的契约化,一个相对人承诺和法的实现过程,契约中的平等、自由、程序、义务、责任等理念,与行政法的价值和精神本身就不矛盾,反而增强行政的可接受性,淡化行政权力的强制性。

在契约引入行政法的过程中,由于受法律上强制性规定等的限制,契约自由原则的确与民法不同。林纪东先生认为,公法上的契约以不抵触法规为前提。[4]但也有学者认为,契约自由也是行政契约的基础,与民事契约不同的是,行政契约受行政目的的制约。在契约缔结阶段,只要法律不禁止,就可以选择契约的方式为之。在内容方面,只要不与法律相抵触,就可以协商确定与行政职责相符的权利义务。[5]契约一旦引入行政领域,契约对行政的影响是全面的,不仅仅限于自由裁量领域和给付行政。行政职权一旦进入契约领域,就要

---

〔1〕 See Hillman, Robert A., *Crisis in Modern Contract Theory*, Texas Law Review, Vol. 67, No. 1, November 1988, p. 103 – 136.

〔2〕 参见杨小君:《契约对依法行政的影响》,载《法学研究》2007 年第 2 期,第 140 页。

〔3〕 参见杨解君:《论契约在行政法中的引入》,载《中国法学》2002 年第 2 期,第 101 页。

〔4〕 参见林纪东:《行政法新论》,台北,三民书局 1985 年版,第 259 页。

〔5〕 参见余凌云:《论行政法领域中存在契约关系的可能性》,载《法学家》1998 年第 2 期,第 52 页。

受到契约的约束。如在招商引资领域,行政审批条款一旦契约化,就会受到契约的限制,行政机关必须遵守。[1]

行政协议兼具行政性和契约性,受行政法律规范和民事法律规范的共同调整,具体情况下选择适用民法或者行政法,或者共同适用民法和行政法,既要符合行政目的,也要体现契约精神。

三、行政行为理论

行政行为是行政法学的核心概念,但至今尚未对行政行为达成共识。应松年教授曾指出,行政行为是我国行政法中最为重要、最为复杂、最有特色的概念。[2]关于行政行为的概念,有多种观点。第一种观点认为,行政行为是行政管理活动方式的总称。这是最为早期的概念,后来逐渐被修正。第二种观点认为,行政行为是产生行政法律效果的行为,包括法律行为和事实行为。第三种观点认为,行政行为是对相对人所作的法律行为,不包括事实行为。第四种观点认为,行政行为是指针对具体事件作出的对外直接产生法律效果的单方行为。

行政行为的概念最早在法国产生,称为"行政处理",是指行政当局的单方决定。在德国,奥托·迈耶提出,行政行为是个案中为被管理者规定法律权利的主管当局的一种行政意思表示。该定义被《联邦行政程序法》采用,行政行为的概念在法律上实现了统一。[3]

从大陆法系国家行政程序法的规定和诉讼类型的划分看,作为行政法核心概念的行政行为与我国具体行政行为的概念等同。行政行为在程序法上的意义是类型化适用共同程序规制的行政活动方式。此外,作为撤销诉讼的主要对象,行政行为在行政诉讼中发挥诉讼类型化的作用。[4]

在我国,学界虽然对行政行为的界定素来存在争议,但有关行政行为成立、有效、合法要件、效力内容、无效与撤销以及行政程序等理论,均是从具体行政

---

〔1〕 参见杨小君:《契约对行政职权法定原则的影响及其正当规则》,载《中国法学》2007年第5期,第76页。

〔2〕 参见应松年:《行政行为法》,人民出版社1993年版,第1页。

〔3〕 参见于安:《德国法上行政行为的构成》,载《中国法学》1999年第5期,第139页。

〔4〕 德国、日本行政程序法中,行政行为与行政规则、行政合同作为并列的行政活动方式。

行为的视角切入的。[1]2014 年修改的《行政诉讼法》用"行政行为"取代了"具体行政行为",但并未调整围绕"具体行政行为"设计的诉讼规则。从学者们对行政行为效力等相关问题的研究看,具体行政行为和行政协议的诉讼规则完全不同。事实上,在目前行政行为效力规则建构以及《行政诉讼法》的制度设计中,行政协议并非理论研究和法律规范的对象。因此,无论是行政行为的效力理论还是《行政诉讼法》关于行政行为的撤销规则等,都不能直接适用于行政协议。

四、依法行政原理

在大陆法系国家,依法行政是行政法上最为重要的原则,其集中体现了行政法的基本精神和价值。在德国,以奥托·迈耶为首的行政法学者基于"依法律行政"等基本原则、"行政行为"等抽象概念和法教义学创建了一套具有价值同一性和逻辑一致性的传统行政法体系。[2]迈耶认为,在法治国理念下,法律应当起到对行政的支配作用,这种支配作用具体体现为三个方面,即法律的法规创造力、法律优先和法律保留。法律的法规创造力,是指立法垄断对一般性规范的创造,一切法规均应由法律来创造[3];法律优先,是指"法律在行政的活动中具有优越地位,行政的一切活动均不得违反现行的法律"[4];法律保留则是指"行政机关要作出某种行政行为,必须取得法律的授权"[5]。上述三者即是传统行政法理论中经典的依法律行政原理。

不难发现,依法律行政原理对行政机关的权力进行了全方位的限制,目的在于通过使行政机关行使行政职权时严格遵从法律而使其对相对人的侵害达到最小化,从而最大限度地保护行政相对人的合法权益。依法律行政原理的提出与当时行政作用的领域及特征息息相关。因为在彼时,行政机关主要履行治安、外交、国防等基本职能,行政手段则主要为具有单方性、强制性的高权行政

---

〔1〕 参见王贵松:《行政行为无效的认定》,载《法学研究》2018 年第 6 期,第 161-174 页;何海波:《行政行为的合法要件——兼议行政行为司法审查根据的重构》,载《中国法学》2009 年第 4 期,第 59 页;沈岿:《行政行为公定力与妨害公务——兼论公定力理论研究之发展进路》,载《中国法学》2006 年第 5 期,第 70 页。

〔2〕 参见赵宏:《行政法学的体系化建构与均衡》,载《法学家》2013 年第 5 期,第 35 页。

〔3〕 参见王贵松:《论法律的法规创造力》,载《中国法学》2017 年第 1 期,第 110 页。

〔4〕 王贵松:《论行政法上的法律优位》,载《法学评论》2019 年第 1 期,第 36 页。

〔5〕 王贵松:《行政强制执行的法律保留》,载《中国工商报》2012 年 2 月 16 日,第 3 版。

行为，行政行为主要作用于秩序行政领域，其作出会对行政相对人产生侵害效果，因此，依法律行政原理的主要作用在于控制行政机关的行政权。事实上，在行政法学界有关行政法作用的讨论中，控权论一直占据着理论基础地位，即便当前学者们提出了很多其他观点，但因为秩序行政在当前仍然是主要的行政领域，控权论的地位也一时无法撼动。

但无法否认的是，随着行政机关被赋予的行政职能的逐步增加和行政领域的不断扩大，"依法律行政"的名称和内涵都发生了相应的变化。当前，"立法机关已不能将立法权视为专有，而不得不将大量的事项委托行政机关立法"[1]。在我国，根据《宪法》和《立法法》的相关规定，行政机关还可以依职权立法，"依法律行政"自然也被我们称为当前更为熟知的"依法行政"。在依法行政原理下，法律对行政的支配作用由原先的三个方面变为两个方面，即法律优先和法律保留。根据通说，法律保留又被限定为最低限度的"侵害保留"。也就是说，只有行政机关的决定对私人合法权益构成侵害时，才必须要有法律的依据。

从依法行政原理的上述嬗变过程可以看出，依法行政原理的内涵和要求随着行政领域的变化而不断变化。具体而言，传统的依法律行政原理之所以对行政进行如此严格的控制，是因为当时的行政领域是主要侵害领域。但随着给付行政、公共服务等领域的出现，行政机关在这些领域履行职责时一般不会对私人造成侵害，随之产生的问题便是，在这些非侵害领域，行政机关是否仍需严格遵从依法行政原则？换言之，行政机关在非侵害领域是否仍需严格遵守法律的规定？行政机关在非侵害领域作出违法行为时，是否和依法行政原则对行政机关在侵害领域作出的高权行政行为的规制方式一样，均会产生效力上的瑕疵？

笔者认为，在依法律行政原则向依法行政原则的嬗变过程中，依法行政原则的功能也相应发生了变化。在侵害行政领域，依法行政原则的功能仍然在于控权，高权行政行为的作出仍然受到法律的严格控制；而在非侵害领域，依法行政原则的功能则在于规范。具体而言，行政机关在非侵害领域履行行政职责时，原则上不会以作出高权行政行为的方式直接减损私人的权利，因而没有控制行政权的必要。但是，在非侵害领域，行政机关履行行政职责时应当符合行政效能原则的要求，因而法律的作用在于，通过事先对行政机关如何履行职责作出规定，从而在一定程度上保证行政机关履行行政职责时的效能。当然，法

---

〔1〕 刘莘：《依法行政与行政立法》，载《中国法学》2000 年第 2 期，第 87 页。

律在非侵害行政领域所作的规定往往是对行政机关的基本要求,行政机关在履行行政职责时仍享有较大的行政裁量权。

具体到行政协议,众所周知,行政协议主要作用于上文所述的不宜作出高权行政行为的非侵害领域,因而行政协议是否需要严格遵循依法行政原则素来存在争议。从表面看,"依法行政"与"契约合意"绝非并行不悖的概念,因而在行政协议中二者可能会存在张力。但应当注意的是,行政协议兼具"行政性"与"协议性",行政协议的"行政性"使得其并不具有同民事合同一样的自治空间,行政协议的当事人仍需遵守法律为规范行政机关履行职责而作出的规定,其只有在合法性框架内才具有协商的空间。

五、诉讼目的理论

"目的是全部法律的创造者,每条法律规则的产生都源于一种目的,即一种实际的动机。"〔1〕耶林曾指出,解释法律的前提是知悉法律所欲达成的目的,以此为起点,方能得其精髓。法律规则是为实现立法目的而制定的,与立法目的不相一致的规则应当是无效的。〔2〕我国台湾地区有学者认为:"行政诉讼制度,究竟系依据何种目的而运作,不仅攸关诉权理论之建构,亦与如何架构理想行政诉讼制度此一立法政策问题,以及如何适用解释、运用行政诉讼制度等问题息息相关。"〔3〕

行政诉讼法的立法目的不但影响行政诉讼制度的具体设计,而且决定了整个行政诉讼的实践效果。行政诉讼立法目的应从观念上阐明行政诉讼所期望达到的目标,是国家根据统治需要、基于对行政诉讼本质的认识,预设的关于行政诉讼实践结果的立法模式。〔4〕行政诉讼立法目的更多地体现着法律的价值判断,关系着行政法相关理论的建构,直接影响着行政诉讼制度的设计,起着主导制度总体思路的作用。立法目的不同,行政诉讼的审判原则、受案范围、案件管辖、诉讼程序、当事人制度、诉讼模式以及审判模式等也会不同。立法目的定

---

〔1〕[美]E.博登海默:《法理学:法律哲学与法律方法》,邓正来译,中国政法大学出版社1999年版,第21页。

〔2〕参见黄杰主编:《中华人民共和国行政诉讼法诠释》,人民法院出版社1994年版,第5页。

〔3〕刘宗德、彭凤至:《行政诉讼制度》,载翁岳生主编:《行政法》,中国法制出版社2009年版,第1340页。

〔4〕参见马怀德:《行政诉讼原理》,法律出版社2003年版,第67页。

位应包括立法活动的方向选择、立法论证的有效途径、法律解释的重要标准、公民守法的规范指南。[1]行政诉讼目的对于相关法律条文的理解适用和具体运行起着根本性的指引作用,尤其是在立法规定较为模糊或者制度内涵不甚明晰之时。

行政诉讼立法目的的确立是行政诉讼制度所面临的首要议题,也是行政诉讼整体目标宗旨和价值功能在《行政诉讼法》中的具体体现。2014 年修正的《行政诉讼法》第 1 条确立了行政诉讼的三大立法目的:解决行政争议、保护公民权利和监督依法行政。

行政协议诉讼立法目的决定了通过行政诉讼审理行政协议案件的优势和价值。普通民事诉讼的价值是解决纠纷,而行政诉讼除解决纠纷外,还应实现对行政权的监督和行政相对人利益的保护。因此,在行政协议案件审理中,如何设计和把握行政协议的审理规则,离不开诉讼目的的指引。

第二节 行政协议纠纷解决方式的争论

一、行政协议的肯认及纠纷解决途径的区分

一百多年前,梅因指出:"所有进步社会的运动,到此处为止,是一个从身份到契约的运动。"[2]契约与自由同义,契约是对身份的否定,也是推动社会进步的工具。[3]在法学领域,契约被认为是一种合意,是当事人有关权利义务的约定,一种基于对价达成的协议。契约在民事领域被广泛运用,被视为自由、平等、合作、诚信的象征。契约自由与身份自由、意思自治相伴而生,互为前提。[4]近代国家职能简单,主要在于秩序的维护,行政管理依靠权力、强制、命令,与契约精神自然格格不入。随着行政民主化进程加快,市场经济向混合经济过渡,行政管理新领域不断涌现,政府机关要积极为社会提供服务和保障,契

〔1〕 参见刘风景:《立法目的条款之法理基础及表述技术》,载《法商研究》2013 年第 3 期,第 52 - 54 页。

〔2〕 [英]梅因:《古代法》,沈景一译,商务印书馆 1997 年版,第 97 页。

〔3〕 参见邱本:《从契约到人权》,载《法学研究》1998 年第 6 期,第 2 页。

〔4〕 See Smith, Stephen A., *Future Freedom and Freedom of Contract*, Modern Law Review, Vol. 59, No. 2, March 1996, p. 167 - 187.

约作为一种优于单方行政命令的手段而被采用。[1]因此，在现代法学中，契约不再是私法的专属概念，它已跨越私法的范畴进入公法领域。

行政协议随着行政管理方式的多样化而产生。但行政契约何时产生，在哪个国家最早产生，至今并无权威的说法。历史总是有些迟钝，对于正在发生的事件，无法认识到其本来的面目。也许正是因为这种迟钝，行政合同才有了发展空间。[2]

在行政合同未被识别的阶段，行政合同混同于民事合同，法国行政合同纠纷也由普通法院审理。作为行政法母国的法国，在行政管理中通过判例和规则逐步确立了有名的形式意义上行政合同和无名的实质意义上行政合同。20世纪初，在公共服务理念的支撑下，法国围绕公共服务目的构建了经典行政合同制度。工业革命后的法国经济蓬勃发展，政府的守夜人角色难以满足现实需要，管理活动逐步深入经济、文化等各个领域，旨在为社会公众提供保障。国家的活动手段也不再仅限于高权命令，而是采用了大量类似私人企业的经营管理行为。公共服务理念作为理论支撑，为国家权力的活动边界提供正当性论证，也为行政合同的识别提供了指引。至此，凡能被识别的行政合同纠纷统统纳入行政法院的管辖范围。进入21世纪后，随着新自由主义对法国公法的影响不断加深，公共服务的理念逐渐被消解，行政合同的竞争化与合同化更加受到重视，推动了公法学者对行政合同类型化的重新思考以及行政法官对行政合同救济制度的整合。[3]行政合同案件的审理理念也发生了变化，行政优益权被限制，合同的契约性和竞争性在案件审理中发挥了重要作用。

行政合同能否作为行政活动的方式，在德国行政法的发展历程中有过较大的争论。德国行政法鼻祖奥托·迈耶认为，合同以平等为前提，而公法领域强调国家的优越性，且法律保留原则不允许行政机关让位自己的权力，行政合同是不可能存在的。[4]因此，行政合同纠纷并没有纳入行政法院的审理范围。奥

---

〔1〕参见杨解君：《契约理念引入行政法的背景分析——基础与条件》，载《法制与社会发展》2003年第3期，第66页。

〔2〕参见孙笑侠：《契约下的行政——从行政合同本质到现代行政法功能的再解释》，载《比较法研究》1997年第3期，第319页。

〔3〕参见陈天昊：《在公共服务与市场竞争之间——法国行政合同制度的起源与流变》，载《中外法学》2015年第6期，第1641页。

〔4〕参见于安编著：《德国行政法》，清华大学出版社1999年版，第133页。

托·迈耶的理论影响了德国很多年,直至1945年左右,德国行政法理论才肯定行政合同的存在。在1966年一个关于建设费用的判决中,法院明确指出奥托·迈耶的行政合同不能存在的理论与现代行政法理念不一致。随着1976《联邦德国行政程序法》的颁布,行政合同在立法上得到了确认,该法对行政合同进行了专章规定。在德国,行政合同的签订、履行、变更、终止、救济等原则适用行政程序法的规定,只有在例外情形下才可适用民事法律规范。只要法律没有禁止性规定,行政机关都可以采用行政合同的方式进行管理,并且可以行政合同的方式替代行政行为方式。在实践中,行政合同非常普遍。有些单行法律还专门规定了行政合同制度,如《建筑法》规定了城市建设合同。[1]行政合同纠纷自然就毫无争议地纳入行政法院的管辖范围。

英美国家没有公私法的划分,没有专门的行政合同理论,但行政合同在实践中也被广泛应用。英国历来认为国王缔结合同的权利和私人一样源于普通法,被视为不需要立法授权的固有权利。在英国,契约经常扮演一个工具性政策的角色,英国公共事业私有化改革中存在大量的公共契约以及公私合作模式。[2]美国没有"行政协议"这一更加强调双方主体身份差异的概念,而是以"政府合同"代之,在审理时也不单独区分"民事案件"与"行政案件"。美国行政合同主要限定在与政府采购或政府购买劳务有关。除正式的行政合同外,行政机关在行政管理活动中大量采用合同的手段或引入合同的观念,以服务于行政目的或用以解决各种争议。[3]由于英美国家没有普通法院和行政法院的划分,行政合同纠纷归普通法院审理,但都认可特殊规则对行政合同纠纷审理的约束作用。[4]

在我国,有关行政法学的研究是随着1989年行政诉讼制度的建立而缓慢展开的。我国在制定《行政诉讼法》的过程中,采用的核心概念是具有单方命令色彩的强制性行为,即具体行政行为,行政合同并没有纳入行政法的视野。行政合同在行政管理中的实际运用早于学术界的关注,如计划生育合同、治安管

---

〔1〕 参见[德]哈特穆特·毛雷尔:《行政法学总论》,高家伟译,法律出版社2000年版,第343页。

〔2〕 参见卢超:《经由"内部契约"的公共治理:英国实践》,载《北大法律评论》(第10卷·第2辑),北京大学出版社2009年版,第273-285页。

〔3〕 参见杨解君:《论契约在行政法中的引入》,载《中国法学》2002年第2期,第96页。

〔4〕 See Zollers, Frances E., *Rethinking the Government Contract Defense*, American Business Law Journal, Vol. 24, No. 3, Fall 1986, p. 405-426.

理合同、粮食采购合同等。早期，虽然行政机关管理采用了行政合同之名，但行的是行政命令之实。例如，行政机关在签订行政合同时，不尊重相对方的意见和要求，擅自确定指标，强迫相对方接受；在行政合同履行过程中，行政机关借检查、督促之机过多地干预相对方的活动，甚至滥用变更和解除合同的权利；在行政合同履行完毕后，行政机关不兑现在合同中所作的承诺。[1]也许正因如此，行政合同一直被误解，民法学界不愿意承认行政合同，更不愿意把其纳入合同法的范围。在原《合同法》的起草过程中，中国行政法学者建议将行政合同纳入合同法的调整范围，单列行政合同一章作为合同的特殊形态加以规定，但遭到了民法学界的强烈反对。[2]最后的结果是原《合同法》明确规定了本法调整的合同限于平等主体之间的民事合同，排除了行政合同的适用。

1989年《行政诉讼法》没有把行政合同纳入行政诉讼的受案范围，但理论界尽快将行政协议纳入行政诉讼范围的呼吁一直未停止。[3]最高人民法院江必新副院长曾专门撰文指出，行政合同在我国长期、普遍、广泛存在，且行政合同具有现代行政所必需的功能，理论争议不是推迟或者拒绝建立行政合同法律制度的理由。[4]值得注意的是，在20世纪90年代，审判实践中偶尔也有法院把行政合同纠纷作为行政审理的案例。2000年3月8日，最高人民法院通过了《关于执行〈中华人民共和国行政诉讼法〉若干问题的解释》，用“行政行为”取代了“具体行政行为”，被认为是为人民法院行政诉讼中受理行政合同案件解除了禁令。2014年修订的《行政诉讼法》吸收了司法解释中以“行政行为”取代“具体行政行为”的做法，并明确了行政协议属于行政诉讼的受案范围。自此，行政协议在《行政诉讼法》上有了一席之地，行政协议纠纷解决方式得到了立法确认。

---

〔1〕 参见付士成：《我国使用行政合同存在的主要问题》，载《行政法学研究》1993年第2期，第91页。

〔2〕 参见梁慧星：《讨论合同法草案征求意见稿专家会议上的争论》，载《法学前沿》（第二辑），法律出版社1998年版，第50页。

〔3〕 参见郑京文、佘辛文：《行政合同纳入行政诉讼受案范围问题探讨》，载《行政法学研究》1996年第4期，第3页。

〔4〕 参见江必新：《中国行政合同法律制度：体系、内容及其构建》，载《中外法学》2012年第6期，第1159页。

二、行政复议解决行政协议纠纷的论争

中国行政复议制度已有二十多年的发展历史。行政复议制度在“解决行政争议”“维护当事人合法权益”“监督行政行为,促进依法行政”“强化法治观念、助推法治政府建设”[1]等方面发挥着巨大的作用。遗憾的是,时至今日,行政协议案件仍未纳入行政复议的受案范围。2017 年,国务院法制办公室在对交通运输部的复函中答复:“政府特许经营协议等协议争议不属于《中华人民共和国行政复议法》第六条规定的行政复议受案范围。”[2]该复函明确将“政府特许经营协议”排除在行政协议的受案范围外。

这一复函的指引效应迅速拓展到对其他类型行政协议可复议性的判断中。有判决从上述答复对地方各级政府行政复议工作的约束效力上进行分析,认为:“原国务院法制办复函中关于政府特许经营协议等协议争议不属于行政复议受案范围之内容,系原国务院法制办对《中华人民共和国行政复议法》第六条规定所作的解释,地方人民政府及相关行政机关在行政复议工作中予以执行,并无明显不当。”[3]有判决对上述答复中“等”的范围进行分析,认为原国务院法制办公室《对〈交通运输部关于政府特许经营协议等引起的行政协议争议是否属于行政受案范围的函〉的复函》(国法秘复函〔2017〕866 号)规定:“政府特许经营协议等协议争议不属于《中华人民共和国行政复议法》第六条规定的行政复议受案范围。”该复函中的“等”明显为“等外等”,即范围涵盖其他行政协议。[4]也有判决不引用上述答复,直接对《行政复议法》第 6 条进行解释,将行政协议排除在行政复议的受案范围外,如原告鲍某安申请撤销其与某区拆迁安置管理办公室签订的《住宅房屋征收安置补偿协议书》一案,人民法院认为不属于可以申请行政复议的范围。[5]

总体来看,行政协议是否属于行政复议的范围,各级法院在审查中持有三

---

〔1〕 许安标:《行政复议法实施二十周年回顾与展望》,载《中国法律评论》2019 年第 5 期,第 24 - 25 页。

〔2〕 原国务院法制办公室《对〈交通运输部关于政府特许经营协议等引起的行政协议争议是否属于行政复议受理范围的函〉的复函》(国法秘复函〔2017〕866 号)。

〔3〕 最高人民法院行政裁定书,(2019)最高法行申 2147 号。

〔4〕 湖南省长沙市雨花区人民法院行政判决书,(2018)湘 0111 行初 143 号。

〔5〕 兰州市中级人民法院行政裁定书,(2019)甘 01 行终 161 号。

类不同态度：

第一种观点：行政协议属于行政复议的范围。有法院认为，国有土地使用权出让合同是由土地行政主管部门代表国家与土地使用权人签订的协议，受土地管理法律法规调整，并由土地行政管理部门负责对合同履行进行监督，属于行政协议。行政协议属于行政行为，当事人认为行政行为侵犯其合法权益有权申请行政复议。〔1〕该判决书是在2014年修正的《行政诉讼法》生效之后作出的，法院把行政协议解释为行政行为，认为只要是行政行为，当事人就有权复议。

第二种观点：行政协议不属于行政复议的范围。2015年《行政诉讼法》生效后，有地方法院认为，1989年《行政诉讼法》和2009年《行政复议法》受案范围和复议范围都不包括行政协议，2014年修正的《行政诉讼法》虽然将行政协议纠纷纳入行政诉讼受案范围，但《行政复议法》并没有修改，因此行政协议争议不属于行政复议范围。在《行政复议法》对复议范围规定未作修改的情况下，不能用《行政诉讼法》中受案范围的规定解读行政复议案件范围。〔2〕

第三种观点：是否属于复议范围，行政复议机关有决定权。还有法院认为，《行政诉讼法》规定人民法院受理对行政行为提起的诉讼，《行政复议法》规定行政复议机关受理对具体行政行为提起的复议。《行政诉讼法》规定的行政行为包括行政机关签订、履行协议的行为，但《行政复议法》规定的具体行政行为是否包括行政机关签订、履行协议的行为并不明确。因此，复议机关是否受理行政协议复议申请具有决定权。在肖某棠、肖某槐申请复议国有建设用地使用权出让合同案〔3〕中，复议机关认为，该协议是上犹县国土资源局和海鑫公司经协商订立的协议，决定不予受理。

针对这一问题，笔者查阅了最高人民法院审理的关于行政协议纠纷复议案件，最高人民法院的裁判观点基本是一致的（见表1-1）。〔4〕

---

〔1〕 参见安徽省六安市中级人民法院行政判决书，(2016)皖15行终81号。

〔2〕 参见河南省高级人民法院行政判决书，(2017)豫行终421号。

〔3〕 参见江西省高级人民法院行政判决书，(2016)赣行终186号。

〔4〕 笔者专门收集了最高人民法院李广宇法官、王振宇法官、耿宝建法官、梁凤云法官审理的全部行政协议案件，总结了他们关于行政协议案件的相关裁判意见，作为有代表性的观点在相关部分转述。

表1－1　最高人民法院关于行政协议是否属于行政复议范围的代表性案件裁判要旨

案件名称	文号	裁判要旨
王某祥、王某某诉江苏省扬州市人民政府行政复议决定案	（2017）最高法行申5363号	本案中，涉案的协议是杭集镇政府与杭集镇王集村王一组签订《征地协议》（补充），其性质属于征地补偿协议，是行政机关为履行征收职责而签订的协议，具有行政协议的属性，因此对该协议不服不能提起行政复议
屠某林诉被申请人杭州市余杭区人民政府行政复议案	（2018）最高法行申6700号	《行政复议法》对有关行政协议争议是否属于行政复议的受理范围没有明确规定。结合（国法秘复函〔2017〕866号）规定精神，政府特许经营协议等协议争议不属于行政复议受理范围
张某玲诉再审被申请人北京市东城区人民政府行政复议案	（2017）最高法行申5274号	根据协议签订时有效的《城市房屋拆迁管理条例》，拆迁人与被拆迁人拆迁补偿安置协议纠纷属于民事纠纷。根据现行《行政复议法》对行政复议范围的规定，就上述协议的有效性及履行等问题向东城区人民政府申请行政复议，依法不属于行政复议范围

由表1－1可见，最高人民法院基本认为《行政复议法》对于行政协议是否属于行政复议受案范围没有作出规定，且《行政复议法》规定的受案范围是具体行政行为，因而认为行政协议不属于行政复议的受案范围。

回溯法律规范，《行政复议法》第6条采用“肯定列举＋兜底条款”的方式对行政复议的受案范围作出规定。该条第6项规定“认为行政机关变更或废止农业承包合同，侵犯其合法权益的”，明确将“农业承包合同”纠纷纳入行政复议的受案范围。《行政复议法》自1999年制定至今经过2009年和2017年两次修改，上述条款的内容得到了完全的保留和传承。在1999年的特定历史背景下，行政协议的概念尚未进入我国法学研究和行政司法的视域，《行政复议法》仅就广泛存在的“农业承包合同”的受案范围作出了明示。大量的行政协议纠纷案件与“农业承包合同”纠纷并无本质差别，因此应当对《行政复议法》对应条款作出扩大解释，以符合《行政复议法》的立法目的，实现行政复议制度化解行政纠纷的重要作用。

行政复议和行政诉讼都是对行政违法行为不服可以选择的法律救济手段。行政复议是行政系统内部的救济手段，与行政诉讼相比，行政复议具有效率高、专业性强的优势，而行政诉讼有中立性强、法律化强的特点。依照《行政诉讼法》第44条的规定，只要属于行政诉讼受案范围，行政相对人既可以提出复议，也可以提起诉讼,除非法律、法规规定复议前置。笔者认为,作为两种相互衔接的救济手段,二者的受案范围应该完全相同,否则就无法实现有效的衔接。根据《行政复议法》的规定,有些行政复议案件是复议机关作出最终裁决,对复议决定不服的,也无法进入行政诉讼程序。从该程序设计看,行政复议的案件范围应该大于行政诉讼的受案范围,而不应当比行政诉讼的案件范围小。

事实上,在不少国家,行政复议是行政诉讼的前置程序,未经行政复议就不能进入诉讼。这样的制度设计是司法谦抑权的要求,也体现了司法对行政机关自我纠错权的尊重。作为最后一道防线的司法权一般不主动冲到前方。例如,美国行政法上穷尽行政救济原则。〔1〕对于行政协议争端的解决,美国建立了多种模式。〔2〕行政公民、法人或者其他组织若没有用尽行政系统内部的救济手段,则法院不受理该案的起诉。因此,行政相对人申请行政复议是没有限制的,寻求司法救济则有程序上的限制。

2020 年 2 月 15 日,笔者通过微信软件“问卷星”设计了 22 个关于行政协议司法审查的问题,分别选取法官、检察官、律师、公务员、法学教师、法律专业学生和普通公民(问卷显示身份为“其他”)进行了调查。共收回有效问卷 1175 份,其中法官 221 份、检察官 103 份、律师 267 份、公务员 174 份、法学教师 51 份、法律专业学生 201 份、其他 158 份。关于行政协议纠纷能否通过复议解决,笔者进行了相关调研。(见图 1 – 1)

考虑到社会各界对行政合同概念相对熟悉,对行政协议概念比较陌生,设计问卷时,笔者专门用行政合同代替行政协议。问卷调查结果显示,有 61.02% 的受访者认为行政协议应当属于行政复议的范围。在分类统计中,法律工作者(法官、检察官和律师)的观点基本相同,57% 的受访者认为行政协议应当属于行政复议的范围,其中法学教师、法律专业学生和非法律工作者认为行政协议属于行政复议受案范围的比例更高,反映了普通大众认可将行政协议纳入行政复议的案件范围。(见图 1 – 2、图 1 – 3)

---

〔1〕 See Berger, Raoul, *Exhaustion of Administrative Remedies*, Yale Law Journal, Vol. 48, No. 6, April 1939, p. 981 – 1006.

〔2〕 See Miller, H. Crane, *Administrative Determination and Judicial Review of Contract Appeals*, Boston College Industrial and Commercial Law Review, Vol. 5, No. 1, Fall 1963, p. 111 – 138.

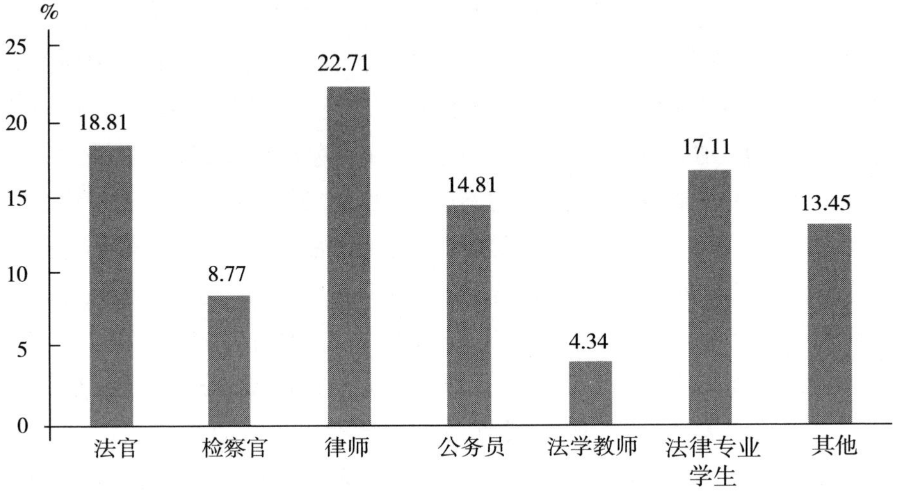

图1－1　受访者的职业

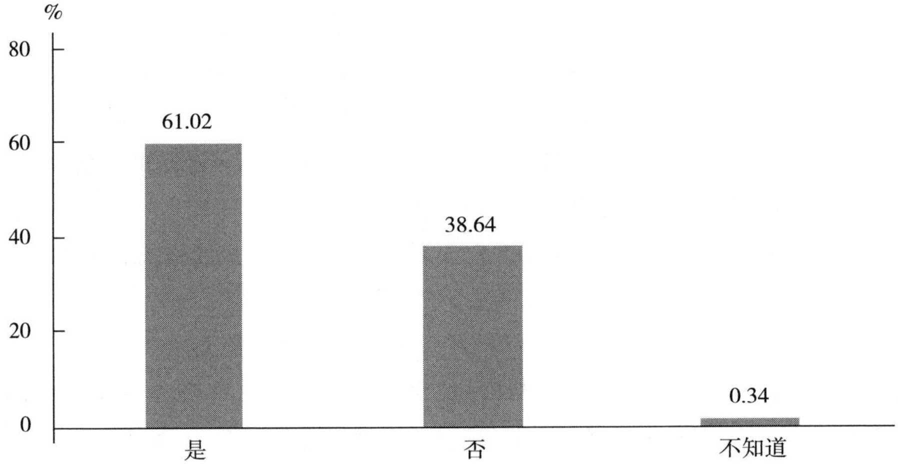

图1－2　行政合同纠纷是否可以纳入行政复议的受案范围

笔者认为，行政复议在解决行政协议纠纷中具有独特的优势。"行政复议制度定性为行政系统内部上下级的纠错监督制度，其与司法救济制度相比，有着高效率、低成本、方便行政相对人等特点，从某种程度上来说运用行政复议的救济途径来解决行政协议争议更容易被群众所接受。"[1]具体而言，首先行政

〔1〕 张旭：《行政协议争议可复议问题研究》，载《上海公安学院学报》2019年第5期，第73页。

复议是合法性与合理性审查并重。行政协议的内容多由协议双方协商确定，这就容易造成：协议内容虽在法律法规等规范内，但其因合理性的缺乏而对相对人权利和国家社会公共利益产生损害的结果。其次，对经上级机关批准的行政协议，通过行政复议程序能够彻底化解纠纷。对于此类行政协议纠纷，复议机关通常是行政协议的批准机关。在复议程序中，复议机关可以再次审查行政协议的合法性与合理性，及时纠错。

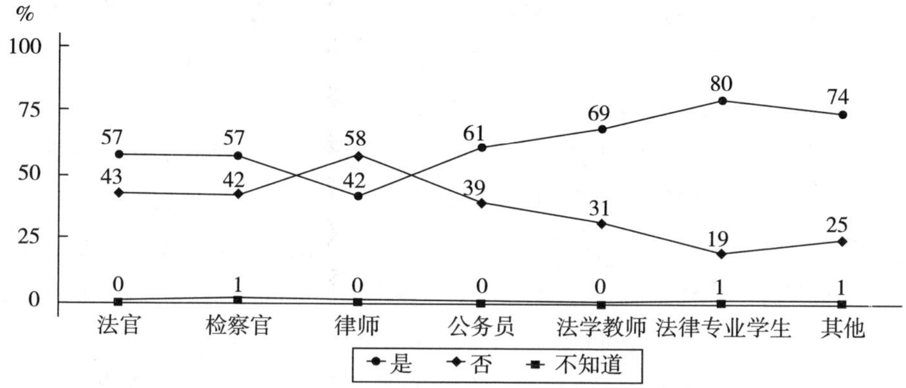

图 1－3　不同职业群体的观点

三、行政协议纠纷的可仲裁性

《仲裁法》和《民事诉讼法》构成了我国仲裁制度的规范基础。《仲裁法》第 2 条“平等主体的公民、法人和其他组织之间发生的合同纠纷和其他财产权益纠纷，可以仲裁”的规定，明确了仲裁的范围。但对于行政协议当事人是否属于“平等主体”在司法审判中仍有争议。有裁判认为：行政协议案件显然不属平等主体之间的合同纠纷。虽涉案合同约定了仲裁解决方式，但因其系行政协议，故浙江信仁车业有限公司的起诉不受仲裁条款的约束。[1] 2014 年《行政诉讼法》进行修改，对行政诉讼受案范围的扩展实际上表明了人民法院对行政协议案件排除仲裁和民事诉讼程序的适用，这一观点也得到了一些法院裁判的支持。如有裁判认为，在 2015 年《行政诉讼法》实施以前，行政协议案件并未被纳入行政诉讼受案范围。结合本案，案涉协议签订于 2014 年，即使其属于行政协议案件，由此引发的纠纷亦不属于行政诉讼的受案范围。案涉协议中的仲裁条款系合同当事人协

〔1〕 浙江省高级人民法院行政裁定书，(2018) 浙行终 1449 号。

商一致的结果，在签订协议的当时均符合法律的规定，在该仲裁条款的效力未被否定之前，人民法院不宜审理当事人之间因该协议而产生的纠纷。〔1〕

通过对比仲裁与行政诉讼程序的特点，笔者认为，将行政协议交由行政诉讼程序专属处理更符合当前行政争议解决的实践。第一，行政诉讼具有独立性。行政诉讼案件的审判权由人民法院独立行使，不受其他个人、机关和社会团体的干预。我国普遍设立的仲裁委员会多是由地方政府设立的事业单位，其同时接受所在地区司法行政部门的业务指导和监督。对于一些由当地行政机关签订的行政协议引发的纠纷，再由其设立的仲裁委员会处理则会出现行政机关既是“运动员”又是“裁判员”的尴尬局面。第二，行政诉讼注重对行为合法性的审查。仲裁程序所依据的法律规范是《仲裁法》和《民事诉讼法》，这些法律规范重在对协议内容的审查，充分尊重并保障当事人的意思自治。但是行政协议与民事合同不同，除显现在协议文本中的内容外，还涉及行政机关的职权范围、协议签订的程序规范以及对国家和社会公共利益的保护，这是仲裁程序审查的薄弱点却是行政诉讼的强项。实践中，一些行政机关为逃避司法审查对行政行为合法性的监督，通过签订仲裁协议将行政协议纠纷划入仲裁程序，其目的正是利用仲裁对行政行为合法性的忽视而通过协议方式实现利益输送和“暗箱操作”。为了解各界对行政协议能否通过仲裁解决的态度，笔者进行了相关调研。（见图1－4、图1－5）

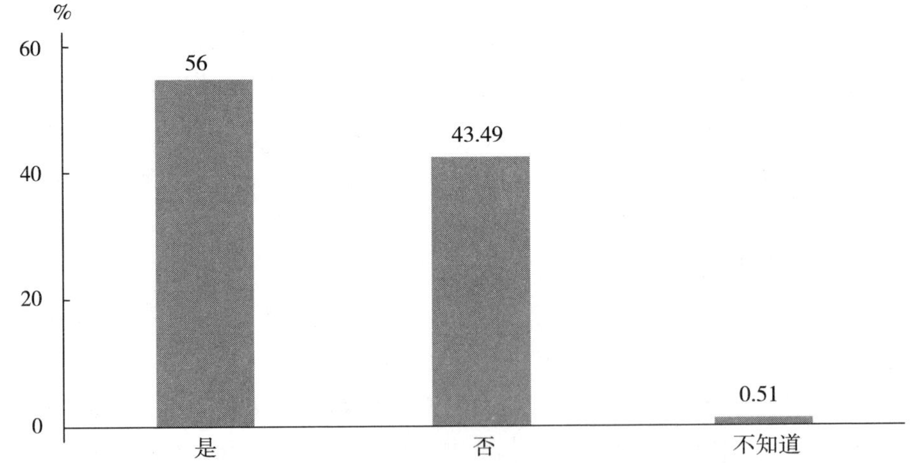

图1－4　行政合同纠纷是否可以通过仲裁程序解决

〔1〕 安徽省合肥市中级人民法院行政裁定书，(2019)皖01行终142号。

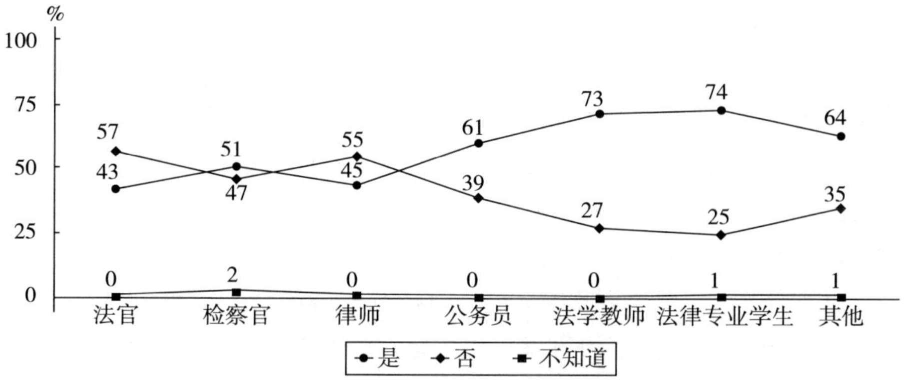

图1－5　不同职业群体的观点

关于行政协议是否可以通过仲裁解决的调查显示，法律工作者对这一问题的观点基本上是五五对开，一半左右的被调查者认为可以通过仲裁解决行政协议纠纷，或许是不熟悉仲裁制度，抑或从解决问题的多元性选择考虑，原因不得而知。也许在未来的制度设计中，可以考虑部分行政协议纠纷纳入仲裁的可能性。但总体来看，不宜将行政协议纳入行政仲裁的范围。

第三节　行政协议被纳入行政诉讼受案范围及制度优势

一、行政诉讼解决行政协议纠纷共识的达成

一段时间以来，关于行政机关与其他社会主体订立的以实现行政目标为目的、以行政关系为内容的协议纠纷案件是否该纳入行政诉讼抑或民事诉讼存在很大的争议。有学者认为："中国不宜沿袭法国的行政合同制度及其理论……法国行政合同的类型，在中国法多属于民商合同的范畴。"[1]实践中，关于协议的审理程序也存在不一致之处，以国有土地出让权合同纠纷为例，最高人民法院于2004年通过的《关于审理涉及国有土地使用权合同纠纷案件适用法律问题的解释》开篇指出："根据《民法通则》、《合同法》、《土地管理法》、《城市房地产管理法》等法律规定，结合民事审判实践，就审理涉及国有土地使用权合同纠纷案件适用法律的问题，制定本解释。"根据上述解释，国有土地使用权出让合

〔1〕 崔建远：《行政合同之我见》，载《河南省政法管理干部学院学报》2004年第1期，第99页。

同纠纷被确定为民事纠纷。但2016年最高人民法院发布的指导性案例第76号明确指出："本案行政协议即是市国土局代表国家与亚鹏公司签订的国有土地使用权出让合同。行政协议强调诚实信用、平等自愿，一经签订，各方当事人必须严格遵守，行政机关无正当理由不得在约定之外附加另一方当事人义务或单方变更解除。"行政指导性案例的发布，事实上并未改变国有土地使用权纠纷行政诉讼和民事诉讼并行的模式。

2014年修正的《行政诉讼法》时明确将行政协议纳入行政诉讼的受案范围，关于行政协议审理程序的争议尘埃落定，将行政协议纳入行政诉讼受案范围也越来越成为理论和实务界的共识。笔者认为，相较民事诉讼程序，将行政协议纠纷纳入行政诉讼受案范围，适用《行政诉讼法》规定的规则和程序对行政协议进行审查，更能实现对行政权力的监督和行政协议相对人权利的保障，且行政诉讼程序并不排斥民事法律规范的适用，能更高效地解决纠纷。行政协议是否应当纳入行政诉讼解决，笔者进行了相关调研。（见图1－6、图1－7）

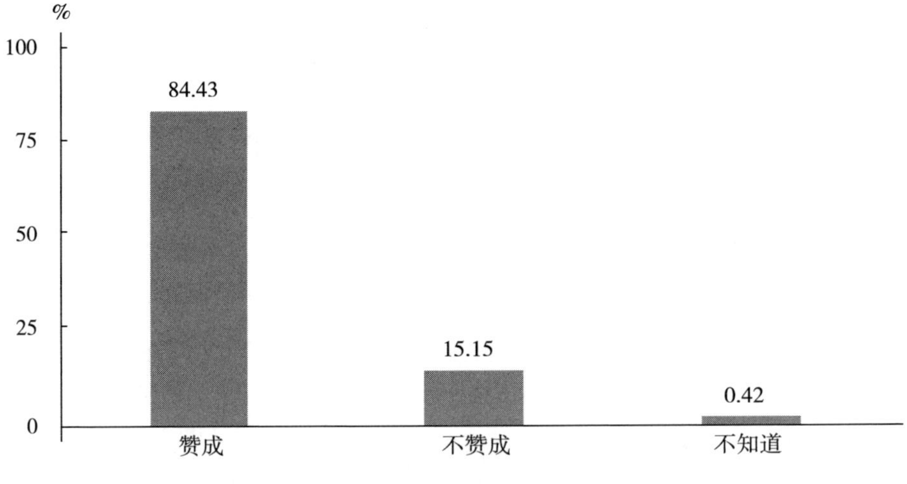

图1－6　是否赞成行政合同由行政审判庭来审理

关于行政协议是否应由行政庭来审判，91%的法官、89%的检察官、78%的律师认为行政协议应当纳入行政诉讼的案件范围，73%的法学教师认为行政协议纳入行政诉讼案件范围，其他受访者的比例基本上都是80%以上。由此可见，绝大部分受访者认同行政协议纠纷通过行政诉讼解决。

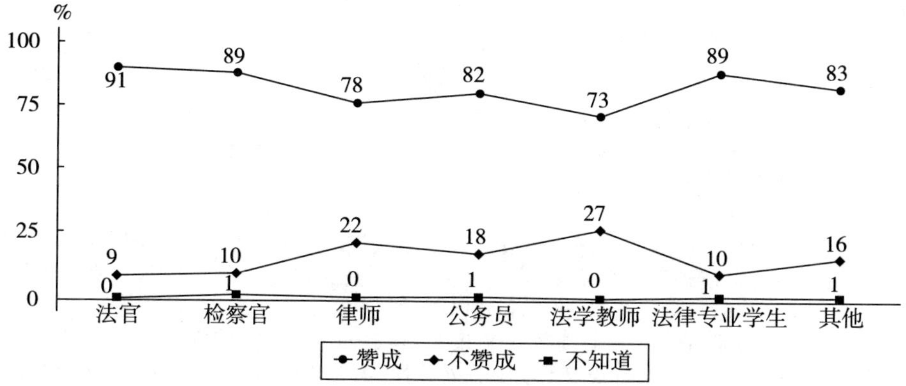

图1－7　不同职业群体的观点

时任最高人民法院副院长江必新指出，行政协议事关公益，应当由公法调整。[1]按照最高人民法院行政审判庭原庭长贺小荣的观点，将行政协议纳入行政诉讼的范围，人民法院不仅要依照合同法的规定审查协议本身是否具有平等自愿、协商合意等基本要素，同时还要对行政机关缔约的法定职权、法定程序、公平竞争、审批环节等一系列行为的合法性进行审查，才能最终确认合同的效力。[2]

2019年12月10日，最高人民法院发布《行政协议诉讼司法解释》，为人民法院审理行政协议案件提供指引。为解决行政协议适用程序中不同审判部门“踢皮球”问题，切实保障当事人的诉权，司法解释对行政协议进行了全新的制度设计，明确规定了推定管辖制度。也就是说，如果生效的民事裁定以它不属于民事合同为由，裁定不予受理或者驳回起诉的，人民法院行政审判部门应当依法受理、依法立案。

为了深入了解不同群体对行政协议诉讼相关问题的认识，笔者选取了4名行政审判庭法官、4名在高校从事行政法学教学研究的教师和4名主要从事行政案件代理的律师进行了深度访谈。其他问题，笔者将就访谈结果在相关部分转述（见表1－2）。

问题：有观点认为，对于行政协议的认定应当采用“宽松标准”，将有争议的协议尽量纳入行政协议的范围，你赞成吗？为什么？

---

〔1〕参见江必新：《行政协议的司法审查》，载《人民司法（应用）》2016年第34期，第8页。

〔2〕参见贺小荣：《行政协议的创设与国家治理方式的转型》，载《中国法律评论》2017年第1期，第33页。

表 1－2　访谈内容汇总

<table>
<tr><th>被访对象</th><th>原始访谈话语</th><th>总结</th></tr>
<tr><td>1号
法官</td><td>比较赞同。因为行政协议审理的视角更开阔，不仅考虑市场经济（私法）法则，还考虑公共管理（公法）规则，能够实现整个社会发展的利益最大化</td><td rowspan="4">对于这个问题，法官们争议较大。其中，1号、3号法官赞成行政协议认定采用宽松标准，理由是可以用公法对行政权进行限制。2号、4号法官认为民事诉讼等可以协商、让步，能更好地解决纠纷</td></tr>
<tr><td>2号
法官</td><td>不赞成。严格把握行政协议的构成要素，符合行政协议特征的才能纳入行政协议范畴。在民事诉讼或者仲裁中，缔约方通过协商、让步、经济利益考量等，可以高效地化解纠纷，但是行政诉讼审查行政协议时，行政机关畏惧案件败诉、追责等以及行政权不能随意处分性，纠纷化解效果并不如民事合同。且两种性质的合同在不同法律框架下，处置规则有显著区别</td></tr>
<tr><td>3号
法官</td><td>赞成。行政协议受到公法规范和私法规范的双重审查，有利于全面保护行政相对人的合法权益，也有利于维护公益</td></tr>
<tr><td>4号
法官</td><td>还是要根据合同目的区分对待，不能都归入行政协议</td></tr>
<tr><td>1号
教师</td><td>赞成。行政协议需要引入更多的公法规则与保障机制，防止遁入私法，逃避公法责任</td><td rowspan="4">四位教师一致认为当出现争议时，应采用“宽松标准”认定为行政协议，并提出了行政诉讼可以适用民事和行政法律规范，可以一并审理全部纠纷，对行政权进行有效控制</td></tr>
<tr><td>2号
教师</td><td>赞成。既然有争议，那么该争议本身就是要解决或审理的对象，而方式当属行政诉讼为妥</td></tr>
<tr><td>3号
教师</td><td>赞成。无论如何也无法形成没有争议的区分标准，宽松认定有利于纠纷尽快进入法律途径，避免民事与行政审判部门之间相互推脱。同时，行政协议与民事合同在法律适用方面并无本质区别，在适用民事法律的同时还可以适用相关行政法规范，可以同时解决与协议相关的民事和行政纠纷，更能全面彻底解决纠纷。而且，由于纳入行政诉讼使其在诉讼费缴纳、举证规则等技术层面诉讼成本更低，更有利于保护相对人权益</td></tr>
<tr><td>4号
教师</td><td>赞成。原因有以下几点：一是尽量限制行政机关行使优益权，有利于诚信政府建设；二是将行政机关对合同签订、合同履行的潜在影响降至最低，防止行政机关接口“灰色地带”施加潜在影响力；三是可以解决行政机关利用政府性公司或机构作为替身代行签订行政协议，规避行政法律规制</td></tr>
</table>

续表

被访对象	原始访谈话语	总结
1号律师	赞成。对行政协议的审理并不排除民事法律规范的适用,所以将有争议的协议尽量纳入行政协议的范围,有利于加强对行政机关的监督,最大限度维护相对人的合法权益,保证协议目的的实现。反之,在民事合同的审理中单一适用民事法律规范,容易忽略相对人的弱势地位,导致实质上的不公正	1号、4号律师赞成宽松标准,其中1号律师认为,通过行政诉讼审理不影响适用民事法律规范。2号、3号律师不赞成,认为不难判断或者将认识比较一致的纳入就行,不宜采用宽松标准
2号律师	行政协议是行政机关行使行政职权的一种方式,将行政职权的行使方式通过协议的形式表现出来。对行政协议的判断标准就是作为协议一方,行政机关方在履行行政职权。行政机关的职权法定原则,就决定了不应当存在“宽松标准”	
3号律师	宽松标准好像不太准确,应该考虑将看法比较成熟的、争议不大的协议纳入行政协议。从这个意义讲,不赞成宽松标准;否则,由于行政协议需要兼顾行政与民事法律的规定,可能导致法院的法官认识不一致,判决标准混乱,缺乏预测性	
4号律师	赞同。个人认为行政协议的种类太多,虽然法律和司法解释明确了一部分属于人民法院的受理范围,但是有争议的种类仍不在少数,应当尽可能地采用“宽松标准”,尽量将有争议的协议纳入行政协议的范围,有利于争议的解决	

在审判实践中,对不少种类合同性质的定性仍存在争议和不一致的做法。笔者认为,对该类协议的认定应采用“宽松标准”,统一纳入行政诉讼的案件范围,发挥行政审判的优势,高效、彻底地解决协议纠纷。

二、行政诉讼审理行政协议纠纷的制度优势

(一)通过行政诉讼监督行政协议签订、履行等过程中行政权的行使

与民事合同中合同当事人处分自有权利不同,行政协议中的行政机关是公权力的行使者,是国家和社会公共利益的代表,其所处分的正是国家和社会公共利益。行政诉讼的目的及其制度设计能够发挥诉讼的监督功能,促使行政机关在行政协议的签订、变更、履行过程中依法行政。通过行政协议的全面审查,避免行政机关在订立协议过程中的“暗箱操作”和利益输送。基于行政协议不

同于具体行政行为的特征，应重点对行政机关行使行政优益权的行为进行合法性审查。行政协议虽力求行政机关与相对人间的平等地位，但遗憾的是无论如何进行制度设计，行政机关总会在协议订立过程中享有一定的优益权，掌握着行政协议订立及履行的主动地位。行政协议的订立过程是行政相对人表达自我意见实现个人利益诉求的过程，其程序性权利被充分尊重和得到充分保障，是确保相对人与行政机关平等地位的前提。民事诉讼对合同订立的审查，更尊重合同双方当事人的意思自治，除对个别合同的成立要件作出特殊规定外，充分尊重了当事人程序性权利的自由处分，这样的审查力度不足以保障行政协议纠纷中相对人的权利，也不利于对行政权的监督。行政诉讼能严格审查行政机关行使行政优益权的行为，防止行政权的过度扩张影响契约的平等性。[1]

(二)秉持行政法、民法并重审理理念，确保行政协议具有更强的稳定性

行政协议是一种私法方式在公法领域的引入，兼具契约性和行政性。作为私法手段的行政协议是一种柔性行政措施，不同于具有强制性、命令性特征的具体行政行为，因此人民法院审理行政协议案件不能完全照搬具体行政行为的司法审查规则。但行政协议又不同于民事合同，其条款布满了行政法上的权利和义务。因此，在行政协议案件审理中，既不存在行政法优先，也不存在民法优先，应坚持行政法、民法并重的理念。行政诉讼既对行政协议合法性进行审查，也进行契约性审查，以实现公共利益和私人利益的平衡。

通过行政审判审理行政协议案件，既可以克服民事审判无法适用行政法的弊端，也能发挥行政法规范行政权、保护公共利益的作用。通过民事法律规范和行政法律规范的共同适用，尤其是在行政协议的效力性审查中，抛弃行政行为审查中违法即撤销的做法，充分发挥行政法补强行政协议效力的功能，进一步保障行政协议的稳定性。

(三)行政性、契约性纠纷一并解决，提高纠纷解决的效率

行政协议纠纷，既包括因协议本身的签订、效力、履行引起的契约性纠纷，

---

〔1〕 参见耿宝建、殷勤：《行政协议的判定与协议类行政案件的审理理念》，载《法律适用》2018 年第 17 期，第 129 页。

也包括行政机关行使行政优益权、处罚权引发的行政性纠纷，这些纠纷往往交织在一起，互相缠绕、无法分离。如果通过民事审判审理行政协议纠纷，囿于程序差异和行政行为效力规则的限制和约束，无法一并审理、一并裁判，经常需要中止民事审判等待行政纠纷的解决。例如，征收补偿协议签订后，行政机关认为协议相对方不符合获得补偿条件单方作出了解除征收补偿协议的行政处理决定。如果协议相对人提起民事诉讼要求行政机关继续履行协议，该解除补偿协议的行政处理决定会成为人民法院审理协议履行纠纷的障碍，必须先中止民事案件的审理，让当事人提起撤销解除补偿协议决定的行政撤销之诉，然后才能继续审理协议履行纠纷。如果通过行政审判解决该协议履行争议，人民法院可以一并解决行政性争议和契约性争议，提高纠纷解决的效率，简化纠纷解决的程序，节约资源。

（四）行政诉讼特殊的程序设计，更有利于保护相对人利益

行政诉讼在当事人资格确定、诉讼管辖、诉讼费用、举证责任等方面有利于协议相对人，能更好地实现私权救济。在原告资格认定上，行政协议诉讼原告资格可以突破合同相对性的限制，通过利害关系人标准确定，让权利受到影响的人具有启动诉讼救济的权能。在被告资格确定上，通过行政主体理论发现适格被告，让负有责任承担能力和有实际决策权的机关参与诉讼，以促进纠纷的彻底解决。在诉讼管辖方面，不但可以根据被告层级提高法院管辖级别，而且可以利用全国普遍推行的行政诉讼集中管辖、异地管辖制度防止行政机关对案件审理的干预，甚至还可以通过协议约定的方式确定管辖法院。在诉讼费用方面，绝大部分行政协议类纠纷按照行政诉讼收费标准，仅收取 50 ~ 100 元不等的诉讼费用，大大降低了维权成本。在举证责任方面，强调行政机关对协议签订、履行、变更等合法性承担举证责任，让协议相对人具有诉讼对抗上的天然优势。

总之，行政诉讼对于行政协议纠纷的解决，具有民事诉讼无法比拟的优势，更能有效监督行政权行使、保护相对人合法权益和促进纠纷实质性、高效率化解。

第二章　行政协议之诉的司法识别

第一节　行政协议的种类及典型行政协议评析

一、立法与司法实践中行政协议的种类

（一）《行政诉讼法》上的列举

2014 年修订的《行政诉讼法》第二章受案范围第 12 条仅仅列举了两类行政协议，即政府特许经营协议、土地房屋征收补偿协议。但该条还用了“等”字作为兜底条款，并未限制行政协议的范围。

最高人民法院《关于适用〈中华人民共和国行政诉讼法〉若干问题的解释》（法释〔2015〕9 号，以下简称 2015 年《行政诉讼法司法解释》）第 11 条对行政协议进行了界定，基本上没有增加列举具体的行政协议类型。该司法解释对《行政诉讼法》列举的行政协议进行了重复性规定，但有两点具体的变化：第一，把《行政诉讼法》规定的“土地房屋征收补偿协议”规定为“土地房屋征收征用补偿协议”，增加了“征用”一词。第二，增加列举了一项内容，即“其他行政协议”。事实上，2015 年《行政诉讼法司法解释》只是对《行政诉讼法》如何适用进行了解释，并未扩大行政协议的范围。无论是否增加“征用”一词或者“其他行政协议”，都不影响司法实践中对法律列举以外的行政协议的受理。

2019 年 11 月 27 日，最高人民法院发布的《行政协议诉讼司法解释》在《行政诉讼法》的基础上，增加列举了三类行政协议，即矿业权等国有自然资源使用权出让协议，政府投资的保障性住房的租赁、买卖等协议，以及部分政府与社会

资本合作协议。[1]

（二）地方立法上列举

在地方立法实践中，不少省市在制定相关行政程序法规的过程中也对行政协议的定义和识别标准作出了相应的规定（见表2－1）。一方面，这为我们识别行政协议提供了参考，为行政审判活动中认定行政协议提供相应规则。另一方面，各地在行政程序法规制定过程中互相借鉴学习，地方法规条文的表述亦反映了地方政府对行政协议概念达成的共识。2016年10月1日公布的《浙江省行政程序办法》第80条第1款规定："行政机关为实现公共利益或者行政管理目的，可以在法定职责范围内，与公民、法人或者其他组织协商订立行政协议。"2015年1月6日公布的《江苏省行政程序规定》（已失效）第77条第1款规定："本规定所称行政合同，是指行政机关为了维护公共利益，实现行政管理目的，与公民、法人和其他组织之间，经双方意思表示一致达成的协议。"

表2－1　部分地方立法对行政协议的分类

文件名称	行政协议的种类
《湖南省行政程序规定》（2008年4月17日公布）	（1）政府特许经营；（2）国有土地使用权出让；（3）国有资产承包经营、出售或者出租；（4）政府采购；（5）政策信贷；（6）行政机关委托的科研、咨询；（7）法律、法规、规章规定可以订立行政合同的其他事项
《山东省行政程序规定》（2011年6月22日公布）	（1）政府特许经营；（2）国有自然资源使用权出让；（3）国有资产承包经营、出售或者租赁；（4）公用征收、征用补偿；（5）政府购买公共服务；（6）政策信贷；（7）行政机关委托的科研、咨询；（8）计划生育管理；（9）法律、法规、规章规定可以订立行政合同的其他事项
《海口市行政程序规定》（2013年6月7日公布）	（1）特许经营；（2）国有土地使用权出让；（3）行政机关、事业单位的国有资产承包经营、出售或者出租；（4）政府采购；（5）政策信贷；（6）行政机关委托的科研、咨询；（7）行政机关与企业的战略合作；（8）法律、法规、规章规定可以订立行政合同的其他事项

[1]《行政诉讼协议司法解释》第1条规定："行政机关为了实现行政管理或者公共服务目标，与公民、法人或者其他组织协商订立的具有行政法上权利义务内容的协议，属于行政诉讼法第十二条第一款第十一项规定的行政协议。"

从上述地方立法看,行政协议主要包括:(1)政府特许经营;(2)国有自然资源使用权出让(土地使用权出让);(3)国有资产承包经营、出售或者租赁;(4)公用征收、征用补偿;(5)政府购买公共服务(政府采购、公共工程承包合同、国家大型公共设施建设);(6)政策信贷;(7)行政机关委托的科研、咨询;(8)计划生育管理;(9)行政机关与企业的战略合作;(10)法律、法规、规章规定可以订立行政合同的其他事项。此外,列举行政合同的地方性规定还有《汕头市行政程序规定》《西安市行政程序规定》《江苏省行政程序条例》《宁夏回族自治区行政程序规定》《浙江省行政程序办法》《蚌埠市行政程序规定》等,这些行政程序规定列举的行政协议类型未超出上述十种情形。部分地方政府制定了政府合同管理方面的规范性文件,如《苏州市市政府合同管理规定》《宿州市行政机关合同管理办法》《营口市政府合同审查管理办法》等。

(三)司法裁判中肯认的行政协议类型

关于实践中行政协议的种类,陈无风博士在《行政协议诉讼:现状与展望》一文中对实践中被司法认可的协议进行了梳理。该文指出,集体土地征收合同、国有土地使用权收储合同、国有土地使用权出让合同、动拆迁工作责任承包合同、房屋拆迁补偿协议、企业经营权整体出让合同、科研合同、采砂权拍卖合同、供水工程合同、招商引资合同、生育保险合同、医疗保险合同、工伤保险合同等被确认为行政合同。[1]但需要说明的是,该文同时指出:“征用集体所有土地房屋拆迁补偿安置协议、国有土地使用权出让合同、特许经营合同、项目投资协议书、养殖承包合同、退耕还林合同、合作经营合同、交通合作协议、安置房买卖合同、公屋租赁合同、采矿权出让协议、投资开发协议、教育培训合同、地质勘查承包合同在实践中被确认为民事合同。”[2]

江必新、邵长茂在《新行政诉讼法修改条文理解与适用》一书中指出:“在司法实践中已经出现大量的行政协议案件,主要有国有土地使用权出让合同、国有土地上房屋征收与补偿合同、委托培养合同、探矿权出让合同、治安处罚担保协议、行政强制执行协议、城镇污水与排水特许经营合同等。”

---

〔1〕 参见陈无风:《行政协议研究之现状与转向》,载《清华法学》2015年第4期,第94页。

〔2〕 由此可见,国有土地使用权出让合同、拆迁补偿合同、特许经营合同、招商引资合同在不同的案件中呈现不同的判断结果。

陈天昊博士在《行政协议的识别与边界》一文中指出，从2015年《行政诉讼法》修订生效至2018年7月，最高人民法院行政审判庭已经识别出下述各类无名行政协议：土地收储协议、国有土地使用权出让协议、自然资源开发协议、息诉息访协议、政府工程采购协议、教育委托培养协议、师范生免费教育协议、律师代理协议、购房安置协议、招商投资协议、和解协议、移民安置补偿协议、环保监督补偿协议、行政强制执行协议、行政合作协议。[1]

上述这些文献中提到的行政协议类型，都是对司法实践的总结，能够反映出司法实践中行政协议的丰富性。事实上，行政协议不可能都通过《行政程序规定》或《行政诉讼法》进行详尽的列举。随着行政管理实践的发展无名行政协议会不断涌现，只有通过理论研究和实践总结，才能更为准确和全面地识别行政协议，并将其纳入《行政诉讼法》的调整范围。

二、行政审判实践中典型行政协议的分析

（一）房屋征收补偿协议

《国有土地上房屋征收与补偿条例》第25条第1款规定："房屋征收部门与被征收人依照本条例的规定，就补偿方式、补偿金额和支付期限、用于产权调换房屋的地点和面积、搬迁费、临时安置费或者周转用房、停产停业损失、搬迁期限、过渡方式和过渡期限等事项，订立补偿协议。"该规定明确在房屋征收过程中可以就补偿的相关事项由房屋征收部门与被征收人订立协议，以明确双方的权利义务内容。随后，2014年修订的《行政诉讼法》将"房屋征收补偿协议"纳入行政诉讼的受案范围，在立法层面对该协议的性质进行了明确。

将房屋征收补偿协议定性为行政协议，由此引发的争议纳入行政诉讼的受案范围经过了一段发展历程，这与我国房屋征收制度的发展是分不开的。1991年公布的《城市房屋拆迁管理条例》在相当长一段时期内是我国开展房屋拆迁活动的法律规范依据，其第13条第1款规定了拆迁人可与被拆迁人就拆迁补偿的各类事项订立拆迁补偿安置协议。当时的制度规范既未对拆迁人的主体资格作出限制，也未明确拆迁活动的目的，实践中多是由获得房屋拆迁许可证的民事主体开展拆迁活动，并作为拆迁人与被拆迁人订立协议。与之相适应，

---

〔1〕 参见陈天昊：《行政协议的识别与边界》，载《中国法学》2019年第1期，第142页。

2008年、2011年《民事案件案由规定》均基于《城市房屋拆迁管理条例》将“房屋拆迁安置补偿合同纠纷”纳入民事诉讼的受案范围。直到2011年颁布实施《国有土地上房屋征收补偿条例》，确立了以政府为主体、以社会公共利益为导向的房屋征收补偿制度，因征收活动而订立的补偿协议才有了行政协议的属性。2014年修订的《行政诉讼法》更是在行政协议首次写入法律时就将“土地房屋征收补偿协议”进行明确列举，对其作出行政协议的定性。这一演变进程在司法审判实践中也有所体现。例如，在李某环诉辽源市人民政府、辽源市住房和城乡建设局房屋征收补偿协议及行政赔偿案[1]中，吉林省高级人民法院审理认为，在2011年1月21日《国有土地上房屋征收与补偿条例》公布实施之前，按照《城市房屋拆迁管理条例》规定签订的拆迁安置补偿协议，是拆迁人与被拆迁人之间订立的民事合同，不是行政协议。(2007)民立他字第54号最高人民法院《关于当事人之间达成了拆迁补偿安置协议仅就协议内容发生争议的，人民法院应予受理问题的复函》规定，拆迁安置补偿协议争议应当通过民事诉讼途径予以解决，不属于行政诉讼的受案范围。本案中，李某环诉请确认无效的房屋拆迁补偿安置协议是李某环和辽源市龙山房地产开发总公司签订的，该协议性质是民事合同，不同于《国有土地上房屋征收与补偿条例》公布实施之后行政机关与被征收人签订的行政协议，不属于行政诉讼受案范围。

征收是宪法赋予国家基于公共利益需要对公民私有财产权利限制的行政职权，补偿是征收后的必然结果。征收是公权力对私权利直接的单方处分，如何在征收中缓和行政机关与相对人的紧张关系，平衡公民权利保护与行政管理目标的实现是各国法律实践必然面对的问题。《美国联邦宪法》第5修正案规定：“非经正当补偿，私有财产不得被征收充作公用。”《法国人权宣言》第17条也规定，“除非当合法认定的公共需要所显然必需时，且在公平而预先赔偿的条件下，任何人的财产不得受到剥夺”。引入行政协议的形式，以“依法行政”为基本原则，缓和征收决定的刚性，在补偿程序中通过发挥协议的平等性、协商性、合意性等协议优势将被征收主体纳入决策程序中，实现被征收主体的利益诉求，是行政协议的独特优势，这有助于实现保护相对人合法权益的目的。

很显然，房屋征收是国家为了公共利益需要征收私人房屋的行为，无论政府指派哪个主体与房屋所有权人签订征收补偿协议，都改变不了其公法性质和

---

[1] 参见吉林省高级人民法院行政裁定书，(2018)吉行终272号行。

公益目的。此外,房屋征收补偿协议同时隐含了国有土地的收回,即土地征用行为。因此,把国有土地上房屋征收补偿协议认定为行政协议毋庸置疑,实践中也已达成共识。实践中,尤其是在旧城改造过程中,也有不经征收直接签订补偿协议的情形,也应当从本质上将其认定为行政协议。

(二)国有土地使用权出让协议

有观点认为:“国有土地使用权出让协议是指行政机关代表国家和土地受让人约定在一定期限内将国有土地使用权出让给土地受让人,土地受让人依据合同开发利用土地并支付出让金的合同。”[1]国有土地使用权出让协议的性质是民事合同还是行政协议,在理论研究和司法审判中存有争议。最高人民法院于2004年通过的《关于审理涉及国有土地使用权合同纠纷案件适用法律问题的解释》(2020年修正)指出:“根据《中华人民共和国民法通则》、《中华人民共和国合同法》、《中华人民共和国土地管理法》、《中华人民共和国城市房地产管理法》等法律规定,结合民事审判实践,就审理涉及国有土地使用权合同纠纷案件适用法律的问题,制定本解释。”这一规定为随后发生的国有土地使用出让协议纠纷进入民事诉讼程序审理提供了依据。2016年12月28日,最高人民法院发布第15批指导案例,其中指导性案例第76号萍乡市亚鹏房地产开发有限公司诉萍乡市国土资源局不履行行政协议案的裁判理由明确指出:“行政协议是行政机关为实现公共利益或者行政管理目标,在法定职责范围内与公民、法人或者其他组织协商订立的具有行政法上权利义务内容的协议,本案行政协议即是市国土局代表国家与亚鹏公司签订的国有土地使用权出让合同。”最高人民法院上述司法解释和指导案例为实践中如何认定国有土地使用权出让协议的性质带来了困扰,各级人民法院,尤其是最高人民法院内部,对国有土地使用权出让合同的性质认识也不尽一致。例如,2002年2月,最高人民法院在山东省烟台市国土资源局与山东烟台长城科工贸(集团)公司等土地行政处罚决定纠纷上诉案的终审判决中,将国有土地使用权出让合同定位为行政合同;而同年6月,最高人民法院民事审判庭在上海虹城房地产有限公司与上海市房屋土地资源管理局土地使用权出让合同纠纷案的终审判决中,却将国有土地使用权出让

---

[1] 江利红:《行政法学》,中国政法大学出版社2014年版,第327页。

合同认定为民事合同。[1]

有学者认为,国有土地使用权出让协议性质混淆的重要原因是"在签订和履行土地使用权出让合同的过程中,作为土地出让方的土地管理部门具有土地所有者和土地管理者双重身份……"[2]综览我国《宪法》和《土地管理法》,一方面,上述法律规范明确了"城市的土地属于国家所有。农村和城市郊区的土地,除由法律规定属于国家所有的以外,属于集体所有;宅基地和自留地、自留山,也属于集体所有"这一基本的土地制度。另一方面,决定出让土地的机关是市、县人民政府,出让协议的签订主体则是市、县人民政府土地管理部门。因此,协议的一方签订主体并非土地的所有者,而仅是在市、县人民政府的领导下履行土地出让的行政管理职责。

以此为突破,笔者从出让行为的性质和出让行为的目的两个方面论证出让协议的行政协议属性。从出让行为的性质来看,协议仅是出让行为的载体,是行政机关履行行政管理职能的行为,这不是土地所有者转让使用权的私法行为,而是土地管理机关为盘活土地这一生产要素的生产活力、规范土地流转秩序的公法行为,这其中包含职权法定、程序正当、行政优益权等。对于这些行为的合法性和适当性,必须经过正当的行政诉讼程序来进行审查和确认,通过民事诉讼程序和依据民事法律规范很难达到这样的目的。从出让行为的目的来看,作为协议一方当事人的土地管理机关,其签订协议的目的并非追逐本机关的经济利益,实现利益的最大化。土地管理机关作为行政权力的组成部分,其按照《土地管理法》等法律规范的授权履行土地行政管理职责,通过对国有土地使用权出让程序盘活土地资源,提高土地价值,这一行为最终的获益者是国家和社会公众。这与平等主体之间纯粹为了追求私人经济利益而签订的国有土地使用权转让合同存在根本不同。关于土地使用权出让合同是否属于行政协议,笔者进行了相关调研。(见图 2-1、图 2-2)

国有土地使用权出让合同的性质归属,在实践中争议较大。调查结果显示,73.36%的受访者认为国有土地使用权出让合同属于行政合同;但分类统计结果显示,42%的律师认为国有土地使用权出让合同属于民事合同,29%的教

---

〔1〕 参见王敬波、李晓果:《国有土地使用权出让争议解决新探索——以江苏瑞豪置业公司建设用地使用权出让合同纠纷案为例》,载《法律适用(司法案例)》2017年第4期,第8页。

〔2〕 参见《国有建设用地使用权出让合同性质辨析》,载《现代法学》2018年第3期,第44页。

师也认为国有土地使用权出让合同属于民事合同。由此可见，关于国有土地使用权出让合同的性质归属仍然存在较大的争议。

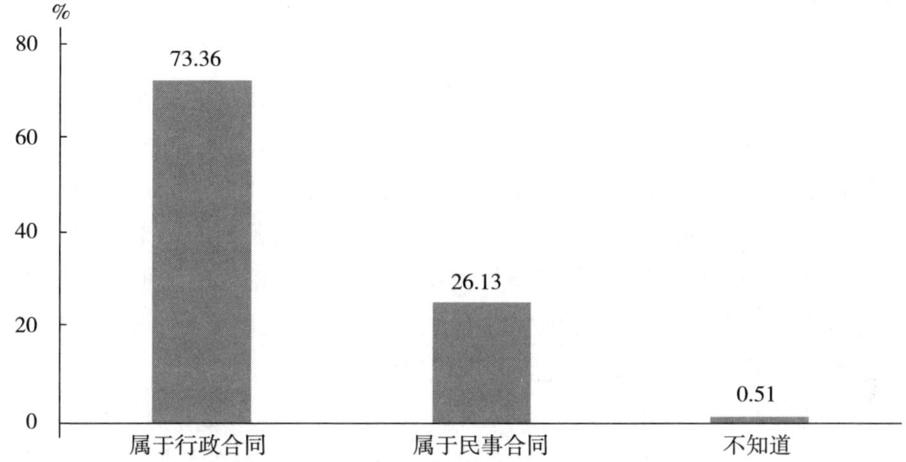

图 2－1　土地使用权出让合同是否属于行政协议的调查情况

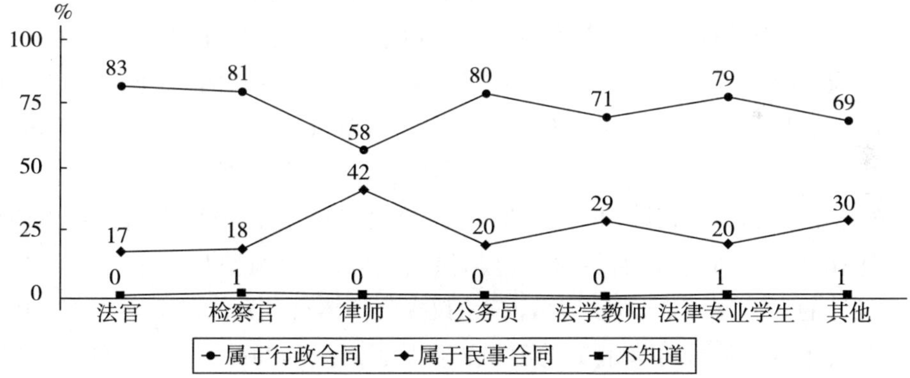

图 2－2　不同职业群体的观点

需要指出的是，不知《行政协议司法解释》出于何种考虑，未明确列举国有土地使用权出让合同为行政协议。但笔者认为，这是最高人民法院的保守与妥协，会使行政协议的判定更加复杂，也减缓了行政协议诉讼规范化、统一化的进程。

（三）政府特许经营协议

2015 年，国家发展和改革委、财政部等六部门联合发布《基础设施和公用事业特许经营管理办法》,以部门规章的方式对规范社会资本参与基础设施和公用事业建设、保护特许经营者合法权利提供制度保障。政府特许经营项目中占绝对多数的基础设施和公用设施特许经营项目得到了制度确认,即“政府采用竞争方式依法授权中华人民共和国境内外的法人或者其他组织,通过协议明确权利义务和风险分担,约定其在一定期限和范围内投资建设运营基础设施和公用事业并获得收益,提供公共产品或者公共服务”。公共产品存在外部性、垄断性和信息不对称性,市场在此领域的资源配置作用往往捉襟见肘,政府成为弥补市场不足提供公共产品的最佳角色。但是,政府垄断公共产品的供给又易产生资源浪费、滋生腐败,这与实现公共利益的目的是不相容的。而政府特许经营通过协议将社会资本与政府强强联合,明确双方的权利义务、风险负担和收益分配是错位发挥市场和政府优势的现代制度创新。

关于特许经营协议的性质和由此引发争议的纠纷解决途径,梳理现有的制度规范我们可以发现仍存在一些冲突和不一致。原建设部的《市政公用事业特许经营管理办法》及各个地方的配套文件等均在协议内容中加入“争议解决方式”,但并未明确政府特许经营协议的合同性质和争议解决途径。财政部2014年发布的《政府和社会资本合作模式操作指南(试行)》指出,因项目合同发生的纠纷通过申请仲裁或提起民事诉讼进行救济。而后发布的《PPP项目合同指南(试行)》进一步阐明,政府与社会资本合作(Public - Private Partnership,PPP)项目中的法律关系在性质上属于民事法律关系。国家发展和改革委员会发布的《政府和社会资本合作项目通用合同指南》也明确,PPP项目合同各方均是平等主体,因项目合同引起的纠纷应提起仲裁或诉讼。由此可见,上述规范文件制度设计的立足点均将政府特许经营协议视为民事合同。2015年实施的《基础设施和公用事业特许经营管理办法》虽回避了对政府特许经营协议的性质判定,但明确了纠纷解决途径的限定,仅规定特许经营者可就行政机关的具体行政行为提起行政诉讼。

随着政府特许经营项目“遍地开花”,一些政府特许经营项目纠纷涌入法院大门,如何认定协议性质和纠纷解决途径成为审判机关必须解决的问题。2014年修订2015年实施的《行政诉讼法》及其司法解释明确将特许经营协议作为行政协议,纳入行政诉讼的受案范围。受此影响,政府特许经营项目样态不断发展转变,司法审判对协议性质的认定也出现了一定的分歧。有法院从协议约定的内容上判定协议性质,在辉县市人民政府与河南新陵公路建设投资有限公司合同纠纷上诉案[1]中,最高人民法院经审理后认为:"BOT合同的基本模式是,由投资单位与政府签订合同,其中投资合同一方投资建设、运营项目,由相关政府部门授予特许经营权,以特许经营项目方式收回项目投资并获得收益。虽然BOT合同一方当事人是政府机关,但所缔约合同内容体现的是民商事法律关系性质,属于民商事合同,因履行该合同产生的争议属于民事争议。"有法院从协议签订时间上判定协议性质,进而判断协议的纠纷解决途径,如在白某阳诉陕西省绥德县人民政府不履行行政协议案[2]中,最高人民法院经审理后认为:"2014年修改的《行政诉讼法》第十二条第一款第十一项规定,行政机关不依法履行、未按照约定履行或者违法变更、解除政府特许经营协议、土地房屋征收补偿协议等协议的,属于人民法院行政诉讼的受案范围。然而,本案再审申请人白端阳与绥德县政府签订涉案协议的时间发生在上述规定之前。对于新修改的《行政诉讼法》施行之前形成的类似行政协议,根据当时的法律规定和人民法院处理此类纠纷的通常做法,一般不纳入行政诉讼受案范围,主要通过当事人提起民事诉讼方式寻求司法救济。"

2019年最高人民法院发布的《行政协议诉讼司法解释》第2条对典型行政协议进行了列举,其中即包括政府特许经营协议。但笔者认为,由于特许经营权协议样态繁多,不宜"一刀切"地把该类协议纳入行政诉讼的范围,而是应当通过行政协议的识别标准进一步对该类协议的性质加以判定,只有符合行政协议要素的特许经营权协议才应定性为行政协议。

(四)其他行政协议

随着经济社会的不断发展和政府行政管理职能的转变,实践中还出现了区域合作协议、政府采购协议、农村土地承包协议、政府科研协议、人事聘用协议……这些以政府机关为一方当事人的协议难以逐一列举,但判断这些协议是否是行政协议,通过行政诉讼解决协议争议的标准仍是统一的,即判断协议是否形成了当事人间行政法上的权利义务关系。但仅将行政协议识别出来只是"万里长征第一步",仍不能满足对行政权力限制和协议当事人权利的保护。遗憾的是,关于行政协议的识别和分类,我国现有的立法不能满足实践需要,关于

[1] 参见最高人民法院民事判决书,(2018)最高法民终1319号。
[2] 参见最高人民法院行政裁定书,(2017)最高法行申5541号。

行政协议的制度多通过司法解释和指导案例的形式加以完善,这也凸显了行政协议中制度供给的不足。制定统一的行政程序法,将行政协议的签订、履行、纠纷解决等内容纳入行政程序法的规制范围是实现对行政协议有效监管的第一步。在此基础上,参照《民法典》中有名合同的体例对行政管理实践中数量大、适用多的行政协议进行更为细致的立法是下一步行政法立法中要着力解决的问题。

第二节 行政协议的识别标准

一、行政协议识别标准的争论

(一)现有研究成果的梳理

1. 学术界主要观点

叶必丰教授曾以大量案例分析为基础,认为行政协议具有主体的法定性、主体地位不平等、以行政职责为前提、行政主体具有优益权、以行政目标为目的、适用行政法规范、行政法上的权利义务等特征。[1]

余凌云教授认为,仅仅强调行政合同的主体系行政主体,加上公共利益或者行政目的,无法将行政合同与民事合同区分开来,是否"具有行政法上权利义务内容",应该是判断行政协议最根本的标准。具体来说,行政法上的权利义务体现在四个方面:第一,协议中必须引入一些非民事合同所有、不符合民事原理的特别约定与内容,如行政优益权;第二,协议中直接规定了某种行政权力,以及行政法上的义务;第三,双方在协议中约定了对行政权的未来处分,合同约定了作为一方当事人的行政机关未来必须作出的某种行政行为,或者必须履行的某种行政法上义务;第四,行政协议实际上也约定了其他相关行政机关对行政权的未来处分,不是协议一方当事人的其他行政机关,在职责上与上述行政法义务有关联的,也必须依据协议约定连动地作出相应的配合性、辅助性决定,才能使得合同约定的目标最终实现。[2]

韩宁博士认为,应当以行政法上的权利义务为核心识别行政协议。具体来

[1] 参见叶必丰:《行政合同的司法探索及其态度》,载《法学评论》2014 年第 1 期,第 66 页。

[2] 参见余凌云:《行政协议的判断标准——以"亚鹏公司案"为分析样本的展开》,载《比较法研究》2019 年第 3 期,第 108 页。

说，从三个层次审视疑似的行政协议究竟是否“名副其实”。第一，该协议涉及的权利义务包含哪些内容？第二，权利义务的来源是什么？第三，行政机关所享有的权利中，有哪些具有“变身”为行政权的“潜能”？[1]

陈天昊博士通过考察2015年5月1日至2018年7月1日最高人民法院所作的230份关于行政协议的裁判文书发现，行政审判庭法官遵循三大规律判定行政协议：第一，行政协议应构成行政机关履行职责的手段，即通过行政协议行使职权、履行职责。其中职责要素具有本质地位，主体要素承载职责要素，内容要素补强职责要素，目的要素为职责要素所吸收。第二，行政协议是行政主体与行政相对人协商一致签订的。第三，行政机关兼有公共事务管理者和协议关系当事人双重身份。最高人民法院民事审判庭法官与行政审判庭法官共享行政协议的识别框架，但内容要素的内涵及权重与行政审判庭法官有显著不同。民事审判庭法官认为，内容要素乃识别行政协议的必要条件，若涉案协议不具有行政法上的权利义务内容，则不属于行政协议。具体来说，内容要素则被理解为民事法律制度所无法涵括，以至于阻碍了案件的实体争议依据民事法律制度予以处理的内容。在此基础上，陈天昊博士提出应引入比例原则，兼顾公司法的价值衡量、平衡比例正当性与实践可操作性，在尊重既有规则的基础上对无名协议进行识别。[2]

综观国内学者有关行政协议的学术研究成果，行政协议的概念和界定标准是近一段时间学术研究的持久热点问题，形成了“目的说”“标的说”“主体说”“新主体说”等学说，以此来勾勒行政协议的边缘轮廓。“目的说”侧重于协议目的对判断协议性质的重要价值，认为行政合同是“行政机关以实施行政管理为目的，与相对人就有关行政事项协商一致而成立的一种行政行为”[3]。“标的说”强调以行政协议为基础发生的法律关系是否是行政法意义上的法律关系，认为“行政契约就是以行政主体为一方当事人的发生、变更或消灭行政法律关系的合意”[4]。“主体说”以签订行政协议的当事人主体地位作为判断协议性质的核心，认为协议一方当事人属于行政机关就可将该协议视为行政协议。

---

[1] 参见韩宁：《行政协议判断标准之重构——以“行政法上权利义务”为核心》，载《华东政法大学学报》2017年第1期，第83页。

[2] 参见陈天昊：《行政协议的识别与边界》，载《中国法学》2019年第1期，第140页。

[3] 章剑生：《现代行政法总论》，法律出版社2014年版，第209页。

[4] 余凌云：《行政契约论》（第2版），中国人民大学出版社2006年版，第40页。

但是,上述学说在理论或实践上仍存在一定的瑕疵,不能完成对行政协议准确定义的任务。“目的说”确立的标准存在一定的主观性,且射程较广,易扩张行政协议的范围。例如,行政机关为满足社会公众服务的需要,采购必要的文具、耗材等办公用品而与第三人签订的商品买卖合同是否应当纳入行政协议的范畴?答案自然是否定的,与法国“公共服务理论”不同,在我国当前的社会环境中,将类似合同纳入行政协议范畴缺乏必要的理论和实践公示;将类似合同争议引入行政诉讼程序中,法院也不堪其扰。“标的说”以协议的客体作为区分民事协议和行政协议的“楚河汉界”,自然是准确且最能体现两者区分的标准。但是,如果进一步追问如何判断行政法律关系并将其与民事法律关系作出区别,这将陷入一个新的思维泥潭,使“标的说”缺乏较强的可操作性。“主体说”判断过于简单易行,只要协议一方是行政机关,就把协议纳入行政协议的规制范围之内,实际上是不适当地扩大了行政协议的范围,与行政诉讼的立法目的相去甚远。

2. 实务界主要观点

杨科雄认为,行政协议应从形式和实质标准两个方面进行判断。从形式上看,行政协议的主体至少有一方是具有国家行政职权的机关和组织及其工作人员但又不只包括这一主体。实质标准,也就是内容标准。行政协议的主要内容是行政法上的权利(力)义务。行政法上的权利(力)义务可从以下几个方面进行判断:第一,是否行使行政职权;第二,是否为实现行政管理目标或者公共利益;第三,在协议里或者法律上是否规定了行政机关的优益权。〔1〕

耿宝建认为,由于公私法不断融合,不能用刀子把公私法精确无误地割开。在个案分析的基础上,他提出如下核心判断标准:在协议约定中兼有公、私规则或者公、私法关系难以分离时,如果满足以下条件之一,可以认为主要包含行政法上的权利义务关系:第一,约定指向未来行政机关要作出某个具体的行政行为;第二,以约定代替过去行政机关做出某个具体的行政行为;第三,约定的内容源于行政法律规范的明确规定;第四,当条件成就时,行政机关可以依约定实施单方变更或者解除权。〔2〕

---

〔1〕 参见杨科雄:《试论行政协议的识别标准》,载《中国法律评论》2017 年第 1 期,第 65 页。

〔2〕 参见耿宝建、殷勤:《行政协议的判定与协议类行政案件的审理理念》,载《法律适用》2018 年第 17 期,第 127 页。

从上述实务人士的观点来看,其均认为行政协议的“行政性”是行政协议区别于民事合同的主要判定标准,而且还对行政协议“行政性”的具体内涵作出了一定的说明。无法否认,行政协议的“行政性”的确是其与民事合同相区分的关键因素,但上述观点的不妥之处在于,其列举的“行政性”的具体表现并非均为识别行政协议的必要因素。例如,在行政协议中,行政机关往往会行使行政优益权,但协议里或者法律上却并没有对行政优益权作出明确规定的必要。行政机关因协议是行政协议而享有行政优益权,而不是因其享有行政优益权而将协议定性为行政协议,以有无行政优益权作为判定行政协议的标准存在本末倒置之嫌。又如,对行政协议中“行政性”的具体表现进行列举固然可以提高法官识别行政协议的精确程度,但无论是约定行政机关作出某个具体行政行为,还是替代行政机关的具体行政行为,均是特定类别的行政协议所具有的特征,而且随着行政协议在未来得到更广泛的适用,“行政性”的具体表现根本无法穷尽列举,且对精准把握行政协议并无任何助益。因此,行政协议的识别标准还应是所有类型的行政协议所共有的能区别于民事合同的关键要素。

(二)司法实践经验

面对政府行政活动范围日益扩大,在行政协议尚未被《行政诉讼法》写入行政诉讼受案范围之前,大量的行政协议纠纷就已涌入法院,成为行政审判法官必须准确理解的法律概念。在缺乏明确的法律规定和司法解释的情形下,行政审判法官通过大量的具体个案,对行政协议概念和识别标准进行了发展。对行政协议的定义也存在不同的观点。有法官认为,协议条款的制定、协议内容的履行、协议内容的变更是否体现行政机关的行政优益权是区别行政协议与民事协议的根本。行政协议与民事协议都是双方意思表示一致的结果,但行政协议更具“行政机关享有协议履行的指挥权、单方变更协议标的权、单方解除权、制裁权等行政优益权”[1]的特征。在最近法院审理的协议案例中,裁判者回避了对行政协议作出直接定义,转而通过要素式的判断标准来为行政协议“画像”。或是对行政协议设定“三要素”的审查路径,“认定行政协议的客观标准应当包括以下三个方面:第一,协议的一方当事人是行政机关;第二,协议的内容涉及行

---

〔1〕 宋海东:《新行政诉讼法语境下行政协议若干问题探析——以类型化诉讼为视角》,载《山东审判》2015年第6期,第39页。

政法上的权利义务;第三,协议的目的是为实现公共利益或者行政管理目标”[1]。或是为行政协议刻画“两标准”的构造,“形式标准也就是主体标准,即它发生在具有行政职权、履行行政职责的机关和组织及其工作人员与行政职权所作用的公民、法人或者其他组织之间。另外,实质标准。实质标准也就是标的及内容标准,亦即行政法上的权利义务,其意在提供一种指引,强调行政协议不同于民事合同,这一标准排除了行政机关基于自身民事权利义务而签订的协议”[2]。总而言之,要素式的审查路径都没有脱离对协议主体、协议目的和协议所欲产生、变更的权利义务关系类别的范畴。

2014年修订《行政诉讼法》时,一项重要突破即将“行政协议”纳入行政诉讼的受案范围,“行政机关不依法履行、未按照约定履行或者违法变更、解除政府特许经营协议、土地房屋征收补偿协议等协议的”行政纠纷走进法院审查范围,以“列举+兜底”的方式明确了《行政诉讼法》认可的行政协议类型。自此,“行政协议”终于从学术界的理论讨论和实务界的摸索中正式剥去面纱走向立法层面。

遗憾的是,如同许多法律概念一样,行政协议仍旧是“犹抱琵琶半遮面”。《行政诉讼法》除明确列举政府特许经营协议、土地房屋征收补偿协议为行政协议外,并未为识别行政协议划定清晰的标准。这使得解决行政协议纠纷在迈出第一步时就遇到了尴尬局面。哪些协议是行政协议?这一问题的答案决定着这些协议纠纷在诉讼中究竟要适用何种诉讼程序加以审理并最终得到公平裁决。国有土地使用权合同纠纷案件就是明显一例,2005年最高人民法院发布的《关于审理涉及国有土地使用权合同纠纷适用法律问题的解释》和2011年最高人民法院发布的《关于修改〈民事案件案由规定〉的决定》明确将国有土地使用权出让合同按照民事合同审理。在2014年修订《行政诉讼法》后,最高人民法院以指导案例的形式,通过萍乡市亚鹏房地产开发有限公司诉萍乡市国土资源局不履行行政协议案(第76号指导性案例)将国有土地使用权出让合同纳入行政诉讼的受案范围。同样的协议纠纷,不同的协议性质界定将直接导致纠纷适用的审理程序、法律适用和裁判结果的迥异,其影响不可谓不重大。

司法审判对行政协议的定义和范围的探索从未止步。最高人民法院在2015年《行政诉讼法司法解释》中为行政协议作出如下定义:“行政机关为实现

---

[1] 最高人民法院行政判决书,(2017)最高法行再72号。
[2] 最高人民法院行政裁定书,(2018)最高法行再1号。

公共利益或行政管理目标,在法定职责范围内,与公民、法人或者其他组织协商订立的具有行政法上权利义务内容的协议。"随后,2016 年 12 月 28 日,最高人民法院公布指导案例,萍乡市亚鹏房地产开发有限公司诉萍乡市国土资源局不履行行政协议案赫然在列,其裁判理由重申了《行政诉讼法司法解释》对行政协议的定义。2019 年最高人民法院发布的《行政协议诉讼司法解释》对各级人民法院在审理行政协议案件中的法律适用问题进行了全面细致的规定,为行政协议纠纷的解决提供了新的遵循规则。在该司法解释的新闻发布会上,最高人民法院行政审判庭庭长黄永维阐释了行政协议的认定标准,即"行政协议包括四个要素:一是主体要素,即必须一方当事人为行政机关;二是目的要素,即必须是为了实现行政管理或者公共服务目标;三是内容要素,协议内容必须具有行政法上的权利义务内容;四是意思要素,即协议双方当事人必须协商一致。通过对行政协议内涵的规定,明确行政协议与民事合同之间的区别"〔1〕。

二、行政协议与民事合同的异同

(一)行政协议与民事合同的相同之处

"合同及其理论并不专属于私法,它们自古以来也是公法的概念和理论。"〔2〕行政协议与民事合同的区别争议由来已久。"行政合同欲独立存在于民事合同之外,在行政法上必须清晰地说明,行政合同与民事合同的本质差异以及由这些差异所带来的法律适用上的不同,即行政合同应当适用行政法的规定。"〔3〕划出行政协议与民事协议的"楚河汉界"成为行政法学学者不遗余力追求的历史使命。但是,应当清楚地看到,行政协议脱胎于民事合同,仍然保持着民事合同的部分特征,存在适用民事法律规范的可能。正是基于此,在高权行政管理模式式微的今天,行政协议传承了民事合同的"衣钵",才使行政机关能够发挥协议的优势,更为温和地实施行政行为,进而实现行政管理目标。

1. 合意性是行政协议与民事合同共同的根基。"契约,谓以交换的所为两

〔1〕 中华人民共和国最高人民法院:《〈最高人民法院关于审理行政协议案件若干问题的规定〉新闻发布会》,载 http://www.court.gov.cn/zixun-xiangqing-207571.html,最后访问日期:2020 年 1 月 3 日。

〔2〕 于立深:《行政协议司法判断的核心标准:公权力的作用》,载《行政法学研究》2017 年第 2 期,第 42 页。

〔3〕 王克稳:《论行政合同与民事合同的分离》,载《行政法学研究》1997 年第 4 期,16 页。

个以上意思表示之一致为要素之法律行为。"[1]我国的民事合同概念很大程度上受到了以德国为代表的大陆法系国家的影响。德国著名民法学家拉伦茨教授认为:"只有这两个意思表示结合在一起时才能使合同所确定的规则具有约束力。这两个意思表示彼此对应并构成一个法律行为。"[2]我国原《合同法》在第2条(现《民法典》第464条)也明确定义了合同的概念,即"合同是平等主体的自然人、法人、其他组织之间设立、变更、终止民事权利义务关系的协议"。此处的"协议"所指向的就是双方当事人通过协商达成一致,以共同的意思表示对双方权利义务进行变更。合同起源于经济活动中的商品交换,不同的经济主体以合同的形式来实现商品交换的共同意图,而共同意图即合意赋予了合同存在的基础。"一方只有符合另一方的意志,就是说每一方只有通过双方共同一致的意志行为,才能让渡自己的商品,占有别人的商品。"[3]

我国引入行政协议的概念,推动行政协议在行政管理活动中的广泛运用,最为重要的原因就在于行政协议充分发挥了民事合同合意性的优势,弥合了单方行政行为的不足。行政协议"所以被普遍视为行政权力的柔软化工具,象征着公民摆脱被管制的相对人地位,以主体身份参与到公共治理过程中成为行政机关的伙伴,适应了国家职能从管制到服务的转化与扩大人民参与的潮流"。

2. 平等理念是行政协议存在的根本前提。"二战"之后,国家与公民关系发生变化,行政权变成了法律之下的权力,公民地位和权利得到宪法保护。[4]公民的平等观念在不断冲击瓦解传统行政权的统治地位。基于现代自由权的观念,国家与人民之间存在对等地位和对等关系,绝非所有公法领域都是强制和服从,公民也拥有了与公权力"讨价还价"的空间。"水能载舟亦能覆舟。"行政管理对象的主动依从配合成为实现现代行政管理目标的重要基础。因此,尊重、吸收、满足行政相对人的诉求意图,将其纳入行政行为的内容成为当前行政活动的一大特点,以合意性为基础的行政契约自然而然地走入行政机关的视野,成为行政活动中较为温和、灵活的形式。无论时代背景如何,行政契约都以其合意性的基础体现着其在行政活动中的独特价值。在警察国家的时代,行政

---

[1] 史尚宽:《债法总论》,中国政法大学出版社2000年版,第7-8页。

[2] [德]卡尔·拉伦茨:《德国民法通论》(下册),王晓晔等译,法律出版社2003年版,第719页。

[3] 江嘉琪:《我国台湾地区行政契约法制之建构与发展》,载《行政法学研究》2014年第1期,第81页。

[4] 参见[德]G. 平特纳:《德国普通行政法》,朱林译,中国政法大学出版社1999年版,第147页。

协议体现着公民实现自由的可能；在福利国家时代，行政协议调和公私关系的对立，提升经济社会的运行效率。[1]“涉及群众的问题，要准确把握社会心态和群众情绪，充分考虑执法对象的切身感受，规范执法言行，推行人性化执法、柔性执法、阳光执法、不搞粗暴执法、‘委托执法’那一套。”[2]自由、平等、公正、公开、参与……这些行政协议存在的法政策性要素，正是当前中国行政实践如火如荼的生动图景。

行政协议的内容虽然包括行政法上的权利和义务，但平等性与行政协议并非水火不容。有观点认为，行政协议乃是行政主体主动进入市场、寻求与市场主体开展合作的尝试，双方当事人只能通过平等协商才可达成关于权利义务的合意，进而建立行政协议关系，这与民事合同完全一致。[3]

（二）行政协议与民事合同的不同之处

纵然行政协议与民事合同都是一种契约，但从问卷调查的情况看，应当对二者予以区分的观点基本是一致的。（见图2－3、图2－4）

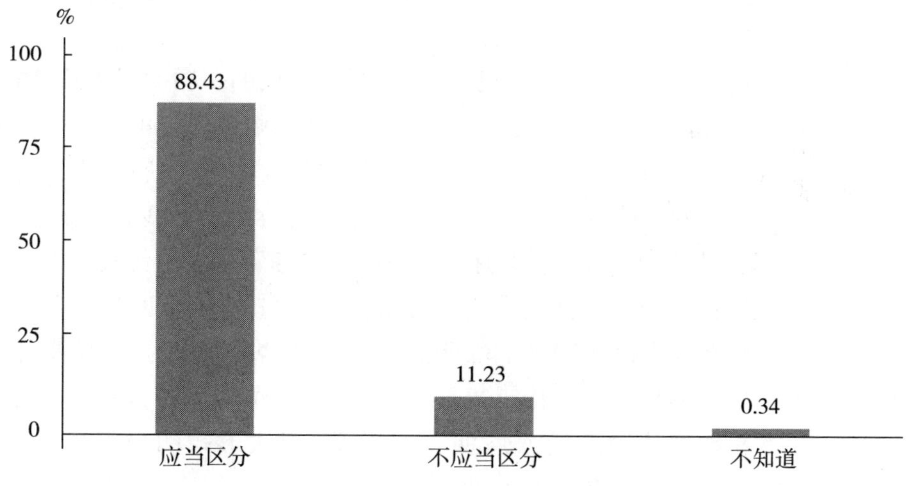

图2－3　受访者认为是否应当区分民事合同和行政合同

[1] See Speck, William H., *Assuring Government Contract Performance*, George Washington Law Review, Vol. 34, No. 4, 1965－1966, p. 666－692.

[2] 中共中央文献研究室编：《十八大以来重要文献选编》（上），中央文献出版社2014年版，第722－723页。

[3] 参见陈天昊：《行政协议中的平等原则——比较法视角下民法、行政法交叉透视研究》，载《中外法学》2019年第1期，第248页。

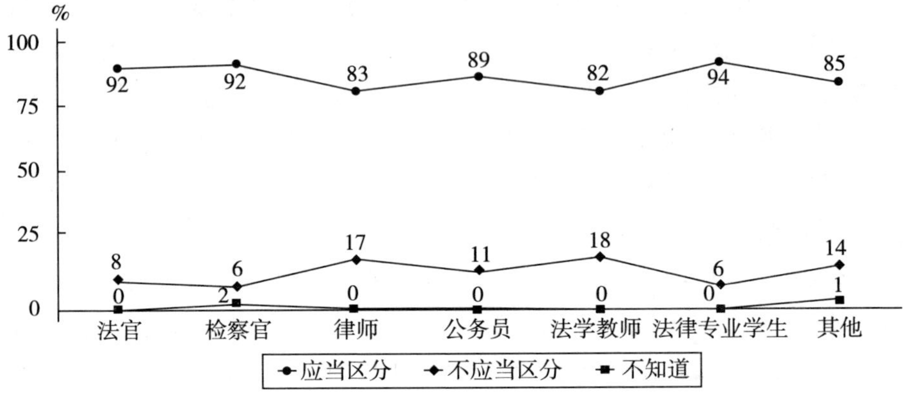

图 2-4 不同职业群体的观点

关于应否区分行政协议与民事合同,调查结果显示,88.43%的受访者认为应当区分,分类统计显示结果和总体基本一致。虽然有观点认为不应当区分行政协议与民事合同,甚至否认行政合同的存在,但其非主流观点,难以获得实践认可。那么,对于如何区分行政协议与民事合同,则需要重点关注以下几方面:

1. 协议双方主体不同

行政协议的一方当事人是行政机关,这是行政协议的一项明显形式特征。只有行政机关成为协议一方当事人时,该协议才有成为行政协议的可能。需要注意的是,行政协议中的行政机关与《民法典》确立的机关法人在范围上虽有重叠,但却是完全不同的法律概念。《民法典》中的机关法人是民事法律概念,是行政机关作为民事活动主体,其能享有的民事权利义务资格。有代表性的民事活动包括"代表国家成为经营性国有资产的出资人、对其直接支配的不动产和动产的依法处分、在合乎财政制度下的购买及修造、代表国家承担赔偿责任及国有不动产的管理者侵权责任、特定情形下的保证人、雇用正式编制之外的员工而与被聘用者签订劳动合同或雇佣合同以及'司法形式的公行政'等七类"[1]。行政协议中的行政机关是行政法律概念,其主要是从行政机关享有行政职权、履行行政管理职责的角度对行政机关协议主体的范围予以明确。行政协议中签约主体强调行政主体,主要是考虑"在行政契约中约定的对行政行为

[1] 屈茂辉:《机关法人制度解释论》,载《清华法学》2017年第5期,第135页。

的处分大多落在该行政主体的职责权限之中"〔1〕。

主体间权利义务并非完全对等。与民事合同中当事人完全对等的法律地位不同,行政协议中行政机关和合同的另一方当事人间并非完全对等的法律地位,行政机关基于履行行政管理职责、维护公共利益的需求,拥有一定的优势地位。行政协议的平等原则具有更富包容性的内涵,旨在涵括双方在权力与权利上的"结构性均衡"。"在行政合同中,行政机关享有行政优益权,即根据公务的需要,行政机关可以依职权执行合同,可以在行政合同中规定当事人对第三人享有某些特权。"〔2〕这些"特权"主要表现为行政机关可以在合同的签订和合同的履行过程中,突破合同合意性的基本要求,以行政管理职权为基础,单方面对合同内容和履行作出变更或对另一方当事人的履行行为进行监督指导、行政制裁。进入21世纪以来,我国行政法学的理论发展多以法国等大陆法系国家行政法为蓝本,借鉴吸取了他国许多立法和理论经验。"法国行政机关享有合同履行的指挥权、单方变更协议标的权、单方解除权、制裁权等行政优益权。"〔3〕在我国立法实践中,一些法律规范也对行政机关作为行政协议一方当事人的特殊地位作出了规定,如《城镇国有土地使用权出让和转让暂行条例》第6条规定:"县级以上人民政府土地管理部门依法对土地使用权的出让、出租、抵押、终止进行监督检查。"《全民所有制工业企业承包经营责任制暂行条例》第19条规定,国务院对税种、税率进行重大调整,合同双方可按国务院规定协商变更承包经营合同。司法机关对行政协议纠纷的审查裁决也对行政机关在行政协议中的特殊地位作出了阐释与确认。在重庆市涪陵区国土资源局与徐某平房屋征收行政补偿安置合同纠纷上诉案〔4〕中,重庆市第三中级人民法院经审理后认为,涪陵国土局作为行政主体,在涉案《安置协议书》签订、履行中处于主导地位,享有行政优益权,负有核实徐某平是否属于住房安置对象、预先制定协议主要内容、向徐某平发出邀约等职权。而作为相对方的徐某平是该行政合同的承诺方,仅享有部分合同当事人的权利,其权利的行使相对受到更多的限制。

---

〔1〕 余凌云:《行政协议的判断标准——以"亚鹏公司案"为分析样本的展开》,载《比较法研究》2019年第3期,第104页。

〔2〕 江必新、梁凤云:《行政诉讼法理论与实务》,北京大学出版社2009年版,第223-224页。

〔3〕 王名扬:《法国行政法》,中国政法大学出版社1988年版,第195-196页。

〔4〕 参见重庆市第三中级人民法院行政判决书,(2011)渝三中法行终字第30号。

2. 订立协议的目的不同

行政协议与民事合同所欲实现的目的不同，这是两者重要的区别。“行政合同之所以成为行政合同而不是民事合同，其中重要特征在于，行政合同本身是执行公务或履行行政职责的手段。”[1]但是行政协议具有行政目的或为实现公共利益，这一表述仍语焉不详，具有主观性，为实践中准确识别行政协议造成了一定的困扰。在和田市人民政府与和田市天瑞燃气有限责任公司、新疆兴源建设集团有限公司其他合同纠纷案[2]中，2004 年新疆兴源建设集团有限公司与和田市人民政府就和田市天然气利用项目工程的投资建设签订《和田市天然气利用项目合同》，在双方发生经济纠纷后，合同当事人对该合同的性质是行政协议还是民事合同产生争议。最高人民法院经审理后认为：“案涉合同本身是要对天然气这一公共资源进行开发利用，建设并提供公共产品和服务，从而满足公众利益的需要，体现出政府实施行政管理的公益性目的。”在考虑合同目的的基础上，最高人民法院对合同内容、合同履行方式以及合同变更的依据进行综合考量后，认定合同具有行政性。而在河南新陵公路建设投资有限公司与辉县市人民政府管辖纠纷案[3]中，2004 年辉县市新陵公路建设指挥部与河南省万通路桥建设有限公司（后项目主体变更为河南新陵公路建设投资有限公司）签订了《关于投资经营辉县上八里至山西省省界公路项目的协议书》对案涉道路建设的融资、收益及双方责任、违约责任等事项进行约定。最高人民法院经审理后认为：“合同的直接目的是为开发和经营新陵公路，设立新陵公路收费站，具有营利性质，并非提供向社会公众无偿开放的公共服务。”同时，从涉案合同的目的、职责、主体、行为、内容等方面看，合同具有明显的民商事法律关系性质，应当定性为民商事合同。在上述两个案例中，同样是市政公共设施的特许经营合同，审判法院得出了两种截然相反的目的判断，进而适用了不同的审理程序，其根本原因在于协议的目的判断不能较好地为确定协议属性进行指引。关于合同目的是不是行政协议与民事合同的本质区别，笔者进行了相关调研。（见图 2－5、图 2－6）

[1] 杨小君：《论行政合同的特征、法律性质》，载《行政法学研究》1998 年第 2 期，第 17 页。

[2] 参见最高人民法院民事裁定书，(2014)民二终字第 12 号。

[3] 参见最高人民法院民事裁定书，(2015)民一终字第 244 号。

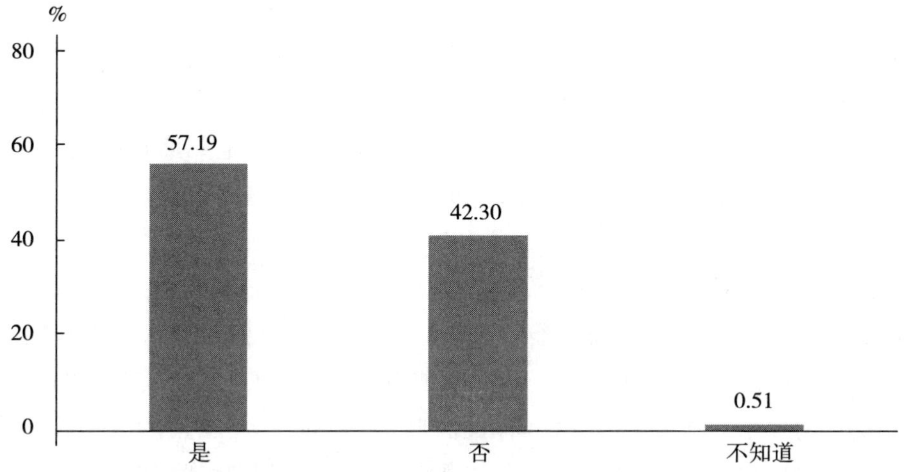

图 2－5　受访者认为合同目的是否是行政合同和民事合同的本质区别

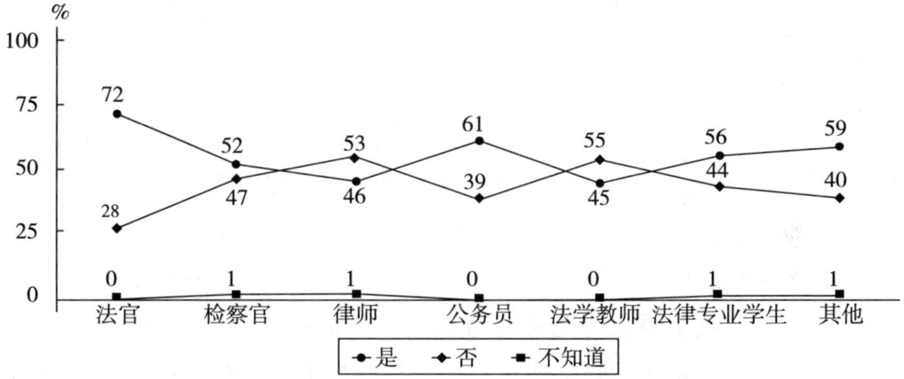

图 2－6　不同职业群体的观点

对于合同目的是否为行政协议与民事合同的区别标准，调查结果显示，57.19% 的受访者认为合同目的是二者区分的关键，但也有 42.3% 的受访者持不同观点。从分类统计结果看，有 72% 的法官认为合同目的是民事合同与行政协议区分的关键，但其他类型的调查者没有倾向性观点。这也说明，仅从合同目的很难对协议性质进行区分。

究竟何为协议目的，这是一个值得商榷的问题。无论是行政协议还是民事合同，其根本目的都是法律关系的产生、变动和消灭，因此判断合同的目的仍应从合同所欲产生的权利义务关系上来看，不是依靠简单的主观臆断，而是需要从协议的具体权利义务关系中加以分析总结，进而得出明确具体的协议目的。如果将行政协议的协议目的都界定为公共利益，那么所有的行政协议目的都将趋同，进而对行政协议类型的划分、履行方式的区别将失去意义。目的判断对区分出行政协议有着重要意义，不能因噎废食予以舍弃，但判断目的的路径应当从协议的具体权利义务内容出发，以实现对目的更为精准的判断。

3. 行政机关订立行政协议时意思自治受到限制

意思自治是我国合同法确立的基本原则，其内涵是合同当事人自主地依自己的意思订立合同，是否订立合同，与何人订立合同，以何种形式订立合同，如何确定合同的内容，订立的合同是否变更或者解除，取决于当事人自己的意思，而不受任何外来的强力干涉。我国《民法典》对合同当事人的自由意志给予了充分的保护，《民法典》第148条第2款规定："一方以欺诈手段使对方在违背真实意思的情况下实施的民事法律行为，受欺诈方有权请求人民法院或者仲裁机构予以撤销。"个人是自己利益最好的保护者。在私法领域，只有对当事人的自由意志给予了充分的保护，当事人的利益诉求得到充分的满足，才能实现交易中当事人利益的最大化。

与私法中当事人的地位不同，行政协议中的行政机关是国家利益和社会公共利益的代表，行政机关的意思自治应当受到依法行政原则的约束。有判决指出："行政合同制度建立在依法行政基础之上，如果不能保障政府守法，行政合同制度的存在就无独立于单方行政行为制度的意义了。"[1]在传统单方行政行为中，强调依法行政主要是为避免行政权力的膨胀进而损害行政相对人利益。在行政协议中，强调依法行政主要是为约束行政权力任意损害国家利益和社会公共利益。无论是国有土地使用权出让协议、政府特许经营协议还是政府和社会资本合作协议，其背后隐含的均是行政机关通过行政协议对公共资源的配置。在此过程中，行政机关仅是国家利益和社会公共利益的维护者，这是其意思自治的边界，行政机关不能突破这个边界减损国家利益和社会公共利益。在大连市甘井子区大连湾街道办事处与孙某波履行补偿协议上诉案[2]中，辽宁省高级人民法院经审理后认为："行政协议虽然与行政机关单方作出的行政行

---

〔1〕 于立深：《行政协议司法判断的核心标准：公权力的作用》，载《行政法学研究》2017年第2期，第37页。

〔2〕 参见辽宁省高级人民法院行政判决书，(2018)辽行终1464号。

为一样,都是为了实现公共利益或者行政管理目标,但与单方行政行为不同的是,它是一种双方行为,是行政机关和行政相对人通过平等协商,以协议方式设立、变更或者消灭某种行政法上的权利义务的行为,兼具行政行为及合同的双重混合特征……'协商订立'仍应坚持依法行政,不能借由行政协议扩大法定的活动空间。当继续履行协议会影响公共利益或者行政管理目标实现时,法律也允许行政机关享有一定的行政优益权。行政机关既然选择以缔结行政协议的方式'替代'单方行政行为,则应于缔结协议后,切实避免再以单方行政行为致协议相对方无条件接受权利义务变动。如果出尔反尔,不仅显失公平,亦违背双方当初以行政协议而不是单方行政行为来成就当事人之间法律关系的合意基础。"关于行政协议订立和履行过程中,依法行政与意思自治的关系,笔者进行了相关调研。(见图2-7、图2-8)

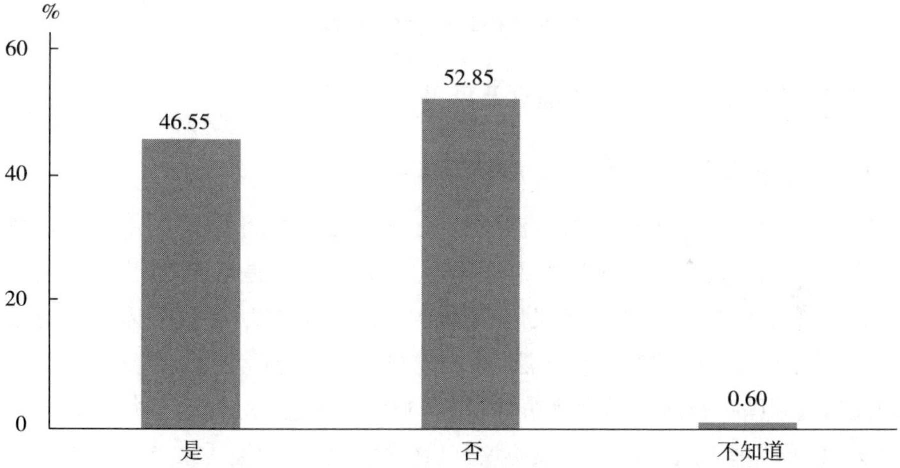

图2-7 行政合同签订及履行中,依法行政原则是否应当让位于双方的意思自治

关于在行政协议签订中,行政机关在行政活动中应当遵循的依法行政原则是否受到意思自治的限制,52.85%的受访者认为答案是否定的。从分类统计的情况看,绝大多数受访者认为依法行政原则不应受到意思自治的限制。从调查结果看,超过一半受访者认为行政协议作为行政活动的方式,应当坚持依法行政。但也有相当比例的受访者认同协议中意思自治的重要性。

行政协议作为行政活动的方式,当然应当受到依法行政原则的约束,行政机关签订协议不可能像私人一样自由。但协议签订后,在判断行政协议是否应当履行时，对于行政机关通过协议处分的内容，甚至是行政职权，由于受信赖保护原则的限制，依法行政原则有时要让位于信赖保护。

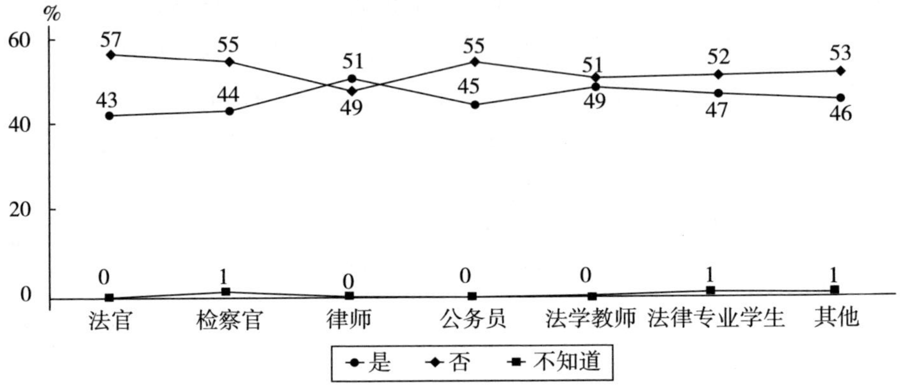

图2-8 不同职业群体的观点

三、行政协议识别标准的确立及展开

（一）功能主义视角下识别标准的确立

“公法契约”经过了德国行政法学理论和实践的长期发展，在《德国联邦行政程序法》第54条第1款作出如下法律定义：行政合同是指设立、变更和终止公法上的法律关系的合同。“该定义以一般合同概念为出发，通过客体界定行政合同。”[1]我国台湾地区“行政程序法”在制定过程中充分吸收了以德国、法国为代表的大陆法系国家行政法的理念精神，其第135条规定，“公法上法律关系得以契约设定、变更或消灭之”，同样是以协议背后的法律关系的性质来界定行政协议。

行政协议与民事合同最大区别在于合同内容是否有行政法上的权利和义务。合同被誉为当事人之间的法律。换句话说，作为普通的民事合同，合同内容主要是当事人基于意思自治约定的权利义务关系。在某种意义上，即使当事人之间的约定突破了法律，除非违反效力性强制性规定，原则上也是允许的。违法合同的效力一直被认为基于意思自治，是当事人处分权利在合同法上的体现。

对于行政协议来说，协议双方的权利义务有意思自治的成分，但更多是源于法律规定，特别是有关行政机关职权、职责的规定。因此，行政主体在协议中

[1] ［德］哈特穆特·毛雷尔：《行政法学总论》，高家伟译，法律出版社2000年版，第348页。

的权利义务与行政机关的职权、职责密切相关。这种法定的合同内容对行政协议另一方的权利义务也有影响。例如,在国有土地使用权出让合同中,作为土地受让人的公民、法人或者其他组织应当遵守土地利用的法律规定,法定义务直接成为合同条款要求当事人遵守。

关于行政合同签订后,行政机关能否就行政相对人履行合同的行为进行处罚,有64.25%的受访者认为不能。从分类统计看,法官、检察官和律师认为不能处罚的比例较大,其中法官占68%、检察官占69%、律师占84%,法律职业团体普遍认为不能处罚。(见图2-9、图2-10)

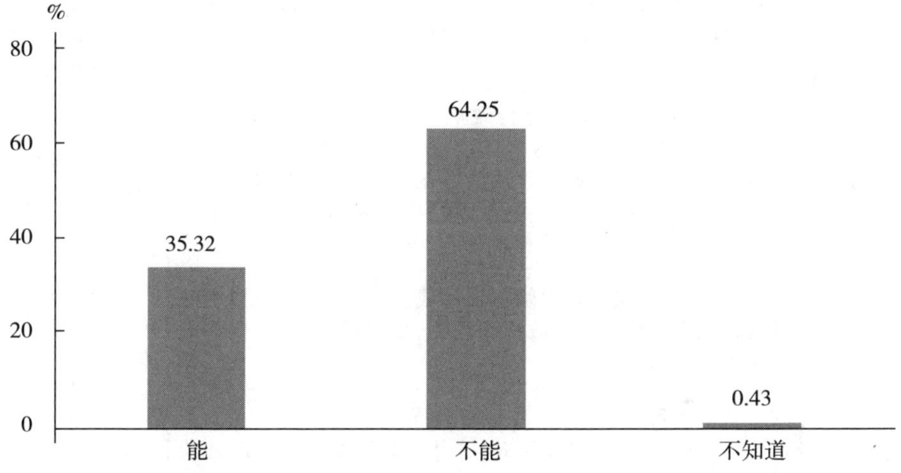

图2-9　行政合同签订后,行政机关能否就相对人履行合同的行为作出行政处罚

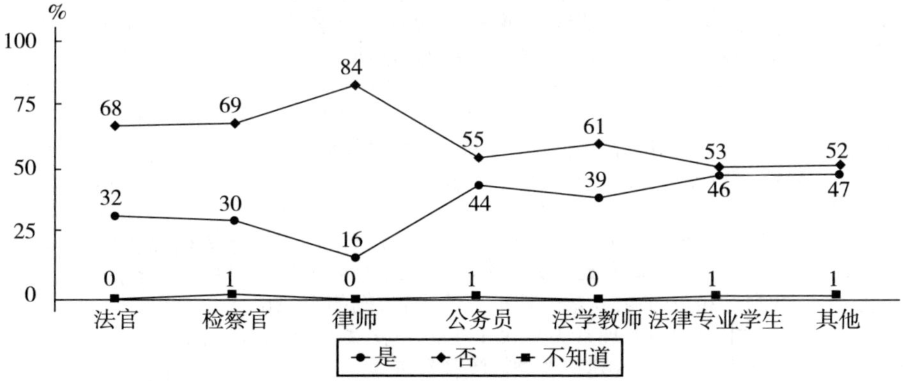

图2-10　不同职业群体的观点

因此,从受访者的意见来看,基本上都认可行政机关的行政优益权。事实上,这也是行政协议不能回避的问题。也正是因为行政优益权的存在,行政协议与民事合同才得以区分开来,才能更好地实现行政机关行政管理目的。但行政优益权的行使也是有条件的,是应当受到限制的。(见表2-2)

表2-2　受访者认为区分行政协议和民事合同最核心的标准及原因的列举

被访对象	原始访谈话语	总结
1号法官	核心标准是,订立合同的目的是不是公共管理,这是行政机关签订行政协议与民事合同的最大不同。因为民事合同基本是源于市场经济而产生的一种商业合作方式,而行政协议是行政机关为了完成或者达到行政管理目的而采取的一种特殊管理方式	四位法官的观点惊人的一致,都认为行政协议和民事合同区分的核心标准是订立协议的目的。四位法官均认为签订行政协议的目的是实现行政管理或者公共利益,只有一位法官提出了行政协议产生、变更或者消灭行政法律关系,但其也认为该法律关系是基于协议目的产生的
2号法官	区分两者的最核心标准是行政机关为实现行政管理目的、维护社会公共利益而订立合同。也正因如此,行政机关享有行政优益权,即行政协议的缔约双方,由于缔约目的的不同、身份和地位的不同,并不像民事合同那样平等,不受限制	
3号法官	目的导向,即为实现行政管理目标或者公共利益,可以有效区分行政机关从事的行政私法行为,如建设办公楼、购买办公用品等行为	
4号法官	签订合同的目的不同,签订行政合同的主要目的或占支配地位的目的是实施行政治理,产生、变更或消灭行政法律关系	
1号教师	核心标准是"具有行政法上权利义务内容"。理由:法律关系理论为行政法学提供了更丰富的视角。行政法律关系论把行政机关与行政相对人的法定权利和义务作为研究内容,容易打通和民事法律关系理论的沟通渠道	在四位教师中,有三位教师认为协议内容是行政法上的权利和义务。其中一位教师同时提出了协议目的也是核心的判断标准,另一位教师认为目的说、主体说均可被"权利义务说"吸收。第四位教师虽然提出了两个标准,但
2号教师	其内容是不是行政法上的权利和义务。该标准从范围上讲,可以说能包含其他如主体说、目的说等标准;从本质上讲,其也能推导出行政协议的一般特征	
3号教师	最核心的是协议的目的和核心内容。行政协议的目的是实现公共利益或者行政管理目标,而不是为了行政机关自己的利益和目的;有行政管理事项的内容,例如土地出让合同的根本目的不能理解为像民事主体一样买卖土地,合同中存在大量土地、规划管理等行政管理事项	

续表

被访对象	原始访谈话语	总结
4号教师	标准有两个:第一个标准决定它的目的是解决政治国家领域国家治理方面的事务,不是市民社会的有关交换正义方面的事务。第二个标准决定它是行政机关治理国家的一种举措,以区别于平等主体之间通过协议解决利益互惠的授权机制	实质上可以归结为一个标准,即为解决国家治理采取的一种举措、一种方式
1号律师	核心标准是协议中是否包含对公权力的协商处分内容。因为合同只是一种形式,"行政性"和"民事性"的区分只有通过鉴别合同内容才能实现,以合同形式处分公权力是行政协议的实质意义和终极目的	四位律师的意见相对比较分散,其中两位律师提出核心标准是对公权力的协商处分或者行政职权的存在。第三位律师提出了三个标准,涉及协议目的、内容和主体之间是否平等。第四位律师认为主体和目的是区分的核心标准
2号律师	最核心的问题是行政职权。行政协议之所以区别于民商合同,单独列出来,就在于其与行政职权有关。"协议"与"合同"本质上是同一概念,只是表述方式不同。如果没有突出行政职权,行政协议与一般民商事合同就没有任何区别了。行政职权的一大特征就是双方的地位不平等。合同法要求合同双方的地位平等,这里强调的是签订合同时的地位平等,而不是职权方面的平等	
3号律师	内容是否涉及公共利益,主体之间是否存在平等关系,是否涉及行政法上的权利义务。因为民事合同是平等主体之间意思自治的体现,涉及对双方私人权利义务的处分	
4号律师	主体和目的。行政协议是行政机关为了实现行政管理或者公共服务目标,其中有一主体必须是行政机关;民事合同是为了实现合同主体的私利,合同的双方是平等主体的自然人、法人和其他组织	

从上述受访者的意见来看,行政协议的目的和内容被认为是行政协议区别于民事合同最为重要的标准。法官们一致认为合同目的是核心标准,教师们一致认为行政法上的权利义务是核心标准。

笔者认为,契约在当下之所以可以分为民事合同与行政协议两种类型,关键即在于订立契约的目的有所不同。民事合同订立的目的在于实现合同当事人的私人利益,行政协议订立的目的则因主体具有特殊性需要分别界定。其中,民事一方当事人订立协议的目的仍在于实现其私人利益,但行政一方当事人的目的则在于实现法律赋予其行使的行政管理和公共服务职能,因而行政协议中行政一方当事人订立协议的目的是行政协议与民事合同相区分的关键。

但应当注意的是，目的标准固然极为重要，但并非识别行政协议的唯一标准，因为仅仅从目的上判定，很容易把行政主体的私法行为认定为行政协议。因此，行政协议是行政机关为“履行行政管理和公共服务职责”而与私人签订的具有“行政法上权利义务关系”的协议，二者缺一不可。

不难发现，“履行行政管理和公共服务职责”和“行政法上权利义务关系”这两项认定行政协议性质的标准实则也是高权行政行为所具备的要件，事实上，这两项标准是行政机关行使公权力对外作出的所有类型的行政活动方式（或者说是行政手段）均应具备的要件。正如学者所言，行政协议“并没有改变行政意志作用的领域，而只是尝试通过合意这种更具弹性的方式来形成和表达行政意志，弥补高权行政中传统行政模式在民主、回应、效能、合作等方面存在的不足”〔1〕。因此，行政协议与高权行政行为相同，其功能在于服务行政机关行使公权力下的“行政”需求，只不过在二者中，私人的地位和所发挥的作用有所不同。在此基础上，识别一类协议属于行政协议还是民事合同的核心标准即在于识别该协议是否为行政机关在“行政”中行使法律赋予的公权力订立的协议，如果是，则该协议应当认定为行政协议；如果不是，则应当认定为民事合同。

（二）行政协议识别标准的具体展开

在大陆法系国家，最大限度地实现行政行为的形式化是完善的行政法体系的主要标志之一，也是行政法学者和立法者的主要任务。在行政协议的识别方面，最为直接的方式即是对行政协议的所有类型进行列举，以实现行政协议的形式化，如《行政协议诉讼司法解释》第2条列举了“政府特许经营协议”“土地、房屋等征收征用补偿协议”“矿业权等国有自然资源使用权出让协议”等五种具体的行政协议类型。对行政协议的具体类型进行列举的好处在于，当事人就这些类型的行政协议争议提起诉讼时，法院无须再进行协议性质的识别工作，但应当注意的是，对行政协议的列举是永远无法穷尽的，因而在当前及未来的司法实践中，法官仍然要承担行政协议的识别工作。

前文已述，行政协议作为行政机关履行行政管理和公共服务职责的一种手段，其主要功能便在于满足行政机关行使公权力下的“行政”需求，因而判定特定类型协议的目的是否在于“行政”即法官判定该协议是否为行政协议的核心

---

〔1〕 徐键：《功能主义视域下的行政协议》，载《法学研究》2020年第6期，第103页。

标准。但不可否认的是,此种标准与学者们之前提出的各种行政协议识别标准均具有一项弊端,即标准过于抽象和模糊,因而这些标准在司法实践中具体适用时并不能给法官带来充分的便利。但是,本书在功能主义视角下提出的行政协议识别标准的优势在于,其可以在一定程度上实现行政协议的形式化。具体而言,功能主义视角下行政协议的识别标准可以分为三个层次:首先是上文所述的宏观层面下的"行政"标准;其次是根据不同行政协议所发挥的不同功能对行政协议进行中观层面的概括;最后是根据中观层面的分类和实践需求对具体行政协议的类型加以最大程度上的归纳。这种分层级形式化的识别标准无疑会为法官提供更为清晰、具体的识别标准,同样也符合行政协议的立法需求,下文将展开具体论述。

通说认为,相较于高权行政行为,当事人间基于协商一致订立的行政协议的优势在于:"它使灵活的、适应特殊情况的行政成为可能,特别符合现代法治——民主行政的观念:公民不是单纯的仆从,而应当被作为独立的法律主体和行政的伙伴对待,并且与行政机关一道担负起行政的责任。"〔1〕实际上,作为一种与行政行为相并行的行政手段,行政协议在行政机关履行行政管理职责时发挥着自己独特的功能。在德国,以奥托·迈耶为首的行政法学家在建构传统行政法体系时,具有单方性和强制性的"行政行为"概念处于传统行政法体系的"阿基米德支点"地位,彼时行政法学者大都不承认"行政协议"概念在公法中的存在,"如德国学者 Giacometti 认为行政协议与依法行政本身就自相矛盾"〔2〕。行政协议之所以在当时没有存在的必要,根本原因在于,德国行政法虽已由"邦君权国"与"警察国"开始向"法治国"过渡〔3〕,但行政管理的最主要任务仍限于国家的一些基本职能,如国防、外交、财政、治安等〔4〕。迈耶之所以将行政行为置于行政法的中心,也是希望以"警察法为模版"〔5〕,因而在当时行政主要表现为侵害样态的背景下,行政任务的完成更宜使用具有单方性和强制性特征的高权行政行为。但是,20 世纪以来,由于工业发展造成的社会阶级差异扩大等一系列原因,人们不再满足于行政机关仅履行上述基本职能,而是要求政府履

---

〔1〕[德]哈特穆特·毛雷尔:《行政法学总论》,高家伟译,法律出版社 2002 年版,第 362 页。
〔2〕冯莉:《论我国行政协议的容许性范围》,载《行政法学研究》2020 年第 1 期,第 47 页。
〔3〕参见[德]奥托·迈耶:《德国行政法》,刘飞译,商务印书馆 2013 年版,第 27－66 页。
〔4〕参见王锡锌:《依法行政的合法化逻辑及其现实情境》,载《中国法学》2008 年第 5 期,第 64 页。
〔5〕参见赵宏:《法律关系取代行政行为的可能与困局》,载《法学家》2015 年第 3 期,第 35 页。

行服务、给付等其他职能,行政机关的行政领域随之也不限于传统的行政管理职责,而是向公共服务领域大幅扩张。

在传统的行政管理领域,行政机关的“行政”大都属于秩序行政,因而具有单方性、强制性的高权行政行为这一行政手段即可满足当时行政机关的需要。但是,随着行政机关的行政职能扩张到公共服务领域,为满足人们对公共服务的大量需求,行政机关不得不寻找承担国家任务之适格私人,与私人一起完成这些行政任务。此时,行政机关与私人的关系便不再是命令与被命令的关系,而是在充分协商的前提下与私人一同完成行政任务的平等关系。在此种关系中,高权行政行为作为一种行政手段便不宜继续使用,行政协议作为一种新型行政手段在不宜使用高权行政行为的公共服务领域得到普遍适用。同时,随着行政法对行政民主性和效率性要求的提高,即便在传统的行政管理领域,行政机关也开始使用行政协议作为在特定情形下替代行政行为的行政手段,以提高行政相对人的参与度和可接受度。因此,根据上述行政协议不同的功能,可以将行政协议分为两类,即对等关系协议和等级关系协议。对等关系协议,是指“行政机关和行政相对人基于互相履行义务以实现公共利益或者行政管理目标而达成的书面合意”,其具有“互相履行的义务之间具有正当的关联性”和“互相履行义务之间具有内容的对等性”两项要件;〔1〕等级关系协议,是指“通过赋予相对人在等级化之行政秩序中的主体性来提升其意愿交流的地位和能力,进而以共识为基础便宜实现行政目的”而签订的行政协议。〔2〕此外,根据不同类型的等级关系协议所发挥功能的不同,还可以将等级关系协议分为和解性协议和程序性协议。其中,和解性协议是指“当事人双方以互谅互让的方式,消除在某事务上存在着的事实的或法律的不确定性”的协议〔3〕,程序性协议则是用来补充具体行政行为的构成要件、内容或效力的协议。

在微观层面,典型的对等关系协议包括“政府特许经营协议”、符合上文所述标准的“政府与社会资本合作协议”等;典型的和解性协议包括“行政强制执行协议”“息诉罢访协议”等;典型的程序性协议则包括“土地、房屋等征收征用

〔1〕章剑生:《现代行政法总论》(第2版),法律出版社2019年版,第201页。

〔2〕徐键:《相对人不履行行政协议的解决路径》,载《政治与法律》2020年第11期,第19页。

〔3〕参见[印]M·P. 赛夫:《德国行政法——普通法的分析》,周伟译,山东人民出版社2006年版,第95页。

补偿协议”“政府投资的保障性住房的租赁、买卖等协议”等。

综上，在功能主义视角下，对行政协议的识别可以分为宏观、中观、微观三个标准。法院在审理行政协议案件时，如果需要先行判定行政协议的性质，可以适用从微观到宏观的判断路径。具体而言，法官在对协议的性质进行识别时，首先要从微观层面考察案涉协议是否为已经被形式化的行政协议，如果属于“政府特许经营协议”“土地、房屋等征收征用补偿协议”等已经被形式化的协议，则直接按照行政协议案件进行审理；如果案涉协议并非被形式化的协议，则应当从中观层面上判断其是否符合对等关系协议或等级关系协议的特征，如果符合，则应当被认定为行政协议。无法否认的是，中观层面上的三种分类仅是对行政协议在当下所发挥的不同功能的概括，未来可能还会出现其他功能的行政协议。因此，如果从中观层面进行考察后发现不符合任何一种行政协议的特征，法官还应当从宏观层面对协议的特征进行进一步识别。

（三）法定职责不是行政协议的判定标准

在功能主义视角下，行政一方当事人订立协议的目的是否为“履行行政管理和公共服务职责”是识别协议是否为行政协议的关键标准之一。上文已述，依法行政原则作为行政法上的基本原则，其在行政协议中仍然应得到遵循。依法行政原则的基本要求之一是“法无授权不可为”，那么，即便协议签订的目的是“履行行政管理和公共服务职责”，但如果行政一方当事人并不负有此项职责，是否会影响对协议性质的识别之问题也值得明确。

最高人民法院于 2015 年 4 月发布的《行政诉讼法司法解释》（2017 年修订）第 11 条第 1 款规定：“行政机关为实现公共利益或者行政管理目标，在法定职责范围内，与公民、法人或者其他组织协商订立的具有行政法上权利义务内容的协议，属于行政诉讼法第十二条第一款第十一项规定的行政协议。”2019 年 12 月 10 日发布的《行政协议诉讼司法解释》将行政协议定义为：“行政机关为了实现行政管理或者公共服务目标，与公民、法人或者其他组织协商订立的具有行政法上权利义务内容的协议，属于行政诉讼法第十二条第一款第十一项规定的行政协议。”两项涉及行政协议的司法解释不同之处在于将“在法定职责范围内”这一限定要件进行了删减。法定职权与法定职责“一体两面”，从权力角度说为法定职权，从义务角度说为法定职责。法律、法规规定行政机关的法定职权时,同时也会明确行政机关在行使行政职权时必须承担的义务和责任。

行政协议是行政机关在权限范围内订立的,如果行政机关订立行政协议不是为了履行其法定职责,可以认定该协议不是行政协议。如在临河区国鑫建筑材料厂诉内蒙古自治区巴彦淖尔市司法局赔偿不履行租赁合同造成的损失一案[1]中,最高人民法院认为,本案中巴彦淖尔市司法局就其所有的砖厂与临河区国鑫建筑材料厂负责人李某某签订租赁合同的行为,不在其法定职责范围内,该租赁合同也不具有行政法上权利义务的内容,不符合上述司法解释关于行政协议的规定,该租赁合同属于平等主体之间的民事合同。临河区国鑫建筑材料厂因该租赁合同争议提起诉讼,不属于人民法院行政诉讼的受案范围,一审、二审法院对其起诉不予受理并无不当。遂裁定驳回临河区国鑫建筑材料厂的再审申请。本案的审理思路彰显了对行政协议"法定职责"要件的坚持。

传统行政行为理论将"法定职责(职权)"作为行政行为合法性的要求,行政机关超越职权或滥用职权的行为将被撤销。行政协议与传统行政行为不同,是否应当坚持将"法定职责(职权)"作为行政协议合法性的要件呢?有学者认为:"只要与行政职权相关、符合公益目的和具有行政法上权利义务的行政协议都能够纳入司法审查范围。"[2]这与2019年《行政协议诉讼司法解释》对行政协议的概念界定是一致的。笔者支持上述观点,认为不应当将"法定职责"作为判断行政协议的要件。一方面,进入行政诉讼中的争讼标的有可能是合法的行政行为,也有可能是不当的行政行为,更有可能是违法的行政行为,违法的行政行为就包括"在法定职责范围外"的行政协议。另一方面,行政协议往往是相对人"增益"的行为,保护其稳定性是司法审查的重点,对行政协议效力的保护在某种意义上应当远甚于对行政协议合法性的审查,如此才能解除相对人的后顾之忧,鼓励相对人更加积极地参与行政机关的行政管理活动,提高其对行政行为的预期。

---

[1] 参见最高人民法院行政裁定书,(2015)行监字第1625号。

[2] 沈福俊:《司法解释中行政协议定义论析——以改造"法定职责范围内"的表述为中心》,载《法学》2017年第10期,第90页。

第三节 行政协议诉讼的类型

2014年《行政诉讼法》第12条第1款第11项规定,认为行政机关不依法履行、未按照约定履行或者违法变更、解除政府特许经营协议、土地房屋征收补偿协议等协议的,属于行政诉讼的受案范围。根据上述规定,行政法学界部分观点认为,行政协议的案件范围限于《行政诉讼法》规定的行政机关不依法履行、未按照约定履行或者违法变更、解除协议的行为。事实上,这种理解人为缩小了行政协议案件的受案范围,不符合《行政诉讼法》的立法本意。

行政协议行为是由一系列行为共同组成的。签订行政协议是一个独立的行为,单方变更行政协议又是一个独立的行政行为,单方解除行政协议、不依法履行或者未按照约定履行行政协议义务既是相互联系的,又是互相独立的。将行政协议分解为若干独立的行为,按照行政诉讼的规则去审理、裁判行政协议案件,符合目前《行政诉讼法》确定的受案范围的法律框架。

从理论视角上看,行政协议纠纷的案件类型分为协议类纠纷和行政性纠纷两类。

一、协议类纠纷

(一)行政机关不履行行政协议的行为

作为一种行政机关与相对人的交换关系,行政协议的签订双方均须按照协议约定内容履行各自的义务,享有各自的权利。在行政协议法律关系中,作为行使行政管理职责的行政机关更应当诚实守信地履行其与公民、法人或者其他组织签订的行政协议,若确因重大政策调整或出于维护公共利益需要而无法继续履行协议,也应当尽到相应的附随义务,即在合理时间内及时通知协议另一方,并说明不能继续履约的理由。此外,即使基于公共利益需要解除或变更协议,也应当对因不能继续履约而给协议另一方造成的损失予以补偿或采取补救措施等。

在行政诉讼中,行政机关不依法履行、未按照约定履行行政协议案件,首先应当审查行政协议的效力,履行以协议的有效为前提。此外,人民法院还应当对行政机关是否按照法律规定或者行政协议约定的期限、数额、方式、范围等要求进行全面审查。行政机关未全面履行职责义务的，应当判决其全面履行，并判决行政机关承担相应的行政赔偿责任。客观上不能继续履行的，人民法院可以判决解除行政协议，并判决行政机关承担相应的行政赔偿责任。[1]

（二）行政协议效力、是否应当解除或者撤销的纠纷

2019 年 12 月最高人民法院发布行政协议参考案例蒋某某诉重庆高新区管理委员会、重庆高新技术产业开发区征地服务中心行政协议纠纷案[2]，最高人民法院再审审查认为："通过对行政诉讼法、合同法及相关司法解释有关规定的梳理，行政协议争议类型，除行政诉讼法第十二条第一款第十一项列举的四种情形外，还包括协议订立时的缔约过失，协议成立与否，协议有效无效，撤销、终止行政协议等。将行政协议案件的行政诉讼受案范围仅理解为行政诉讼法第十二条第一款第十一项规定的四种情形，既不符合现行法律及司法解释的规定，亦在理论上难于自圆其说且在实践中容易造成不必要的混乱。"作为行政协议参考案例，该案裁判理由表明了司法机关对行政协议相关案件受案范围不断拓展的态度。

值得注意的是，本案所述的行政协议的撤销、解除是指公民、法人或者其他组织要求人民法院撤销或者解除行政协议的诉讼，而非要求撤销行政机关解除协议的决定。要求撤销行政机关解除协议的决定、撤销行政机关撤销行政协议的决定，属于行政类纠纷。

（三）相对人未按约定履行行政协议的行为

《行政协议诉讼司法解释》第 24 条规定："公民、法人或者其他组织未按照行政协议约定履行义务，经催告后不履行，行政机关可以作出要求其履行协议的书面决定。公民、法人或者其他组织收到书面决定后在法定期限内未申请行政复议或者提起行政诉讼，且仍不履行，协议内容具有可执行性的，行政机关可以向人民法院申请强制执行。法律、行政法规规定行政机关对行政协议享有监

---

〔1〕 参见最高人民法院第二巡回法院：《行政协议案件审理规则》，载 http://www.court.gov.cn/xunhui2/xiangqing-84652.html，最后访问日期：2020 年 2 月 1 日。

〔2〕 《蒋某某诉重庆高新区管理委员会、重庆高新技术产业开发区征地服务中心行政协议纠纷案》，载中国法院网，https://www.chinacourt.org/article/detail/2019/12/id/4719250.shtml，最后访问日期：2020 年 2 月 1 日。

督协议履行的职权,公民、法人或者其他组织未按照约定履行义务,经催告后不履行,行政机关可以依法作出处理决定。公民、法人或者其他组织在收到该处理决定后在法定期限内未申请行政复议或者提起行政诉讼,且仍不履行,协议内容具有可执行性的,行政机关可以向人民法院申请强制执行。”

这一制度创新在先前的司法审判中就得到了充分的探索和适用。在贵州省关岭布依族苗族自治县人民政府与唐某国变更房屋征收补偿协议案〔1〕中,最高人民法院经审查后认为:“在我国现行行政诉讼法律制度下,行政机关不能作为行政诉讼的原告,为解决行政机关不能起诉行政相对人的问题,亦为行政机关在行政协议中实现行政管理和公共服务目的,司法实践中有些法院探索设置了行政协议非诉执行程序,即如果行政协议中约定了强制执行条款,且该条款符合法律规定、内容明确并具有可执行内容,行政机关可依据该约定向法院申请非诉强制执行;未约定强制执行条款的,行政机关亦可通过作出书面决定,再将行政决定作为执行名义向人民法院申请强制执行。”

事实上,这种非诉执行的方式只能作为权宜之计。从理论上看,直接将行政协议强制执行,或者通过作出决定的方式变相强制执行,不符合行政协议的契约性原理,有公法遁入私法的嫌疑。为此,笔者专门围绕此问题进行了深度访谈。(见表2-3)

问题:受访者是否赞成相对人不履行行政协议时由行政机关提起“官告民”的诉讼?还是赞成通过非诉行政执行程序?

表2-3　访谈内容汇总

被访对象	原始访谈话语	总结
1号 法官	赞同“官告民”模式。在行政协议案件中,对于居中裁判的法院来讲,双方当事人的法律地位都应当是平等的,因协议引发的争议,本来就是一枚硬币的两面,不应当限制行政机关提起反诉。因为在行政机关能够穷尽自身行政资源优势的情况下,争议仍然无法自行解决时,尤其是行政相对人已经提起诉讼的前提下,不允许行政机关反诉,也违背正当程序原则。非诉执行不能解决对协议有争议的实体处理问题,不如纳入诉讼一并解决,减少程序烦冗度	在四位法官中,只有2号法官赞成走非诉执行程序,其理由是走诉讼程序违反行政诉讼被告恒定原则,且不利于行政管理目的实

〔1〕参见最高人民法院行政裁定书,(2018)最高法行申8980号。

续表

被访对象	原始访谈话语	总结
2号法官	赞成走非诉行政执行程序。被告提起诉讼,违反行政诉讼行政机关被告恒定的规则。行政机关有优益权,相对人不履约,导致行政管理目的不能实现的,行政机关可以解约。行政机关也可以责令相对人履行协议,对责令的书面决定,相对人不复议也不诉讼的,行政机关可以申请法院强制执行	现。其他三位法官认为应建立新的诉讼类型,且诉讼程序体现了正当程序要求,体现了官民平等
3号法官	赞成这种做法。更加实质性体现"官民平等",更有利于行政诉讼类型化、科学化的发展	
4号法官	"官告民"没有设计相关程序,一旦相对人违约,如何解决是法律设计缺失。如果走非诉行政执行程序,会使相对人丧失行政诉讼的救济途径,只能在执行程序中提出异议,提起异议之诉也没有相关法律规定	
1号教师	赞成"官告民"。行政机关应该享有平等的诉权。我国坚持原、被告角色恒定理念,导致行政契约之诉中行政机关不能作原告,相对人不能作被告之实际,有违《行政诉讼法》"当事人在行政诉讼中的法律地位平等"之条款的规定	在四位教师中,三位教师赞成建立"官告民"程序,理由是:这体现了诉讼中双方地位的平等,防范行政机关凭借地位作出单方决定。其中,4号教师赞成走非诉执行程序,理由是效率高且协议相对人放弃了救济权
2号教师	短期来看,非诉执行更实际;长远来看,建议发展"官告民"诉讼制度。这对整个行政法的发展都是积极的,从比较法上看,"官告民"制度还能解决涉行政给付领域的相关争议	
3号教师	既然行政协议的双方当事人地位在法律上是平等的,就应允许行政机关"官告民"。直接通过行政机关实施非诉行政执行,虽然有利于提高行政效率,但过于强调协议的行政性,不利于构建真正平等的行政协议制度,会导致行政机关凭借其强势地位,不与当事人真正协商,最终以协议形式实质上仍作出单方的决定	
4号教师	赞成走非诉执行程序。因为行政权的价值趋向是效率。如果相对人认为行政协议无效,可以走司法审查程序请求撤销;反之,如果相对人对行政协议的合法性及效力没有异议,或者在法定期间内放弃自己的质疑权利,就应当赋予其直接强制执行的效力	
1号律师	非诉执行程序。一方面,非诉执行程序有利于提高行政效率;另一方面,法律已经赋予了相对人关于不履行行政协议主张的救济途径,在相对人放弃法律救济的情况下,行政机关通过非诉执行程序实现协议目的,不违反公平原则	在四位律师中,有两位赞成建立行政协议的"官告民"程序,行政

续表

<table>
<tr><th>被访对象</th><th>原始访谈话语</th><th>总结</th></tr>
<tr><td>2号律师</td><td>不赞成。行政诉讼的原告是相对人,这是行政诉讼的基本原则。行政机关作为行政诉讼的原告明显违反《行政诉讼法》的规定。从国家管理方面考虑,双方地位又是不平等的。相对人不履行行政协议,行政机关本身的职权就可以对相对人给予违约制裁</td><td rowspan="3">协议具有合同属性,非诉执行不利于相对人权益保护。两位赞成走非诉执行程序的律师认为,非诉执行程序体现了效率,且相对人放弃了救济权。此外,2号律师还认为行政机关本身应当有权对不履行协议的相对人进行制裁</td></tr>
<tr><td>3号律师</td><td>“官告民”未尝不可,这在域外立法中也存在。通过行政机关作出处理决定,同样可能诉讼,诉讼的事实并未改变,但是客观上造成行政相对人维权困难。如果政府主动发起诉讼,仅仅审查争议的协议;相反,如果非诉执行,也要考虑前置程序的合法性</td></tr>
<tr><td>4号律师</td><td>赞成提起“官告民”的诉讼。因为行政协议是行政主体和相对人协商达成的一致意思表示,具有明显的合同属性,合同双方当事人在法律地位上应当是平等的。那么,从合同双方的平等性角度出发,行政相对人违约时,行政机关也应当可以提起诉讼</td></tr>
</table>

从受访者的意见来看,大部分赞成建立“官告民”的行政协议诉讼制度。笔者认为,我们应当打破所谓行政诉讼被告恒定为行政机关的传统观念,建立新的行政诉讼类型,既符合世界的通行做法,也符合协议的本质。非诉执行只能作为解决问题的暂时性手段。从法治意义上讲,未经诉讼直接进入执行程序,违背了协议的平等性、契约性。这种模式实质上是把行政协议作为行政行为对待,与行政协议的本质和目的相悖。

二、行政类纠纷

(一)行政机关单方变更、解除行政协议的行为

基于行政协议和行政管理的公共利益目的,行政机关享有行政优益权,这赋予了行政机关在行政协议履行过程中一定的单方变更权和解除权。但是,行政机关对行政协议的单方变更或解除是对协议合意性的重大损害,应当受到严格限制,并受到司法审查的监督。司法实践中逐渐确立了对行政机关上述权力的限制,“首先,必须是为了防止或除去对于公共利益的重大危害;其次,当作出单方调整或者单方解除时,应当对公共利益的具体情形作出释明;再次,单方调

整须符合比例原则，将由此带来的副作用降到最低；最后，应当对相对人由此造成的损失依法或者依约给予相应补偿”[1]。需要明确的关键问题是，行政优益权是行政机关在《民法典》框架外对合同约定权利义务的单方处置。也就是说，行政协议本来能够依照约定继续履行，只是出于公共利益考虑才人为地予以变更或解除。如果是因为相对方违约致使合同目的不能实现，行政机关完全可以依照《民法典》的规定或者协议的约定采取相应的措施，尚无行使行政优益权的必要。

在某些情形下，行政机关非基于行政优益权，出于正当理由需对行政协议解除或变更时，行政机关通过何种方式寻求救济是目前行政协议司法审判中需要面对的问题。在贵州省关岭布依族苗族自治县人民政府与唐某国变更房屋征收补偿协议案[2]中，最高人民法院经审理后认为：“依据修改后的《中华人民共和国行政诉讼法》第十二条第（十一）项规定，可以赋予行政机关非因行政优益权而在极个别情况下对案涉协议的变更权。这就类似于民事合同中具备一定情形时，当事人可以申请法院变更合同。考虑到相对人可以通过行政诉讼进行救济，而行政机关不能成为行政诉讼的原告，因此该变更权只赋予行政机关。为防止行政机关滥用上述权力，侵害当事人的合法权益。一般来说，应仅限于行政相对人存在欺诈、胁迫等主要归责于行政相对人，或者权利义务存在极度无正当理由的显失公平而损害国家利益和社会公共利益等情形。”此案的审理思路实际上是将原《合同法》第 54 条（现《民法典》第 149 条）规定的法定变更、撤销情形，应用在了行政协议案件的审理过程中，这既符合行政协议案件参照适用民事法律规范的法律规定，也能为实际化解矛盾找到合适的出路。

（二）行政机关就相对人履行协议作出的行政处罚、行政登记等行为

行政协议是行政机关与相对人合意的体现，是对双方意思自治的充分尊重。这既是行政协议与民事合同的相同之处，又是行政协议区别于行政处分的重要特点，协商与对话正在重塑命令式的高权治理模式。行政机关既然选择以缔结行政协议的方式“替代”单方行政行为，则应避免协议缔结后再以单方行政行为命令相对方无条件接受权利义务的变动。如果出尔反尔，不仅显失公平，

---

〔1〕 最高人民法院行政裁定书，（2017）最高法行申 3564 号。

〔2〕 参见最高人民法院行政裁定书，（2018）最高法行申 8980 号。

亦违背当初双方以行政协议的方式缔结法律关系的合意。但是,我国在行政实践中引入了大陆法系国家的“双阶段理论”,即把行政协议的缔结与履行问题完全分开,认为缔结问题构成公法关系,而履约问题构成民事法律关系。实际上,行政协议的订立与履行过程中双方当事人的意思自治和行政机关的行政处分是杂糅在一起的,二者结合才完整地构成了行政协议的订立与履行。例如,在国有土地使用权出让合同中,根据《城镇国有土地使用权出让和转让暂行条例》第 16 条的规定:“土地使用者在支付全部土地使用权出让金后,应当依照规定办理登记,领取土地使用证,取得土地使用权。”行政相对人在签订协议后仍需获得土地使用权证书,才能取得土地使用权。因此行政机关办理土地使用权证书,也是履行行政协议义务的行为。此外,根据《土地管理法》及《闲置土地处置办法》规定,对于未按照约定使用土地的行为,行政机关收回土地的处罚行为也应归于行政协议纠纷的范围。

在上述事例中,与行政协议签订、履行相关的行为,如行政机关作出处罚决定、发放土地使用权证书等行为都纳入了行政诉讼的受案范围。最高人民法院在《关于土地管理部门出让国有土地使用权之前的拍卖行为以及与之相关的拍卖公告等行为性质的答复》中明确:“土地管理部门出让国有土地使用权之前的拍卖行为以及与之相关的拍卖公告等行为属于行政行为,当事人不服提起行政诉讼的,人民法院应当依法受理。”

因此,行政协议类纠纷不仅包括因协议效力、履行引起的违约纠纷,还包括与协议签订、履行相关的行政类纠纷。

第三章　合同相对性突破与适格当事人

第一节　行政协议诉讼的原告

一、民事合同诉讼原告资格的确定标准

1991 年《民事诉讼法》第 108 条规定了四个起诉条件，该条对于民事诉讼的原告资格作出了明确规定，即“原告是与本案有直接利害关系的公民、法人和其他组织”。在理论上，我国民法学者普遍认为 1991 年《民事诉讼法》第 108 条关于“原告为直接利害关系人”的条款为“正当当事人”的规定。[1]在司法实务中，将“直接利害关系人”与“实体权利义务人”挂钩，进而认为“直接利害关系人 = 实体权利义务人 = 正当当事人”。换句话说，起诉阶段的适格原告要求是有争议的实体法律关系主体。[2]

合同相对性是自由原则产生的基础和前提，是契约自由精神在合同法上的重要体现。英美合同法上的对价制度非常贴切地体现了合同相对性原则。[3]合同相对性不仅能保护合同当事人的自由，也可避免侵犯合同以外主体的权益。有观点认为：“离开合同相对性原则，当事人的合同权利义务将处于不确定状态。从合同订立到合同履行，即使在合同终止后，合同当事人都有可能对合同之外的人承担合同责任，这将严重阻碍交易发展，损害社会的整体利益。”[4]对于合同案件来说，基于合同相对性理论，原则上要求起诉主体系合同的一方

---

〔1〕 参见张卫平：《起诉条件与实体判决要件》，载《法学研究》2004 年第 6 期，第 60 页。

〔2〕 曹云吉：《民事诉讼正当当事人判断标准的建构——兼谈起诉条件的“双层高阶化”》，载《北方法学》2019 年第 5 期，第 87 页。

〔3〕 See Hoffman, David A. & Zev J. Eigen, *Contract Consideration and Behavior*, George Washington Law Review, Vol. 85, No. 2, March 2017, p. 351 - 396.

〔4〕 杜文聪：《合同相对性的突破与我国合同法相关制度构建》，载《法律适用》2006 年第 11 期，第 95 页。

当事人。即使在美国,政府合同案件的原告资格确定规则也是一个有争议的法律问题。[1]

在民事诉讼中,法院从合同相对性的角度否定起诉人的原告资格的情况不胜枚举,是认定原告资格的常态。例如,在肖某诉王某侠房屋买卖合同纠纷案中,法院认为,本案系房屋买卖合同纠纷,王某和王某侠系同居关系,在签订合同时王某是中间人,王某并非签订《楼房买卖协议书》当事人,与王某侠也非夫妻关系,其诉请提出的与肖某和存在以房抵债协议这一事实,经吉正司鉴(2012)文检鉴字第0205号文书检验鉴定书证实也并非与肖某和所签,王某最终亦承认,王某不具备原告主体资格。在该案中,法院从合同相对性的角度认定王某不具有原告资格。[2]应当说,在民事合同诉讼中,合同相对性是确定当事人资格的基本标准,只有在法定的例外情形下,合同之外的第三人才具有原告资格。

二、突破合同相对性——行政协议诉讼原告范围的拓宽

民事合同相对性原则要求民事合同只能对合同当事人产生拘束力,就合同纠纷提起诉讼的原告只能是合同列明的一方合同主体。与民事合同纠纷的原告认定标准不同,行政协议案件在原告资格认定上保持开放的态度,遵照了"利害关系"标准认定原告资格,突破了合同相对性的限制,拓宽了行政协议案件当事人的范围。在美国,司法审查的原告是指受到行政裁决影响的人,范围十分广泛。[3]我国《行政诉讼法》第25条第1款规定:"行政行为的相对人以及其他与行政行为有利害关系的公民、法人或者其他组织,有权提起诉讼。"行政诉讼法上的"利害关系",重在考虑行政行为对相对人以及其他公民、法人或者其他组织是否产生实际影响的可能。如果经审查不能认定原告与被诉行政行为具有利害关系,则其不具有诉讼主体资格。

2015年《行政协议诉讼司法解释》第5条规定:"下列与行政协议有利害关

---

〔1〕 See Person, Richard R., *Standing to Seek Judicial Review of Government Contract Awards: Its Origins, Rationale and Effect on the Procurement Process*, MLA 8th ed. Boston College Industrial and Commercial Law Review, Vol. 12, No. 1, November 1970, p. 1–50.

〔2〕 参见吉林省长春市中级人民法院行政判决书,(2013)长民一终字第142号。

〔3〕 Yan, Jerett, *Standing as a Limitation on Judicial Review of Agency Action*, Ecology Law Quarterly, Vol. 39, No. 2, 2012, p. 593–618.

系的公民、法人或者其他组织提起行政诉讼的，人民法院应当依法受理：（一）参与招标、拍卖、挂牌等竞争性活动，认为行政机关应当依法与其订立行政协议但行政机关拒绝订立，或者认为行政机关与他人订立行政协议损害其合法权益的公民、法人或者其他组织；（二）认为征收征用补偿协议损害其合法权益的被征收征用土地、房屋等不动产的用益物权人、公房承租人；（三）其他认为行政协议的订立、履行、变更、终止等行为损害其合法权益的公民、法人或者其他组织。”上述规定明确突破了合同的相对性，通过肯定列举和兜底条款的方式赋予行政协议利害关系人原告资格。

从选取的最高人民法院三个典型性案件看，裁判思路基本遵循了行政诉讼中的“利害关系人”标准，虽有个别裁判提到合同的主体，但最终又回到“利害关系人”标准认定原告资格。（见表3－1）

表3－1 最高人民法院关于行政协议原告资格的代表性裁判要旨

案件名称	文号	裁判要旨
葛某言等诉蒙城县人民政府、征收办、城关镇政府征收补偿协议案	（2017）最高法行申3015号	行政协议之诉要求适格的原告也须是行政协议的另一方，除非第三方能够证明行政协议确实侵犯了其合法权益。本案中，被诉房屋征收补偿协议的乙方为葛某绩，申请人既不能否定葛某绩为涉案房屋所有权人，自己又非合同一方当事人的情况下，其提起撤销该房屋征收补偿协议的诉讼，就连原告资格都不具备
宁波高登控股有限公司诉被申请人泗阳县人民政府批准收回国有土地使用权案	（2017）最高法行申8467号	本案系国有土地使用权的协议收回。泗阳县国土局在签订该协议、收回国有土地使用权时，应考虑到该行为对包括舍得公司在内的所有债权人利益的影响。高登公司作为债权人之一，与收回国有土地使用权行为具有法律上的利害关系，依法具备原告资格
赵某东等诉辽宁省凌海市人民政府撤销行政协议案	（2019）最高法行申1314号	本案中，被诉的行政协议系凌海市政府与龙海馨港旅游公司签订的行政协议。首先，赵某东等十人并非被诉行政协议的合同相对人。其次，赵某东等十人已与辽宁省锦州市龙栖湾港口发展有限公司等签订了《网地占用补偿协议书》，领取了约定的各项损失一次性补偿款十二万元。最后，赵某东等十人因持有的《渔业捕捞许可证》所获得的权利不具有排他性。因此，赵某东等十人主张其与被诉行政协议具有利害关系理据不足

在地方各级人民法院有关行政协议案件的裁判中,法院对行政协议诉讼原告主体资格的认定也遵循了利害关系人标准。以房屋征收补偿协议中房屋承租人原告资格的认定为例,2018 年 7 月发布的《最高人民法院第一巡回法庭关于行政审判法律适用若干问题的会议纪要》指出,“一般而言,承租人与征收决定、征收补偿决定、征收补偿协议行为、强制拆除房屋行为没有利害关系,不具有原告资格。但是,承租人在被征收房屋上有不可分割的重大添附,或者依法独立在承租房屋开展经营活动,或者强制拆除房屋行为造成其物品损失的,承租人与征收决定、征收补偿决定、征收补偿协议行为以及强制拆除房屋行为有利害关系,具有原告资格”。在房屋征收补偿协议中,房屋承租人虽不是协议的一方当事人,但考虑到承租人财产权与征收补偿协议存在利害关系,因此赋予其行政诉讼原告资格。对村集体土地征收补偿协议中土地使用权人原告资格的认定,“土地征收补偿协议只是土地所有权人与土地征收管理部门关于土地征收补偿款达成的协议,故只有集体土地所有权人或者过半数的村民可以以集体经济组织名义提起诉讼。土地征收补偿协议不涉及土地使用权的行使,与土地使用权的行使相关联的是土地征收决定或者限期搬迁决定、强制清除地上附着物的行为等。土地使用权人,不具有起诉其所在村集体经济组织与土地征收管理部门签订土地征收补偿协议的原告主体资格”〔1〕。对于政府收储土地协议中土地承租人原告资格的认定,在毛某义诉合肥市人民政府行政协议案〔2〕中,最高人民法院经审理后认为,合肥市人民政府与民航公司签订的《骆岗机场土地收储框架协议》属于行政协议,合肥市人民政府的行政行为指向的对象是民航公司,故民航公司是本案行政行为的相对人及利害关系人。申请人毛某义虽然通过转租赁使用骆岗机场土地,在该土地上搭建有建筑物,并因该土地被征收产生损失,但该损失与合肥市人民政府收储土地的行政行为不存在法律上的利害关系。毛某义的损失应依据转租赁协议与转出租方解决。与行政协议司法解释中的肯定列举方式不同,通过上述裁判的分析,我们可以发现,对行政协议中当事人原告资格的判定标准实际上是行政诉讼中“利害关系”标准在行政协议案件中的适用,这与我国行政诉讼的理论和实践保持了一致。

在冯某军、冯某伟诉天津市宁河区土地整理中心、天津市宁河区造甲城镇

---

〔1〕 最高人民法院行政裁定书,(2017)最高法行申 4724 号。

〔2〕 最高人民法院行政裁定书,(2018)最高法行申 8332 号。

冯台村村民委员会确认征收土地补偿协议无效案[1]中,法院认为,出于公共利益需要,本案被告与第三人签订了《统征包干协议》,而原告不是协议缔约方,协议对其没有拘束力,其合法权益受影响与缔约行为之间不具有直接的"引起与被引起"的因果关系。并且,已生效的人民法院(2016)鄂01民终95号民事裁定书认定原告无充足的证据证明其为涉案48亩土地的使用权人,故此,原告不是被告签订《统征包干协议》行政行为的相对人或利害关系人,该行政行为对原告合法权益明显不产生实际影响。依照《行政诉讼法》(2014年修订)第49条第1项以及2015年《行政诉讼法司法解释》第3条第1款第8项(2018年修订后为第1条第2款第10项)之规定,应当裁定驳回起诉。

在褚某耀诉郑州市中原区人民政府、第三人宋某英撤销行政协议及拆迁补偿安置案[2]中,2008年6月23日,褚某耀与柿园村第八村民组签订购房协议,约定房屋所有权归褚某耀,房屋可以买卖、转让、出租和其他使用。后褚某耀借宋某英200,000元,并将其涉案房屋的购房合同原件抵押给宋某英。2019年1月19日,指挥部与宋某英签订了拆迁补偿安置协议(协议编号:小-008)。褚某耀认为中原区人民政府与非房屋所有权人签订拆迁补偿安置协议的行为明显违法,并侵犯其合法权益。法院裁判认为,褚某耀与柿园村第八村民组签订购房协议,约定涉案房屋所有权归褚某耀,所有权可以继承,房屋可以买卖、转让、出租和其他使用。褚某耀按照协议约定支付房款并实际使用,其享有使用权等相关权益,故其提起本案诉讼具有原告资格。房屋的承租人、未办理过户手续的买受人是行政机关的房屋处置行为是否能提起行政诉讼,在行政诉讼中本身就有很大的争议。从上述关于承租人和未办理过户手续的买受人在行政协议案件中原告资格的认定标准看,其基本上遵循了法律上的利害关系标准,突破了合同相对性的限制,拓宽了原告资格的范围。

行政协议作为行政活动方式,是一种公法行为。行政协议签订后,除对行政协议的另一方主体产生影响外,还会对其他利害关系人的合法权益产生影响,法律也要求行政机关在签订行政协议时考虑相关利害关系人的利益。因此,行政协议案件原告资格的判断,适用行政法上的利害关系人标准,而非合同相对性原则。行政协议的相对方当然属于法律上利害关系人范围,具有行政协

---

[1] 参见湖北省武汉市中级人民法院行政裁定书,(2015)鄂武汉中行初字第00268号。

[2] 参见河南省高级人民法院行政判决书,(2019)豫行终2089号。

议的原告资格。

三、原告资格认定的几种特殊情形

（一）原土地使用权人与已被征收土地的出让合同无利害关系

根据我国《土地管理法》的规定，农村的土地属于集体所有，村民个人享有使用权。在土地征收过程中，土地管理部门代表国家与代表土地所有权的集体签订征收补偿协议。土地一旦被国家征收，集体土地转变为国有土地，土地权利人对征收行为不服的，可以起诉，但土地被征收后，该土地的处置行为和原土地权利人不再有法律上的利害关系。在司法实践中，法院亦持此种观点对起诉人的原告资格进行判断。例如，在崔某云诉兰州市自然资源局、兰州天坤房地产开发有限公司确认合同无效案[1]中，法院认为，根据《行政诉讼法》第 25 条第 1 款规定："行政行为的相对人以及其他与行政行为有利害关系的公民、法人或者其他组织，有权提起诉讼。"原告所承包经营的土地已被征收为国有土地，且被告已与第三人就征收的土地签订《国有建设用地使用权出让合同》。因此，原告原有的集体土地使用权已经丧失，与国有土地使用权的出让行为之间不具有法律上的利害关系，依法不具有原告资格。

（二）村民个人同自然资源局与村委会签订的征收补偿协议无利害关系

对于土地征收中土地使用权人对土地征收补偿协议是否具有原告资格而提起行政诉讼，最高人民法院持否定态度。如最高人民法院（2015）行提字第 22 号行政裁定书认为："由于郴市土征字［2004］04 号征地协议系郴州市政府委托湖南省郴州市征地拆迁办与下白水村六组签订的，再审申请人朱山作为下白水村六组的村民，与该征地协议不具有法律上的利害关系，其以自己的名义请求撤销郴市土征字［2004］04 号征地协议，依法不具有原告资格。"从司法实践来看，地方法院亦大都持此种观点，如在聂某根等诉新余市国土局高新分局、第三人鲇口村委会确认行政协议无效案[2]中，法院认为，最高人民法院《关于审理涉及农村集体土地行政案件若干问题的规定》第 3 条第 1 款规定："村民委员会或者农村集体经济组织对涉及农村集体土地的行政行为不起诉的，过半数的

---

〔1〕 参见兰州铁路运输法院行政判决书，(2019) 甘 7101 行初 159 号。
〔2〕 参见南昌铁路运输法院行政裁定书，(2018) 赣 7101 行初 2 号。

村民可以以集体经济组织名义提起诉讼。”在该案中，法院认为：“土地征收补偿协议只是土地所有权人与征收管理部门关于土地征收补偿款达成的协议，只有集体土地所有权人或者过半数的村民可以以集体经济组织名义提起诉讼。土地征收补偿协议不涉及土地使用权的行使，与土地使用权的行使相关联的是土地征收决定或者限期搬迁决定等，作为土地使用人，与土地征收补偿协议行为并不存在区别于其他村民的特别权利。因此，聂细根等人以土地使用权人的身份起诉土地征收补偿协议行为，不具有原告资格。”

从上述案件中不难发现，在当前的司法实践中，法院大都认为，由于我国农村的土地属于集体所有，而征收是土地所有权的改变，因此与土地征收补偿协议有利害关系的是能代表土地所有权的集体或者一定比例的村民，村民个人与土地征收补偿协议没有法律上的利害关系。当然，在征收过程中，村民个人对于行政机关违法的事实行为，如违法拆除房屋的行为，是有资格提起诉讼的。

笔者认为，虽然土地承包权人不是土地的所有权人，但其是土地承包权人，是土地征收补偿款的主要受益人，其认为征收补偿协议侵害自身合法权益的，应当有资格起诉。事实上，根据国务院相关政策规定，土地补偿款应当主要用于被征地农民。[1]因此，土地承包人对于征收补偿协议，应当有资格起诉。目前，最高人民法院和地方各级人民法院的裁定均不认可被征收人的起诉资格，笔者认为其主要原因在于征收补偿案件太复杂，涉及政府的主要利益，即使允许土地承包权人提起诉讼，也无法真正实现权益救济的目的，故不认可其原告资格。

（三）原土地使用权人对已经收储土地的出让行为无原告资格

土地收购是一种商业行为，是对不符合征收情形的土地，通过商业购买的方式购买土地使用权。原土地使用权人与土地收储行为有利害关系。但土地被收储后，由于原土地使用权人的权利消灭，该土地与原使用权人不再具有利害关系，因此，原使用权人不再具有原告资格。如在冯某申等诉邢台市自然资源和规划局、原审第三人邢台市德源房地产开发有限公司行政协议案[2]中，法

〔1〕 从各地实际操作来看，90%以上的土地补偿款都发放给了农民，土地承包权人才是真正的利害关系人。

〔2〕 河北省邢台市中级人民法院行政裁定书，(2019)冀05行终48号。

院认为，邢台市自然资源和规划局提交的《土地收购协议》（邢台市土地储备分中心与邢台市桥西区人民政府签订）载明“该区片已完成地上建筑物的整体拆迁工作，达到收储条件”。邢台市土地储备分中心于2012年12月31日作出《邢台市国有建设用地使用权挂牌出让公告》，对诉争出让合同范围内的土地挂牌出让。以上证据证明诉争土地已经经过收储，上诉人作为诉争土地的原使用权人已经不再享有土地使用权，与被诉土地出让行为没有法律上的利害关系，因此上诉人提起本案诉讼不符合《行政诉讼法》规定的法定起诉条件。

（四）民事权利不确定或有争议时不具有原告资格

原告资格要求的利害关系是法律上的利害关系，并非主观想象的权利或者利益。如果起诉人只是认为权利受到了侵害，但这种所谓的“权利”并不确定或者不具有一定的事实基础，就不具有原告资格。如在肖某1、肖某2诉长沙市望城区住房保障局、长沙市望城区城市房屋征收和补偿管理办公室、长沙市望城区靖港镇人民政府、原审第三人肖某3房屋征收补偿行政协议纠纷案[1]中，法院认为，第一，两上诉人主张其父亲参与涉案房屋建设，仅是其单方陈述，并未提供其他证据予以佐证；而两被上诉人、肖某10提供的证明“涉案房屋系肖某3父亲建设，由肖某3户居住”的证据更具证明力，故两上诉人主张的上述事实不能成立。第二，两上诉人主张其二人可基于代位继承成为房屋共同共有人。但因原审第三人并不认可两上诉人的继承权利，在两上诉人与相关继承人通过合法途径解决继承纠纷，确认两上诉人继承权利前，其提起本案诉讼的原告主体资格存疑。但至判决时，两上诉人均未主张在本案中一并处理继承民事争议，也未单独提起民事诉讼，故其尚不具备原告主体资格。

（五）公房承租人对公房征收补偿协议不具有原告资格

对于一般的承租人来说，租赁房屋被征收的，承租人无权起诉该征收行为。但是如果承租人有添附，就补偿内容不能达成合意，则有权起诉要求补偿，但无权对征收行为的合法性提出诉讼。例如，在廖某某、刘某某诉长沙市岳麓区城市房屋征收和补偿管理办公室、湖南绍弘房地产开发有限公司房屋征收补偿协

---

〔1〕湖南省长沙市中级人民法院行政裁定书，(2019)湘01行终321号。

议纠纷案[1]中，法院认为，上诉人廖某某、刘某某的诉讼目的是解决拆迁补偿安置的问题。因上诉人廖某某、刘某某系单位自管房屋的承租人，根据2011年《长沙市国有土地上征收直管公房和单位自管房对承租人补偿安置的暂行规定》第3条有关"建设项目征收决定公告后，房屋征收部门应在规定的时间内与产权单位签订征收补偿安置协议。补偿安置协议签订后，由产权单位对征收项目范围内承租人进行补偿安置，费用在所获补偿安置款中列支"的规定，上诉人廖某某、刘某某以《房屋征收补偿协议》为诉讼对象，要求"确认被上诉人岳麓区征收办与被上诉人绍弘公司之间签订的《房屋征收补偿协议》无效"，但该协议系被上诉人岳麓区城市房屋征收和补偿管理办公室与被上诉人绍弘房地产开发有限公司签订的，上诉人廖某某、刘某某不是该协议的行政相对人，与该协议无法律上的利害关系。因此，上诉人廖某某、刘某某不具备本案原告的主体资格，不符合《行政诉讼法》第25条的规定。

四、潜在缔约人通过行政诉讼寻求救济的可能

平等原则是行政法的基本原则，其基本内涵在行政协议中体现为公平竞争原则，这是行政协议签订过程中应当遵循的原则。平等原则要求行政机关在遴选协议相对人的过程中应当平等对待相对人，给相对人各方平等的竞争地位，让参与各方充分展现自身优势和实力，通过公正公开的竞争实现国家和社会公共利益的最大化。实践中，相对人在缔约过程中处于弱势地位，行政机关可以通过不正当的程序设计剥夺相对人参与竞争的资格，"因其存在主观恶意或过失，而导致的信息告知错漏、选择缔约人标准制定不合理、选择决定不公正、对潜在缔约人审查不严格等违反缔约义务的行为，成为造成公平竞争权损害的主要因素"[2]。在美国的司法审查中，公平竞争权受到影响的人具有启动司法审查程序的原告资格。[3]

我国2018年《行政诉讼法司法解释》第13条将"被诉的行政行为涉及其相邻权或者公平竞争权的"认定为属于《行政诉讼法》第25条第1款规定的"与行

---

[1] 湖南省长沙市中级人民法院行政裁定书，(2017)湘01行终835号。

[2] 刘赫喆：《行政合同中潜在缔约人公平竞争权的保护——以缔约行政主体优益权规制为切入点》，载《北京行政学院学报》2019年第6期，第96-99页。

[3] See Van Wees, Nathan, *The Zone of Interests Test and Standing for Judicial Review in Australia*, University of New South Wales Law Journal, Vol. 39, No. 3, 2016, p. 1127-1160.

政行为有利害关系”，赋予相关主体原告资格，为相对人通过行政诉讼寻求权利救济提供了规范依据。有学者认为，司法解释中的公平竞争权内涵不清，属于“经营者之间的公平竞争应属于社会经济公序的范畴”[1]。与竞争法中的竞争权着重对市场秩序的调节规范不同，《行政诉讼法司法解释》规定的公平竞争权主要是从约束行政权力，避免公权力借助其优势地位对相对人参与竞争施加不利影响的角度来加以规制的，这仅是构建充分竞争市场经济秩序的一个方面。

令人欣慰的是，有关于行政协议潜在缔约人保护的司法实践已经走在了理论探索的前面。除赋予相对人原告资格外，法院在实体审判中通过对行政机关签订行政协议的多种多阶段行政行为，准确适用多种行政法理论进行了全面的审查，为相对人权利保护提供了立体的保障。有法院对行政机关发布的相对人缔约资质条件进行审查，如在绵阳市万钦装饰工程有限责任公司诉绵阳市建设委员会等招标投标复议决定案[2]中，绵阳市中级人民法院经审理后认为，参加投标的企业及其申报的项目经理，必须具备相应的资质等级。而盐亭县邮政局招标文件约定项目经理取得培训合格证即可，该约定低于国家强制性规范的要求，显然是违法的。有法院对行政机关确定的相对人遴选标准进行审查，如在深圳市斯维尔科技股份有限公司诉广东省教育厅、广联达软件股份有限公司侵犯公平竞争权行政纠纷案[3]中，广东省教育厅举办某省内选拔赛时明确要求在“工程造价基本技能”赛项中独家使用广联达公司的相关软件。省教育厅称选用广联达公司免费提供的比赛用软件是为了与国赛保持一致。广东省高级人民法院经审理后认为，广东省教育厅指定使用广联达公司相关软件行为会导致参赛院校师生在使用习惯方面产生依赖，从而导致广联达公司软件的市场占有份额上升，同时导致了斯维尔公司等同类竞争者的产品在市场占有份额方面的下降，进而损害市场公平竞争秩序，产生了排除、限制竞争的效果。有法院对协议相对人选择决定合法、公正与否进行审查，如在上海华丰工业控制技术工程有限公司诉上海市财政局政府采购投诉处理决定案[4]中，上海市第一中级人民法院经审理后认为，被上诉人作出的被诉投诉处理决定认定系争招标文件

---

[1] 刘训峰：《公平竞争权之质疑——对〈最高人民法院关于执行《中华人民共和国行政诉讼法》若干问题的解释〉第13条的重新审视》，载《行政法学研究》2011年第3期，第102页。

[2] 参见四川省绵阳市中级人民法院行政判决书，(2000)绵行初字第11号。

[3] 参见广东省高级人民法院行政裁定书，(2015)粤高法行终字第228号。

[4] 参见上海市第一中级人民法院行政判决书，(2008)沪一中行终字第374号。

中规定了采用德国变频电机的要求，标明了产品的生产产地，对潜在投标人构成了限制，违反了《政府采购货物和服务招标投标管理办法》第 21 条第 2 款“招标文件不得要求或者标明特定的投标人或者产品，以及含有倾向性或者排斥潜在投标人的其他内容”的规定。在资阳市国土资源局等诉四川省阳明实业有限公司土地出让行政纠纷案〔1〕中，法院经审理后认为，关于阳明实业有限公司是否有原告资格提起本案行政诉讼的问题，被上诉人阳明实业有限公司通过申请参加案涉国有土地使用权出让的拍卖活动，获得竞得人资格，并与上诉人市国土资源局签订了《成交确认书》，按相关规章等规范性文件及市国土资源局制作的《拍卖须知》等拍卖文件的规定，阳明实业有限公司取得了与市国土资源局签订《国有土地出让合同》的权利，而市国土资源局却选择了与中交阳明（资阳）置业有限公司签订，该行为致使阳明实业有限公司获得的签订土地使用权出让合同的权利落空，可能使其财产权益受损。阳明实业有限公司与市国土资源局该行为具有行政法律上的利害关系，具有作为原告提起本案行政诉讼的主体资格。上诉人和第三人认为被上诉人不具有原告主体资格的上诉理由不能成立，法院不予支持。

2019 年《行政协议诉讼司法解释》明确规定了潜在缔约人的原告资格，契合了《行政诉讼法》中利害关系人的原告资格认定模式。从当前看，无论是根据《行政诉讼法》，还是基于《行政协议诉讼司法解释》的规定，潜在缔约人对于侵害其公平竞争权的行为都具有原告资格。这种原告资格确立模式，不仅是对其竞争权的保护，也是保护公共利益的需要。关于潜在缔约人原告资格，笔者进行了相关调研。（见图 3－1、图 3－2）

从上述调研情况可知，对于 B 公司能否起诉撤销 A 公司的中标结果，73.79% 的受访者的答案是肯定的；从分类统计看，法学教师、法律专业学生和非法律工作者支持 B 公司有权起诉的占 80% 以上，其他类支持 B 公司有权起诉的比例也在 60% 以上。从问卷调查结果看，绝大部分受访者认为公平竞争权受到侵害的利害关系人对于中标结果有起诉资格，符合《行政诉讼法》上的利害关系人标准。在行政协议诉讼中，赋予利害关系人原告资格，不但能实现保护其自身合法权益的目标，也能发挥监督行政机关依法行政的作用，符合行政诉讼的立法目的。

---

〔1〕 四川省资阳市中级人民法院行政判决书，(2014)资行终字第 3 号。

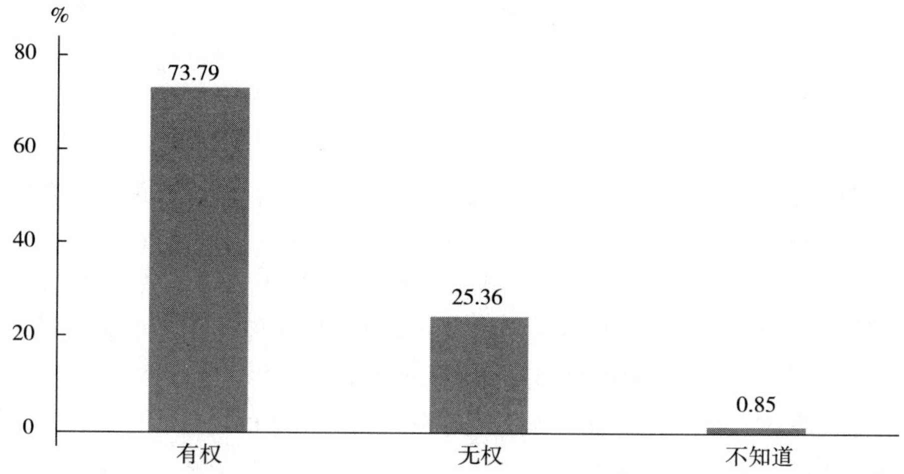

图3－1 在行政机关组织的公路建设招标项目中，B公司是否有权起诉撤销招标结果

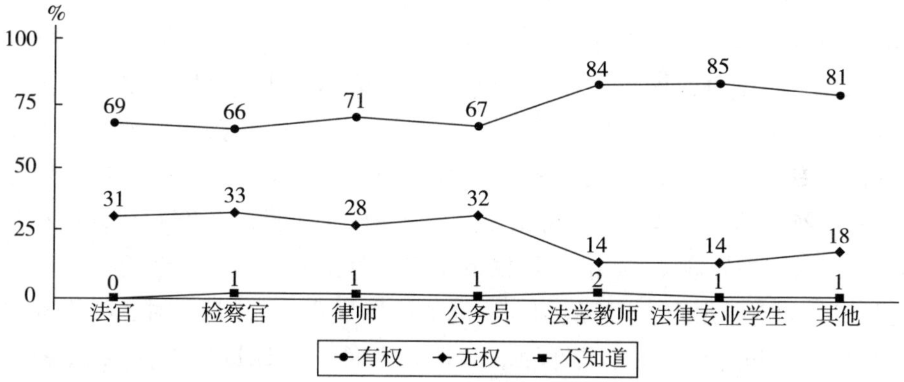

图3－2 不同职业群体的观点

五、行政协议相对人遴选程序的司法审查标准

民事合同当事人可以自由选择缔约对象订立合同，行政协议中行政机关选择缔约对象订立合同要受到限制和约束。一方面，行政协议中的私权利主体往往是社会公共服务的提供者，谁有资格最终成为协议当事人并履行行政协议约定的权利义务内容直接决定着社会公共服务的质量。另一方面，行政协议是行政机关对国家和社会公共资源再分配的结果，协议的签订过程就是公共资源分

配的过程。因此,行政协议虽然不是传统意义上的行政行为,但正当程序原则在行政协议的签订过程中仍有十分重要的位置。坚持正当程序原则,通过规范、科学的遴选程序,选择适当的协议当事人是约束行政权力滥用、避免权力寻租,实现公共资源高效利用的重要手段。

目前我国没有统一的行政程序法对行政协议中私权利主体的遴选程序作出统一明确的规定,相关制度设计散见在不同行政管理领域的规范性文件中。以政府特许经营协议的签订为例,《基础设施和公用事业特许经营管理办法》第17条第1款第1句规定:"实施机构应当公平择优选择具有相应管理经验、专业能力、融资实力以及信用状况良好的法人或者其他组织作为特许经营者……"在此原则性要求下,各省市根据地方实际分别就经营者的遴选程序和标准作出了细化规定。例如,安徽省发展改革委等单位印发的《关于推动基础设施和公用事业特许经营的意见》指出:"县级以上人民政府应当授权有关部门或单位作为实施机构负责特许经营项目有关实施工作,并明确具体授权范围。实施机构根据经审定的特许经营项目实施方案,应当依照相关法律通过招标、竞争性谈判等竞争方式选择特许经营者。特许经营项目建设运营标准和监管要求明确、有关领域市场竞争比较充分的,应当通过公开招标方式选择特许经营者。实施机构应当在招标或谈判文件中载明是否要求成立特许经营项目公司。应在规定的信息发布渠道公开招投标各个环节,及时发布招标公告和中标结果等信息,保证程序公开、过程透明。"福建省人民政府《关于推广政府和社会资本合作(PPP)试点的指导意见》指出:"授权组织实施单位要严格按照政府采购法和招标投标法的相关规定组织开展招标。规范设置投资准入门槛,对各类投资主体同等对待,对非公有资本不得单独设置附加条件。评标过程中,组织专家委员会根据项目要求、应标单位报送的项目方案,并综合考虑应标单位的服务质量、专业素质和财务实力等,对项目可行性、经济性和财政负担能力等进行论证,确定中标单位及项目方案。授权组织实施单位应在规定的信息发布渠道公开招标各个环节,及时发布招标公告和中标结果等信息,保证程序公开、过程透明。"

对行政协议签订程序是否合法合理进行重点审查亦是法院在审理行政协议纠纷和审理民事合同纠纷的不同之处。如在李某光等诉惠州市国土资源局招标行政行为纠纷案[1]中，惠州市中级人民法院经审理后认为："惠州市人民政府组织的工作小组于2002年2月25日召开了河道采砂整顿工作砂场业主会议，对河砂采矿权招投标相关事宜向上诉人李某光、苏某红等进行了告知，上诉人李某光、苏某红等亲自到场。同时，被上诉人依法在惠州市人民政府网上及惠州市土地交易中心电子显示屏上发布了招标公告。被上诉人在招标公告中对招标的三个标段情况、投标人必备条件、竞投事项等作了明文告知，对包括上诉人、第三人在内的所有竞投者一视同仁，并没有为上诉人设置歧视性条款，更没有为第三人创造优惠性条件，招标投标的条件是公开、公平、公正的。被上诉人并依照法律规定，组织召开了招标投标现场会，对投标人条件依法进行了审查，对竞标、开标、评标、中标全过程公开进行，并邀请了惠州市人民政府有关领导、广东省国土厅负责人、新闻媒介到场观看，对现场招标投标情况刻录VCD，综观整个程序是公开、公正的。"在行政协议纠纷案件中，司法审查以《招标投标法》等法律规范为依据，实质性审查协议签订程序的合法公正是行政协议纠纷案件的审理特点。在美国，专门制定有投标不成功者的救济法案，保护潜在缔约人的公平竞争权。[2]

第二节　行政协议诉讼的被告

2014年《行政诉讼法》将行政协议案件纳入行政诉讼受案范围后，行政协议案件的起诉与受理并没有突破行政诉讼的固有框架。在"民告官"的行政诉讼起诉模式下，同行政协议诉讼的原告仍只能为作为民事主体的公民、法人或者其他组织一样，行政协议诉讼的被告原则上也只能为行政主体。但是，基于行政协议自身的特征，关于行政协议诉讼的被告是否仍然要严格遵循原有的行政诉讼被告认定标准存在较大的争议，司法实践中亦有判决作出了突破。另外，与行政机关在作出高权行政行为时一般会遵循严格的职权法定原则有所区别，行政协议的签订主体在实践中较为混乱，很多类型的行政协议案件在判断适格被告时存在更大的困难。因此，根据行政协议的特征，厘清行政协议诉讼

---

〔1〕 参见广东省惠州市中级人民法院行政判决书，(2002)惠中法行终字第41号。

〔2〕 See Younger, Stephen P., *Judicial Review of Public Contract Awards in New York: Recording the Effects of Dictaphone*, Albany Law Review, Vol. 45, No. 4, Summer 1981, p. 1177 - 1204.

被告的基本认定标准以及实践中现存的行政协议诉讼被告认定难题,具有必要性。

一、被告基本认定标准的选择

(一)司法实践中被告认定标准的争议

当前,行政协议案件被纳入行政诉讼的受案范围,法院在对行政协议案件进行审理时原则上应当适用《行政诉讼法》的规定。根据《行政诉讼法》第26条第1款的规定,作出行政行为的行政机关是被告。结合《行政诉讼法》第2条的规定,法律、法规、规章授权组织也可以作行政诉讼的被告。因此,一般认为,我国行政诉讼的被告有两类:一是行政机关;二是法律、法规、规章授权组织。因此,在我国行政法学界,主流观点认为行政诉讼的被告应当具有行政主体资格。[1]就美国的司法审查来看,被告资格的基本规则是"谁行为,谁被告",不存在类似我国的行政主体与被告资格的勾连。[2]由于行政主体理论内涵自身存在较大的争议和不稳定之处[3],理论界对于以行政主体为标准作为行政诉讼被告认定规则也有不同意见[4],甚至实务中认定行政诉讼被告时也有对行政主体理论的突破。但从总体情况看,无论是从理论的视角,还是从实务出发,行政主体理论依然是认定行政诉讼被告的基本标准。

涉及高权行政行为的案件适用行政主体理论确定行政诉讼的被告,目前已无较大争议,但因行政协议兼具"行政性"和"协议性"双重属性,当前如何认定以契约作为形式的行政协议中的被告实际上存在较大疑问。具体而言,行政协议与民事合同相似,均以协议规定当事人间的权利义务。根据民法学界的观点,协议本身仅对达成契约合意的当事人构成约束,原则上不能直接约束当事人以外的人,也就是要遵循合同相对性原则。在民法中,合同相对性原则是指

---

〔1〕参见叶必丰:《行政法与行政诉讼法》,高等教育出版社2015年版,第203页;章剑生:《现代行政法总论》,法律出版社2014年版,第116页;何海波:《行政诉讼法》(第2版),法律出版社2016年版,第205页。

〔2〕See Byse, Clark, *Suing the Wrong Defendant in Judicial Review of Federal Administrative Action: Proposals for Reform*, Harvard Law Review, Vol. 77, No. 1, November 1963, p. 40 – 60.

〔3〕参见沈岿:《重构行政主体范式的尝试》,载《法律科学》2000年第6期,第39页。

〔4〕参见王青斌:《行政诉讼被告认定标准的反思与重构》,载《法商研究》2018年第5期,第71页;杨小君:《我国行政诉讼被告资格认定标准之检讨》,载《法商研究》2007年第1期,第48页。

合同主要在特定的合同当事人之间发生法律约束力，只有合同当事人一方才能基于合同向合同的相对方提出请求或者提起诉讼，而不能向合同相对方以外的其他主体主张。

在实践中，有观点认为，行政协议作为一种新型行政行为，在意思表示一致、当事人地位平等、非强制性履行等方面与民事合同具有类似性，因此可以适用民事合同法律规范中的合同相对性原则。如在张甲、张乙诉内蒙古自治区乌海市海勃湾区人民政府、内蒙古自治区乌海市海勃湾区征拆局、内蒙古众泰房地产开发有限公司行政协议案〔1〕中，法院认为，以协议相对方以外的其他主体为被告违背合同相对性原则。上诉人系针对其与海勃湾区征拆局签订的房屋征收补偿安置协议提起诉讼，请求确认被告单方变更协议违法，要求被告和第三人履行协议。根据《行政诉讼法》第 12 条第 1 款第 11 项的规定，本案属于行政协议之诉。本案中，海勃湾区征拆局系依据《国有土地上房屋征收与补偿条例》（以下简称《征补条例》）的规定与上诉人订立房屋征收补偿安置协议，而《征补条例》第 25 条第 2 款“补偿协议订立后，一方当事人不履行补偿协议约定的义务的，另一方当事人可以依法提起诉讼”的规定，正是合同相对性原则的具体体现。依据合同相对性原则和《征补条例》第 25 条第 2 款的规定，本案的适格被告应是海勃湾区征拆局，而非海勃湾区政府。

从 2019 年《行政协议诉讼司法解释》的相关规定来看，其对行政协议被告的认定和《行政诉讼法》是一致的，并没有过多考虑协议的相对性理论。2019 年《行政协议诉讼司法解释》第 4 条规定：“因行政协议的订立、履行、变更、终止等发生纠纷，公民、法人或者其他组织作为原告，以行政机关为被告提起行政诉讼的，人民法院应当依法受理。因行政机关委托的组织订立的行政协议发生纠纷的，委托的行政机关是被告。”从上述规定来看，行政协议诉讼的被告是行政机关，而非行政协议的签约主体，如果行政协议的签订方不具有行政主体资格，应当由行政机关作行政协议诉讼的被告。

在当前的司法实践中，法院也大都根据行政协议中行政一方当事人是否具有行政主体资格确定适格被告。例如，在卢某生诉三门峡市住房保障中心不履行行政协议案〔2〕中，法院认为：“根据《廉租住房保障办法》第四条规定，国务

〔1〕 参见内蒙古自治区高级人民法院行政裁定书，(2018)内行终 245 号。

〔2〕 参见河南省三门峡市中级人民法院行政判决书，(2018)豫 12 行终 93 号。

院建设主管部门指导和监督全国廉租住房保障工作。县级以上地方人民政府建设(住房保障)主管部门负责本行政区域内廉租住房保障管理工作。廉租住房保障具体工作可以由市、县人民政府确定的实施机构承担。本案中,三门峡市廉租住房保障管理工作的主管部门是三门峡市住房和城乡建设局。被上诉人三门峡市住房保障中心是三门峡市住房和城乡建设局的下属机构,其职权来源并非法律、法规、部门规章的授权。根据《中华人民共和国关于适用〈中华人民共和国行政诉讼法〉的解释》第二十条第三款之规定,应该以行政机关为被告。"从该案看,由于三门峡市住房保障中心不是行政机关,也非法律、法规、规章授权组织,不具有行政主体资格,不能成为行政诉讼的被告,故三门峡市住房和城乡建设局应是本案的适格被告。

又如,在宁某明诉定西市安定区住房和城乡建设局、第三人定西琏鑫房地产开发有限公司房屋征收补偿安置协议案中,法院认为,《行政诉讼法司法解释》第25条规定:"市、县级人民政府确定的房屋征收部门组织实施房屋征收与补偿工作过程中作出行政行为,被征收人不服提起诉讼的,以房屋征收部门为被告。征收实施单位受房屋征收部门委托,在委托范围内从事的行为,被征收人不服提起诉讼的,应当以房屋征收部门为被告。"本案中,尽管签订协议的行政机关一方为定西市安定区凤翔镇国有土地房屋征收办公室,但被上诉人定西市安定区住房和城乡建设局作为安定区房屋征收部门,应是本案的适格被告。在二审期间,法院就被告主体资格问题询问了被上诉人,被上诉人亦认可其被告资格。[1]在本案中,由于镇国有土地征收办公室不具有行政主体资格,其与被征收人签订的征收协议只能认定为受委托签订,故被告应为有法定职权的住房和城乡建设局。

从上述选取的最高人民法院关于行政协议诉讼被告认定的典型案件看,裁判既提到了行政协议案件中被告认定受协议相对性的约束,又从行政主体资格的角度突破了相对性的限制。因此,最高人民法院关于行政协议诉讼被告的认定规则可总结为两步法:第一步,看行政协议的签订主体是否具有行政主体资格,如果有行政主体资格,就可认定为行政协议诉讼的被告。第二步,如果行政协议的签订主体不具有行政主体资格,用行政主体理论结合《行政诉讼法》关于被告的规定认定行政协议诉讼的被告。(见表3-2)

---

〔1〕 参见兰州铁路运输中级法院行政裁定书,(2018)甘行终132号。

表 3-2　最高人民法院关于行政协议被告认定的代表性裁判要旨

案件名称	文号	裁判要旨
葛某言等诉蒙城县人民政府、征收办、城关镇政府征收补偿协议案	(2017)最高法行申3015号	就行政协议之诉而言,由于行政协议系行政机关采用合同方式实施行政职权,在确定适格被告方面也应遵循合同法上的"相对性原则",通常只能针对合同或者协议的相对方主张权利。从被诉房屋征收补偿协议来看,协议签订的甲方为蒙城县征收办,并载明征收实施单位为城关镇政府。以并非合同相对方的蒙城县政府为被告提起诉讼,不仅违背《行政诉讼法》第26条的规定,也不符合合同法上的"相对性原则"
南陵凤翔自来水厂诉安徽省南陵县人民政府履行行政协议给付义务案	(2016)最高法行申4750号	本案涉及的农村饮水安全工程项目系以县区为单位的工程建设项目。对于南陵县来说,农村饮水安全工程涉及7.9万人,项目总投资3136万元,资金三级配套,分两年完成。南陵县水务局负责指标下达、资金筹划,各乡镇具体实施。因此,本案虽然合作协议签约方是凤翔水厂与籍山镇人民政府,但根据权力来源、责任负担、资金拨付情况,以南陵县人民政府为被告适格
马某臣诉北京市门头沟区人民政府履行协议案	(2016)最高法行申1319号	行政协议具有相对性,只能对协议当事人产生拘束力,只有协议当事人能够向另一方当事人提起诉讼。本案再审申请人马某臣向法院起诉要求北京市门头沟区人民政府按照《北京市门头沟城市房屋产权置换协议》和《北京市门头沟区房屋征收补偿安置协议》中的承诺给予补偿,而上述两份协议均不是马某臣与北京市门头沟区人民政府签订的,故马某臣无权起诉要求北京市门头沟区人民政府履行涉案的两份协议

(二)行政主体理论作为被告的基本认定标准

根据上文所述,行政协议诉讼中被告的认定标准主要有两种主张:一种主张坚持合同相对性原则,即严格根据行政协议的签订主体确定行政协议诉讼的被告;另一种主张可以突破合同相对性原则的限制,适用行政主体理论确定行政协议诉讼的被告。从最高人民法院的裁判观点来看,其基本赞同第二种主张,但应当注意的是,究竟应当以何作为行政协议诉讼被告的认定标准还应取决于行政协议的本质特征。

关于行政协议的性质问题,学界曾经有过激烈的争论,当前已基本达成的共识是,行政协议既不属于民事合同,也非行政行为的一种,而是一种新型行政活动。具言之,随着政府行政职责的不断扩张,行政作用的领域已不仅限于传统的侵益领域,当前行政给付和公共服务等职能也属于行政机关履职的重要领域。但是,行政机关在这些领域中履行职责已不宜使用高权行政行为手段,具有平等、协商性质的行政协议开始成为行政机关在这些领域履行职责的主要手段。正如学者所言:“与具体行政行为相比,行政协议无非是在行政意志的形成及表达上以公私双方的共同决定取代了行政机关的单方决定。它并没有改变行政意志作用的领域,而只是尝试通过合意这种更具弹性的方式来形成和表达行政意志,弥补高权行政中传统行政模式在民主、回应、效能、合作等方面存在的不足。”[1]因此,行政机关签订行政协议的目的仍在于“行政”,只不过相较于以往采取的单方性、强制性手段,行政协议选择了以具有双方性、协商性特征的“契约”作为手段。

在明确行政协议的本质特征与功能后,行政协议诉讼中被告的认定应当采取何种认定标准也自然就明晰了。在当前仍然只能“民告官”的行政协议诉讼模式下,行政协议诉讼的被告只能为行政协议中的行政一方当事人,其签订行政协议的目的则在于完成“行政”任务。在行政法上,不同的行政机关有不同的分工,行政机关行使行政权必须严格遵循依法行政原则中的职权法定原则,存在法定的职权是行政机关在该职权范围内与民事主体签订行政协议的前提。在行政协议诉讼的被告层面,与民事主体签订行政协议的行政一方当事人一般情况下即为拥有相应职权的行政主体,其作为被告并不会打破合同相对性原则。但是,从当前的行政协议实践来看,行政主体在有些情况下并不会直接“抛头露面”,而是委托或在事实上委托其他主体与民事主体签订行政协议。行政诉讼的目的在于实质性化解行政争议,此时如果仍然严格遵循合同相对性原则,签订行政协议的行政一方当事人因实际上不具有相应职权,争议可能无法得到有效化解,此时将实际上具有职权的行政主体列为被告更符合行政诉讼的目的。因此,对行政协议诉讼中被告的认定,在一些情况下应当突破合同相对性原则的限制,适用行政主体理论确定适格被告。

在当前的司法实践中,除最高人民法院外,地方法院也大都以上述被告认定规则认定行政协议的适格被告。例如,在上诉人杨某生诉漳浦县前亭镇人民

[1] 徐键:《功能主义视域下的行政协议》,载《法学研究》2020 年第 6 期,第 103 页。

政府房屋征收行政协议案[1]中，法院认为，依照合同相对性原则，上诉人杨某生起诉要求撤销2016年12月14日签订的《房屋征收协议书》，应以协议签订方为被告。漳浦县人民政府办公室《关于成立旧镇镇人民政府征地办公室等十八个征地机构的通知》（浦政办〔2007〕95号）中载明，“经县政府领导同意，成立旧镇镇人民政府征地办公室等十八个征地机构”，并且明确了征地办公室的人员组成及主要职责。虽然本案被上诉人在2007年8月9日又作出了前政〔2007〕57号《关于成立前亭镇征地办公室的通知》，但经审查，该通知的内容均是按照浦政办〔2007〕95号文件的要求落实征地办公室的成员组成。因此，前亭镇人民政府征地办公室应属漳浦县人民政府组建并赋予其有关土地征收行政管理职能的非常设临时机构，并不具有独立承担法律责任能力。依照《行政诉讼法司法解释》第20条第1款规定：“行政机关组建并赋予行政管理职能但不具有独立承担法律责任能力的机构，以自己的名义作出具体行政行为，当事人不服提起诉讼的，应当以组建该机构的行政机关为被告。”因此，上诉人杨某生对与前亭镇人民政府征地办公室签订的《房屋征收协议书》不服提起诉讼时，依照合同相对性原则，应以前亭镇人民政府征地办公室为被告，但因前亭镇人民政府征地办公室系属漳浦县人民政府组建的非常设临时机构，对外不具有独立承担法律责任的能力，故应以组建该机构的漳浦县人民政府为被告。本案上诉人杨某生将被上诉人前亭镇人民政府列为本案被告，确属错列被告。从该案的裁判思路看，法院首先从合同相对性角度认定被告，但如果该机关不具有行政主体资格，则要从行政主体理论的视角继续探求适格被告。

又如，在张某华诉荥阳市人民政府、荥阳市索河街道办事处履行行政协议案[2]中，对荥阳市人民政府是否为本案适格被告具有较大争议。荥阳市人民政府及索河街道办事处均认为基于合同相对性，荥阳市人民政府并非签订协议的主体，不是本案适格被告；同时，索河街道办事处认为本案应由基层人民法院管辖。对此，法院经审理后认为：（1）从民事诉讼法角度。合同相对性原则是民事合同法律规范的基础性原则，依据该原则，合同仅对缔约当事人产生法律约束力，对合同外第三人不产生法律效力。但应当说明的是，首先，该法律原则存在例外，如合同保全中第三人的代位权与撤销权以及不动产租赁合同的“买卖

〔1〕参见福建省漳州市人民法院行政裁定书，（2017）闽06行终110号。

〔2〕河南省郑州市中级人民法院行政判决书，（2019）豫01行初33号。

不破租赁”等原则；其次，即便在民事法律关系中，合同相对性原则也会有特殊表现形态，如间接隐名委托代理情况下，未直接与合同相对人缔约的被代理人也可能成为合同当事人，享有合同权利义务。从这个角度说，即便荥阳市人民政府不是签订协议的主体，亦不当然不能作为本案适格被告。（2）行政诉讼法的角度，行政诉讼被告的确定遵循法定主体原则，根据该原则行政诉讼被告通常需要具备两个基本要件：首先是被诉行政行为的实施者；其次要具有承担相应法律责任的能力。在多数情况下，二者是合一的，但在特殊情况下，二者也可能不一致，如存在委托关系情况下作出行政行为，未经法律授权的内设机构、派出机构作出行政行为等，其行为直接实施主体因属于受委托实施行为或缺乏责任能力而不能成为行政诉讼适格被告。行政协议本身即存在行政机关作为行政协议当事人的委托人而对行政协议承担责任的可能。从本案证据角度，显示被诉《补偿安置协议》订立的背景是相关区域进行旧城改造，涉案成皋路集贸市场的拆迁是为了荥阳市人民政府能在2013年打通汜河路完成相关城市基础设施建设。在涉案成皋路集贸市场拆迁过程中，无论是被诉《补偿安置协议》中记载的拆除补偿安置方式以及索河街道办事处最终（2018年11月26日）作出的《索河办成皋集贸市场处置方案》所载内容，还是相关新建市场的选址、性质、运营方式乃至索河街道办事处在具体拆迁中的工作流程，均由荥阳市人民政府通过市长办公会议的形式研究决定。此外，荥阳市人民政府通过上述会议还就新、旧集贸市场的土地收储、新建集贸市场法律手续完善、拆迁信访稳定工作的进行等各方面作出了部署，并就新、旧集贸市场的拆迁建设问题成立了由荥阳市各有关职能部门参加的专门领导小组。综合考虑荥阳市人民政府在涉案成皋路集贸市场拆迁工作中所体现出的领导地位、参与的细致程度，以及新、旧集贸市场拆迁工作涉及国土、规划、建设、消防、国有资产管理等广泛行政管理领域，显然超出被告索河街道办事处自身行政管理能力的范围等事实，因而有理由认为被告荥阳市人民政府与索河街道办存在授意或委托关系，荥阳市人民政府是本案的适格被告。在此情况下，二被告如认为荥阳市人民政府并非本案适格被告，应当向法庭提交相关反证，但本案被告并未向法庭提交可以实现其证明目的的证据。综上，在本案中，被诉《补偿安置协议》实际为索河街道办事处接受荥阳市人民政府委托，以自己名义与原告订立，依法应当以荥阳市人民政府为本案被告。因索河街道办事处为涉案协议名义缔约方，为查明案件客观情况，索河街道办事处作为本案共同被告参加诉讼并无不妥。

从上述案件的情况看，法院分别从《民事诉讼法》《行政诉讼法》的视角分析了行政协议案件被告的认定规则，从代理到委托、从合同的相对性到行政主体理论深入分析论证了本案被告的认定思路，是笔者检索到的对行政协议诉讼被告认定说理最为透彻、分析最为到位的判决，具有极为重要的启发意义。此外，该判决书直接把受托组织街道办事处认定为共同被告，而非第三人，是对行政诉讼被告认定理论的突破，具有现实意义。

二、被告基本认定标准的展开

（一）行政机关和法律、法规、规章授权的组织

前文已述，我国行政诉讼的被告主要有两类：一是行政机关；二是法律、法规、规章授权的组织。在行政协议中，因行政协议的签订目的在于履行行政管理和公共服务职责，所以行政一方签订主体和诉讼时的被告主要也是上述两类行政主体。

从司法实践来看，大多数行政协议案件的被告为协议的行政一方当事人，且行政机关作为被告的情形占据绝大多数。当法院认定行政机关不具有主体资格或没有签订行政协议的相应权限时，一般会直接认定协议具有无效或者可撤销情形。例如，在贵州省六盘水盘县昌禾生物液体燃油厂诉盘州市坪地彝族乡人民政府行政协议案〔1〕中，法院认为，2004 年修正的《土地管理法》第 46 条规定："国家征收土地的，依照法定程序批准后，由县级以上地方人民政府予以公告并组织实施。"在本案中，如需征收案涉土地，应当报请有权机关批准，批准后由原盘县人民政府予以公告并组织实施，坪地乡人民政府无征收土地的法定职权，因而判决确认案涉行政协议无效。

司法实践中同样存在大量法律、法规、规章授权的组织与民事主体签订协议的情况，法律、法规、规章授权的组织同样可以直接作为行政协议诉讼的被告。例如，在闵某翼、魏某诉博乐市人民政府、博乐市国有土地征收和房屋拆迁补偿安置办公室行政协议纠纷案〔2〕中，法院认为，根据《国有土地上房屋征收与补偿条例》第 4 条第 2 款及第 25 条的规定，房屋征收部门基于行政法规的明确授权而取得了行政职权，并取得了以自己的名义行使权力及承担法律责任的

---

〔1〕 参见贵州省六盘水市中级人民法院行政判决书，(2019)黔 02 行终 240 号。

〔2〕 参见新疆维吾尔自治区高级人民法院行政判决书，(2018)新行终 190 号。

能力。根据《行政诉讼法》的相关规定，可诉的行政行为包括法律、法规、规章授权的组织作出的行政行为。故而，房屋征收部门有权以自己的名义独立行使订立拆迁补偿协议的权力并具有承担相应法律责任的能力。在本案中，博乐市国有土地征收和房屋拆迁补偿安置办公室作为拆迁补偿协议订立方，具有对外独立承担法律责任的能力，其作为法定授权的组织，具有行政主体资格，是本案行政诉讼的适格被告。

总体而言，行政机关和法律、法规、规章授权的组织作为行政协议的签订主体时，其作为行政协议诉讼的被告基本没有争议。但在司法实践中，情况却并非如此简单，因为很多行政一方当事人无行政主体资格，或者有主体资格却无相应的职权，此时还需要通过行政主体理论中的委托理论来进一步识别正确的被告，以及行政协议的有效性。

（二）委托机关和受委托组织

以受行政机关委托的组织作为行政协议一方当事人，是行政主体理论在行政协议案件中适用的又一例证。与行政处罚、行政许可中，行政机关可以在法定职权范围内委托其他依法成立的管理公共事务的事业组织或其他行政机关不同，行政协议中受委托组织的性质并没有明确的法律规范，实践中受行政机关委托成为行政协议一方当事人的组织种类烦杂，有其他行政机关、事业单位、国有控股企业、村（居）委会等基层群众性自治组织。

按照传统的行政协议认定标准，协议一方当事人为行政机关是行政协议的必需要件。但是，在具体的司法审查中，多数法院的审理路径并没有因为当事人是企业、事业单位等非行政机关而否定行政协议的性质。例如，在肖某兰、冯某利诉南充市嘉陵区经营城市管理局其他行政管理其他行政行为纠纷案[1]中，顺庆区人民法院经审理后认为，根据“为实施城市规划进行旧城区改建，需要调整土地使用”之规定，嘉陵区的土地管理和监督工作应是嘉陵区国土局的法定职责，嘉陵区经营城市管理局系嘉陵区政府举办的事业单位，其设立和职责并未经四川省人民政府审批，其对嘉陵区5000亩土地的管理，应是嘉陵区人民政府的委托，被委托组织所作出的行为结果应当由委托机关承担，据此，本案中嘉陵区经营城市管理局不是本案适格的被告，适格的被告应当为嘉陵区人民

〔1〕 参见四川省南充市顺庆区人民法院行政裁定书，（2016）川1302行初59号。

政府。从本案可以看出,对于非行政机关签订的协议,对其协议性质的认定应当从协议目的入手,看协议签订的目的是否为行政机关履行行政管理和公共服务目标,其内容是否是行政法上的权利义务关系,从而判定该协议的性质是否为行政协议。

与行政主体理论相同,行政协议中的受委托组织所订立的协议内容由委托组织承受,法律后果同样也由委托机关承受。在司法实践中,法院大都也以此为标准对相关行政协议案件进行审理。例如,在陈某林诉娄底市人民政府不履行行政协议案〔1〕中,湖南省高级人民法院经审理后认为,涉案《土地征收方案公告》和《征收土地补偿、安置方案公告》均由娄底市人民政府发布。在具体实施过程中,娄底市人民政府通过《湖南煤化煤气和资源综合利用改扩建工程项目卫生防护区征地拆迁安置总费用目标管理协议》,委托娄星区人民政府具体实施该项目的征地拆迁补偿与安置,娄星区人民政府作为受托人,其在受托范围内作出的行政行为所产生的法律后果均应当由委托人即娄底市人民政府承担,故行政相对人以委托人为被告提起诉讼并无不当,娄底市人民政府是本案的适格被告。被诉《集体土地上房屋拆迁补偿安置协议书》属于行政协议,依法属于行政诉讼的受案范围,娄底市人民政府应当按照协议约定的内容积极履行。笔者认为,这样的制度设计保持了与行政主体理论的一致,维护了行政管理秩序的统一,便于相对人通过行政诉讼途径维护其合法权利。

基层群众自治制度是我国基本的政治制度,作为基层群众自治的具体实现形式,村(居)委会等基层群众性自治组织在我国基层治理中发挥着重要的作用,其权力源于《宪法》、《村民委员组织法》及《城市居民委员会组织法》的授权。近年来,随着城市化发展速度的加快,在城市治理和改造过程中不可避免地出现了村(居)委会的身影,尤其是在房屋拆迁、土地征收等行政管理活动中,村(居)委会或依据行政机关委托独立开展工作,或协助行政机关开展工作,或依据村规民约主动工作。在实际运作过程中,村(居)委会不可避免地与辖区内群众产生工作交集,行政协议中亦不可忽视村(居)委会的地位。作为基层群众性自治组织,村(居)委会是否能够超越自治权限与相对人签订协议以实现行政管理目的,是实践和理论必须要面对的问题。在刘某某诉湖南省长沙市芙蓉区

〔1〕 参见湖南省高级人民法院行政判决书,(2019)湘行终106号。

马王堆街道办事处新桥新村社区居委会房屋拆迁安置补偿合同纠纷案[1]中，长沙市中级人民法院审理认为："芙蓉区政府于2003年12月2日组织相关部门召开了原新桥村开发建设中有关问题的协调会，该会议纪要中明确了原新桥村委会要积极配合华城公司搞好拆迁安置和开发工作。同时，原新桥村委会与上诉人刘某某签订《拆迁补偿协议》后，按照芙蓉区政府的要求在该地块上建设了原新桥村的拆迁安置小区即芙蓉区马王堆街道沁园小区B区，上诉人刘某某本人也被安置在此小区。在征地补偿安置过程中，村委会代表区政府土地行政主管部门与被征收人签订协议并不违反法律、行政法规的强制性规定，且芙蓉区政府也根据协议约定履行了相应的义务。因此，上诉人刘某某认为原新桥村委会无权签订《拆迁补偿协议》的诉讼理由不能成立。"本案肯定了村委会签订行政协议的资格，其主要理由有二：首先，村委会参与拆迁安置工作得到了有权机关即区政府的赋权，虽然这不同于行政法中的委托行为，但一定程度上基于村委会签订行政协议的合法性基础。其次，在本案中，由村委会签订的行政协议得到了区政府的认可，区政府实际履行了该协议的内容。因此，在本案中认可协议的合法性实际上有助于纠纷的实质化解。

在朱某丽诉大连市普兰店区人民政府、大连市普兰店区城子坦街道办事处履行行政协议案中，关于区人民政府提出其不是适格被告及广城公司超出委托范围的主张，根据《行政诉讼法》第26条第5款规定，行政机关委托的组织所作的行政行为，委托的行政机关是被告。征收补偿工作应由征收主体也即区人民政府完成，区人民政府与城子坦街道签订的《委托土地收储协议书》中明确其委托城子坦街道进行具体补偿工作，广城公司与城子坦街道签订的《委托动迁协议书》也约定：城子坦街道办事处委托广城公司对位于普兰店城子坦镇医院北侧16,495平方米土地中135户居民进行动迁。广城公司依照上述委托协议约定对朱某丽征收范围内的房屋进行补偿，没有证据证明广城公司与朱某丽所签订的《补充协议》和《承诺书》超出上述委托协议范围，区政府应当对受委托人的征收补偿行为承担法律责任。[2]在该案中，乙方主体出示了委托协议书，法院依据委托书确定了受托机关为被告，且在论述中明确了行政协议案件被告认定应当按照行政行为案件被告的认定思路。

---

〔1〕 参见湖南省长沙市中级人民法院民事判决书，(2019)湘01民终3052号。

〔2〕 参见辽宁省高级人民法院行政判决书，(2018)辽行终1440号。

在吴某梅诉漠河市人民政府不履行征收补偿协议案中，法院认为，漠河市人民政府是该行政区域内的房屋征收补偿主体，漠河县棚户区改造领导小组办公室是漠河市人民政府成立的负责棚户区改造项目的临时机构，其与吴某梅签订《房屋征收补偿协议》的行为应视为受漠河市人民政府委托而实施的行为，故漠河市人民政府是本案适格被告。漠河市人民政府上诉主张的“漠河县棚户区改造领导小组办公室系受房地产开发公司委托实施拆迁工作，吴某梅应向房地产开发公司索要房屋”无事实和法律依据，法院不予支持。[1]该案涉诉行政协议系政府设立的临时机构与相对人签订的，故依据《行政诉讼法司法解释》的规定，应当由成立临时机构的政府担任被告。

三、非典型行政主体的被告资格认定规则

（一）开发区管理机构

2018年2月26日，国家发展改革委、原科技部、原国土资源部、住房和城乡建设部、商务部、海关总署发布《中国开发区审核公告目录》，目录包括2543家开发区，其中国家级开发区552家、省级开发区1991家。[2]改革开放以来，全国各地广泛设立的经济技术开发区、高新技术产业开发区、海关特殊监管区、边境/跨境经济合作区等各级各类开发区，成为拉动地域经济发展的强大的引擎。同时，为服务园区内市场主体的健康有序发展，各级开发区往往也是行政管理体制改革的试点先锋，在其日常管理过程中更加注重使用行政协议等协商参与的行政管理手段，行政协议在开发区招商引资、园区基础设施建设、土地征收拆迁等工作中使用得尤为突出。

开发区内的各项行政管理职能由独立的开发区管理机构来承担，这些管理机构多称为开发区管理委员会（以下简称开发区管委会）。由于开发区管委会并非我国行政法上当然的行政主体，也欠缺相应的制度规范来明确开发区管委会的法律地位，因此开发区管委会在开发区范围内开展日常管理工作、履行相应管理职责过程中常常出现“名不正言不顺”的制度困境。关于开发区管委会

---

〔1〕 参见黑龙江省高级人民法院行政裁定书，(2019)黑行终253号。

〔2〕 参见六部门联合发布《中国开发区审核公告目录》(2018年版)，载中华人民共和国中央人民政府网，http://www.gov.cn/xinwen/2018-03/03/content_5270330.htm，最后访问日期：2020年2月3日。

的行政职权来源，有地方政府通过规章形式直接规定开发区管委会的行政管理职权，如青岛市人民政府《关于进一步向青岛高新技术产业开发区（红岛经济区）和青岛蓝色硅谷核心区赋权的决定》；有地方政府通过规章形式委托开发区管委会行使行政许可事项，如贵阳市人民政府《关于在贵阳国家高新技术产业开发区、贵阳经济技术开发区、贵阳综合保税区委托实施第一批行政审批事项的决定》。关于开发区管委会的法律地位，有地方制定地方法规将其明确为“开发区所在地人民政府的派出机关”，如《湖北省开发区条例》《江西省开发区条例》《山西省开发区条例》《辽宁省开发区条例》等。也有地方将开发区管委会明确为政府的派出机构，如《库尔勒经济技术开发区条例》《西安市开发区条例》等。

开发区管委会的法律地位模糊、行政职权边界不清是客观存在的现实问题，这个问题一方面给我国行政法中行政主体理论带来了新的冲击，另一方面对于以开发区管委会为一方当事人的行政协议纠纷案件的解决也带来了困境。2018 年发布的《行政诉讼法司法解释》第 21 条规定：“当事人对由国务院、省级人民政府批准设立的开发区管理机构作出的行政行为不服提起诉讼的，以该开发区管理机构为被告；对由国务院、省级人民政府批准设立的开发区管理机构所属职能部门作出的行政行为不服提起诉讼的，以其职能部门为被告；对其他开发区管理机构所属职能部门作出的行政行为不服提起诉讼的，以开发区管理机构为被告；开发区管理机构没有行政主体资格的，以设立该机构的地方人民政府为被告。”以设立开发区管理机构的主体和依据作为判断行政诉讼中开发区管理机构是否为行政主体，为行政诉讼提供了基本的遵循。

在 2019 年 12 月 12 日最高人民法院发布的行政协议典型案例——安吉展鹏金属精密铸造厂诉安吉县人民政府搬迁行政协议案[1]中，浙江省高级人民法院经审理后认为：“临港管委会系由安吉县人民政府等以规范性文件设立并赋予相应职能的机构，其不具有独立承担法律责任的能力，无权以自己的名义对外实施行政行为，该管委会被撤销后，更无权实施签约行为。虽然安吉县人民政府追认该协议的效力，并不能改变临港管委会签订涉案补偿协议行为违法的事实。”在本案中，法院判断行政协议的合法性问题时，着重审查了作为一方

---

[1] 参见行政协议案件典型案例，载最高人民法院官网，http://www.court.gov.cn/zixun-xiangqing-208691.html，最后访问日期：2020 年 2 月 3 日。

当事人的开发区管委会的行政主体资格,其审查的角度是开发区管委会设立的依据。在湖北草本工房饮料有限公司诉荆州经济技术开发区管理委员会等行政协议纠纷案[1]中,最高人民法院经审理后认为:"当事人对由国务院、省级人民政府批准设立的开发区管理机构作出的行政行为不服提起诉讼的,应当以该开发区管理机构作为被告。荆州开发区管委会作为荆州市政府的派出机构,根据《湖北省经济开发区管理条例》授权,代表荆州市政府对开发区实行统一管理,行使相应职权,具有独立的诉讼主体资格。《招商项目投资合同》、《补充合同》以及《合同自行终止通知书》,也是荆州开发区管委会以自己的名义作出。无论是基于'谁行为,谁为被告'的原则,还是基于合同相对性原则,荆州市政府都不是本案的适格被告。"本案审理法院在审理过程中既充分考虑了设立开发区的主体和依据,同时也尊重了行政协议中合同相对性的特点。

在张某新诉贵阳市人民政府房屋行政协议案[2]中,法院认为,因金竹片区地块一期工程建设项目(岷江路)国有土地上房屋征收补偿安置方案的决定和公告由贵阳市经济技术开发区管理委员会作出,《房屋货币补偿协议》由贵阳经济技术开发区房屋征收中心签订,根据《行政诉讼法司法解释》第21条之规定,贵阳市经济技术开发区管理委员会以及贵阳经济技术开发区房屋征收中心才是本案的适格被告。在一审开庭前以及一审庭审中就该主体变更一事,经法院释明后,上诉人拒绝变更被告为贵阳经济技术开发区管委会、贵阳经济技术开发区房屋征收中心,仍然坚持以贵阳市人民政府为被告,故予以驳回起诉。从该案的裁判结果看,法院认可了开发区管委会职能部门的被告资格,这也符合最高人民法院上述司法解释的规定。

(二)村(居)委会等基层群众性自治组织

村(居)委会在签订行政协议实现管理目的的过程中,除以法律法规及各级政府的规范性文件为依据外,村民内部形成的村规民约也对协议内容的建构发挥着约束指引作用。"村规民约作为村民自我管理、自我教育、自我服务的行为规范,具有强烈的内生性和本土性,是村民自治的制度化产物,在村民自治过程

---

[1] 参见最高人民法院行政裁定书,(2017)最高法行申3564号。

[2] 参见贵州省高级人民法院行政判决书,(2018)黔行终1912号。

中发挥着准法的重要作用。"[1]村规民约是村民内部的规范,其并不与国家法律保持绝对一致。在行政协议中,特别是在一些涉及相对人切实利益的协议中,以村规民约作为调整协议内容的依据势必引发争议和冲突。在汤某某诉济宁经济技术开发区管理委员会经贸行政管理案[2]中,山东省高级人民法院经审理后认为:"根据《中华人民共和国村民委员会组织法》的规定,我国农村村民实行自治,由村民依法办理自己的事情,村民会议或者经村民会议授权的村民代表会议经讨论,可以对涉及村民利益包括村集体经济所得收益的使用、土地承包经营方案等事项作出决定,村民会议可以制定和修改村民自治章程、村规民约。但是,村民自治章程、村规民约以及村民会议或者村民代表会议的决定不得与宪法、法律、法规和国家的政策相抵触,尤其是不得有侵犯村民的人身权利、民主权利和合法财产权利的内容。保障妇女儿童合法权益、实行男女平等是我国的基本国策,《中华人民共和国妇女权益保障法》第三十二条、第三十三条明确规定,妇女在农村土地承包经营、集体经济组织收益分配等方面,享有与男子平等的权利;任何组织和个人不得以妇女未婚、结婚、离婚、丧偶等为由,侵害妇女在农村集体经济组织中的各项权益。据此,与宪法、法律、法规和国家的政策相抵触,以侵犯妇女权益为代价所作村民会议决定,不能作为否认外嫁女集体经济组织成员资格的依据。"当前,我国基层群众自治制度发展仍不完善,群众自治的民主化、法治化程度还不高,一些地方的村规民约实际上是假群众自治之名,为损害群众利益之实。在本案中,司法审判对行政协议签订过程中所依据的村规民约进行了实质性的审查,并未将村民自治作为司法审查的盲区,对抵触法律法规规定的村规民约直接予以否定性评价,切实维护了基层群众的权利。

需要指出的是,实践中存在大量村委会接受政府委托签订行政协议的情形。如果村委会行使并非自身的职权,而是接受委托与村民签订协议,则村委会不能成为行政诉讼的被告。例如,在吴某珍、赵某康、赵某均等诉新昌县七星街道庙前地村民委员会征地补偿安置协议案[3]中,法院认为:"在上诉人所诉原新昌县七星街道庙前地村民委员会签订的《征地补偿安置协议》中,原新昌县

---

[1] 王振标:《论村规民约的法治化治理》,载《行政与法》2016年第2期,第46页。

[2] 参见山东省高级人民法院行政裁定书,(2018)鲁行终2522号。

[3] 参见最高人民法院行政裁定书,(2017)最高法行申2289号。

七星街道庙前地村民委员会系作为相对人,并非履行行政管理职责的主体,上诉人坚持以其为被告就征地补偿安置协议提起行政诉讼,属错列被告。”不过应当注意的是,在此种情况下,不能以村委会被错列为被告为由而否认行政协议的性质,而是应当在充分保护被征收人的合法权益的理念下,根据行政法上的委托理论寻找适格被告。

（三）国有控股公司

非行政主体或者说私权利主体在满足一定条件时可以成为行政协议的一方当事人,从而签订行政协议。在法国,例外情况下,非行政主体之间也可签订行政合同,例如,公私合营公司与建筑企业签订的高速公路建筑契约和国有公路建筑契约,私人作为公法人的代理人和其他私人所签订的契约。[1]在我国,由各级政府实际出资并控股的国有公司在 PPP 项目等领域扮演着行政机关代理人的角色,与其他私权利主体签订协议并承担协议义务,成为 PPP 项目的实际运营管理者。这些企业或者行业组织虽不具有行政主体资格,但其通过地方法规、政府规章或规范性文件的“赋权”实际承担了本应由行政机关承担的行政管理职责。例如,《南京市轨道交通条例》第 6 条第 2 款规定:“市人民政府确定的轨道交通经营单位负责本市轨道交通的建设和运营,并按照本条例的授权实施行政处罚。”该规定即将部分行政权力授予行业运营公司。

笔者在中国政府采购网以“PPP 项目”为关键字检索 2020 年 1 月 8 日以前 6 个月的数据,其中不乏以国有控股企业为采购人的招标公告,如铁岭公共资产投资运营集团有限公司、陆川县城乡建设投资集团有限公司等。实践中大量出现的以国有控股企业作为协议一方当事人为实现社会公共利益而签订的行政协议为行政协议的司法审查设立了障碍。司法审判坚持了对“依法行政”原则的坚守,从监督行政权力行使保障相对人合法权利的角度,刺破了国有控股企业的面纱,直接将其背后的行政机关拎到台前接受审查。这样的审判思路虽然突破了合同相对性的私法原则,但是却发挥了行政诉讼对公权力监督的价值。在当前的司法审判中,并非在全部的案件都已发现国有控股企业与行政机关的关联,实际上大量的协议纠纷更具有民事合同的迷惑性。例如,四川省水电投

---

[1]　参见王名扬:《法国行政法》,中国政法大学出版社 1988 年版,第 185 页。

资经营集团有限公司诉四川安宁电力股份有限公司合同纠纷案[1],系四川省国有资金投入地方农网建设与改造司法行权的首例案件。虽然水电公司作为省级项目法人,代表四川省人民政府行使地方电力省级国有资产出资人权益,但其投资行为是通过市场运作的方式、通过与安宁公司签订合同并履行合同来完成的;案涉合同内容虽涉及贯彻执行国家相关政策,但系双方在平等协商基础上达成的一致意见,体现了双方权利义务的对等性和相应性,双方地位平等,不属于体现单方意志的强制性行政行为。本案的审理思路着重对国有资产的使用方式进行审查,存在明显的逻辑缺陷。四川省水电投资经营集团有限公司是国有控股企业,其企业投资专用于农村电网改造升级项目,虽与地方供电公司签订有投资合作协议,但该协议的目的仍是落实国家农村电网改造政策以实现农村基础设施建设的公共利益,应当以行政协议来定位双方间的协议性质。

对于此类案件,实践中直接以地方政府为被告的较多。但从诉讼便宜性和法律法规授权理论出发,国有公司也可直接成为行政协议诉讼的被告。

四、典型行政协议诉讼中的被告认定规则

(一)国有土地使用权出让合同

国有土地使用权出让合同一般是县级以上人民政府的自然资源部门与土地受让人之间签订的合同,一般来说由行政合同的主体即自然资源局担任行政协议诉讼的被告。还有一些实质意义上的土地出让合同,是县级政府或者市开发区管委会代表政府与受让人直接签订的,这类案件的被告一般是县级以上人民政府。但需要指出的是,也有些政府与自然资源部门签订的行政协议,由自然资源部门和政府作为行政协议的共同被告。例如,在虎某某诉沈丘县人民政府、沈丘县国土资源局国有建设用地使用权出让合同纠纷案[2]中,法院把县人民政府和国土资源局作为行政协议案件的共同被告。该案审理法院认为,涉案土地出让合同显示的出让方虽然是沈丘县国土资源局,但受让人虎某某需要根据合同内容向沈丘县人民政府履行缴纳土地出让金、契税等义务,且涉案土地出让合同关于公用事业管道铺设、政府对涉案土地的规划调整权、涉案土地的收回等内容,实际是沈丘县人民政府与虎某某之间的约定,均超出了沈丘县国

---

[1] 参见四川省高级人民法院民事判决书,(2014)川民终字第315号。

[2] 参见河南省高级人民法院行政判决书,(2016)豫行终381号。

土资源局的职责和权限范围,故土地出让合同的出让方应认定为沈丘县人民政府和沈丘县国土资源局。沈丘县人民政府系本案适格被告。

又如,在上诉人山西瑞泽源房地产开发有限公司诉交口县国土资源局、交口县人民政府国有土地使用权出让合同纠纷案[1]中,法院认为,根据交口县国土局与吕梁中天公司签订的《国有土地使用权出让合同》,涉案宗地的用途为商住用地。2012 年瑞泽源公司通过转让方式获得涉案宗地使用权后,委托勘察、设计、销售单位进行了大量前期工作,准备对涉诉宗地进行开发建设。之后,由于交口县人民政府在制定城市整体规划过程中,对涉诉宗地的用途拟进行调整,为此,瑞泽源公司多次向交口县人民政府提出置换土地及赔偿损失的要求,但交口县人民政府一直未予解决。原告提起以政府和国土资源局为共同被告的诉讼。不难发现,该案也是因国有土地使用权出让纠纷引发的诉讼,法院以政府对规划调整导致合同履行不能为由确定政府和国土资源局为共同被告。

房地产开发商与县自然资源局签订国有土地使用权出让合同后,以行政机关未在约定期限内交付净地为由起诉解除该合同,是起诉县自然资源局,还是县人民政府,抑或一并起诉县自然资源局和县人民政府?

关于在国有土地使用权出让合同纠纷中应当如何确定被告的问卷调查(见图 3 -3)中,有 44.65% 的受访者认为应当以县自然资源局和县人民政府为共同被告,有 38.31% 的受访者认为应当以县自然资源局为被告。从分类统计的数据看(见图 3 -4),律师、法学教师及其他非法律工作者认为应当以县自然资源局和政府为共同被告的比例较大。整体上看,关于这一问题的争议较大。笔者认为,土地出让合同的签订、履行并非县自然资源局所能确定,以县自然资源局和县人民政府为共同被告有利于问题的解决。为进一步验证实务中对于国有土地出让合同等县级人民政府发挥实质意义的案件能否把县级人民政府列为共同被告,笔者设计了如下问题进行深度访谈。

问题:在我国,各级政府和职能部门的关系错综复杂,如土地出让、房屋征收等,虽然签订协议的主体是职能部门,但实际上很多决定性的事项都是政府确定的,因土地出让和补偿引发的纠纷,是单独起诉职能部门,还是把地方政府列为共同被告,为什么?

---

〔1〕 参见山西省高级人民法院行政判决书,(2017)晋行终 322 号。

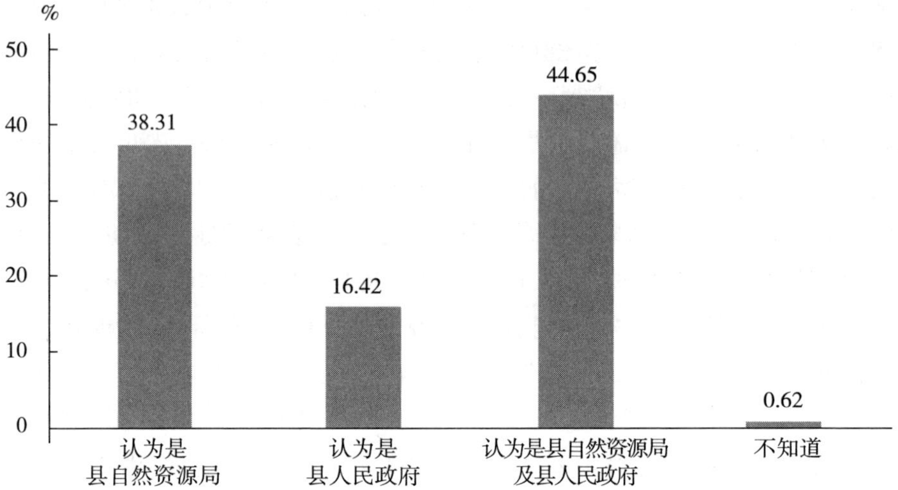

图 3－3　不同受访者的观点

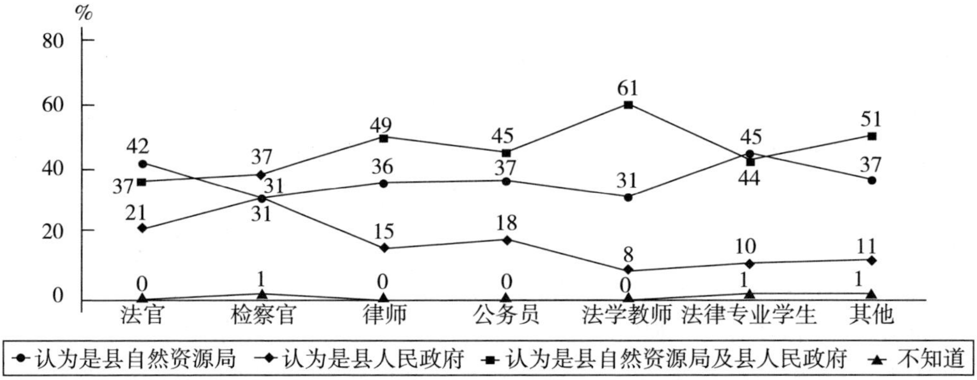

图 3－4　不同职业群体的观点

从表 3－3 的访谈结果看，在 12 位访谈对象中，有 1 位法官、4 位法学教师、2 位律师，共计 7 人认为此类案件由于地方政府在协议签订中发挥实质作用，地方政府应当被列为共同被告。笔者认为，诸如国有土地使用权出让合同、房屋征收补偿协议、土地征收补偿协议等纠纷，虽然形式意义上的签订主体是政府职能部门，但事实上都是在“直接执行”县级以上人民政府的决策，并非自身的意思表示。鉴于此类案件的重大性和复杂性，应当将地方政府列为共同被告，实质性化解纠纷。

表 3－3　不同职业群体对地方政府应否被列为共同被告的观点表述

被访对象	原始访谈话语	总结
1 号法官	坚持协议相对性原则,除非有明确的证据证明职能部门系受政府委托而签订协议	1 号、2 号、3 号法官认为应根据合同相对性确定被告,不宜扩大被告的范围,其中 2 号法官认为在事实上的土地出让或征收中,可以将街道办事处与政府列为共同被告。4 号法官认为地方政府是实际操控人,应把其列为共同被告
2 号法官	在法定的土地出让、房屋征收中,关于法定职权主体和适格被告法律法规已经作出了明确规定,不需要被告升格或者把政府作为共同被告,不符合谁对外签章行为谁作被告的原则,法定的职能部门作被告即可。在事实上的土地出让或者房屋征收中,没有经过法定批准程序和实施程序,一般是由级别较低的乡镇政府、街道办事处或者村委会、居委会甚至是社会民事主体(如开发商、用地单位)等与被征收人签约,此时,可以将政府和政府职能部门列为共同被告。在此种情况下,一般都是政府直接指示或默许违法征地征收的。如城中村拆迁改造或合村并城改造、旧城连片改造等,直接把市县政府当被告,或者把市县政府和实际签约的乡镇政府、办事处为共同被告,符合实际,也利于实质解决纠纷	
3 号法官	应当坚持协议当事人的相对性,不宜扩大被告的范围。政府管理事项涉及方方面面,所有的职能部门的行政管理行为,归根结底都是政府行为,以此为由将政府作为被告既不现实,又架空了“谁行为,谁被告”的诉讼法原则。与其作直接被告,不如设置法定复议前置,让其作复议机关,最终再作被告	
4 号法官	可以将地方政府列为共同被告,因为地方政府是协议实际操控人、获益人,协议的订立、履行、变更、终止的决定权都掌握在地方政府手中	
1 号教师	应该列为共同被告。如果只让主管部门当被告,容易形成放任订约主体混乱之局面而不理的不良后果,不利于倒逼依法行政	四位教师一致认为该类行政协议的签订不是政府部门能够决定的,为了更好地解决纠纷,建议将地方政府列为共同被告
2 号教师	为了更好地实现行政诉讼目的,建议列为共同被告。这可能是私法角度尤其是合同相对性理论所不能接受的,这也正是将行政协议纳入行政诉讼的优势之一,遗憾的是最高人民法院有关司法解释太保守	
3 号教师	应将地方政府列为共同被告,实际上土地部门等仅是代表政府实施土地出让活动,核心问题是经政府决定的事项,并不完全体现土地部门的意思,将地方政府列为共同被告更有利于解决纠纷	

续表

被访对象	原始访谈话语	总结
4号教师	最好列为共同被告。解决这一问题的根本出路是地域性公法人构建。在地域性公法人尚未构建之前,应当将其列为共同被告	
1号律师	把地方政府列为共同被告。为了防止职能部门与地方政府互相推诿,给相对人与法院带来诉讼负累,也为了后续法律责任主体的确定,应当把地方政府列为共同被告	1号律师、3号律师认为应当将地方政府列为共同被告;2号律师认为基于合同相对性,应当单独起诉职能部门;4号律师认为应当区分具体情况
2号律师	应当单独起诉职能部门。行政协议是合同,合同具有相对性。合同只对合同的双方有直接的约束力。地方政府不是合同主体,因而不能作为共同被告	
3号律师	应该考虑把地方政府列为被告,一方面有利于查清事实,另一方面有利于摆脱地方保护	
4号律师	区别不同情况。如果是与市、县人民政府土地行政主管部门委托的机构签订的协议,应以该市、县人民政府土地行政主管部门或者征收管理部门为被告。市、县人民政府已经明确依法由土地行政主管部门依法负责具体工作的,也可以以市、县土地行政主管部门为被告	

(二)集体土地征收补偿协议

2004年修正的《土地管理法》第46条规定:"国家征收土地的,依照法定程序批准后,由县级以上地方人民政府予以公告并组织实施。被征收土地的所有权人、使用权人应当在公告规定期限内,持土地权属证书到当地人民政府土地行政主管部门办理征地补偿登记。"依据该法制定的《土地管理法实施条例》(2021年修订后有变化)第25条规定:"市、县人民政府土地行政主管部门根据经批准的征收土地方案,会同有关部门拟订征地补偿、安置方案,在被征收土地所在地的乡(镇)、村予以公告,听取被征收土地的农村集体经济组织和农民的意见。征地补偿、安置方案报市、县人民政府批准后,由市、县人民政府土地行政主管部门组织实施。"2019年修改后的《土地管理法》对于土地征收责任主体和实施主体的规定并没有变化。根据《土地管理法》的规定,土地征收补偿安置协议一般是由县级以上人民政府组织土地管理部门与被征收单位签订。但在实践中,也有地方政府专门成立某某项目或者某某办事处、镇、乡等征地指挥部,由指挥部负责与被征收人签订协议。还有地方政府直接与被征收签订征收补偿协议的。因此,实践中集体土地征收补偿案件的被告认定比较混乱。

关于应当由县人民政府还是由县国土资源局作为被告的论证,在陈某琴诉安吉县人民政府安置补偿行政协议案〔1〕中,法院认为,被诉《灵芝路南侧区块旧城改造征收安置补偿协议》所涉的土地性质为集体土地。根据《中华人民共和国土地管理法实施条例》第25条第3款"市、县人民政府土地行政主管部门根据经批准的征用土地方案,会同有关部门拟订征地补偿、安置方案……征地补偿、安置方案报市、县人民政府批准后,由市、县人民政府土地行政主管部门组织实施……"以及《征用土地公告办法》第11条"征地补偿、安置方案经批准后,由有关市、县人民政府土地行政主管部门组织实施"之规定,征地补偿、安置方案经批准后应由人民政府土地行政主管部门组织实施。本案中案涉补偿安置协议的签订以及履行行为均属于对补偿、安置方案的具体组织实施行为。因此,本案的适格被告应为安吉县国土资源局而非被上诉人安吉县人民政府。上诉人陈某琴在原审法院予以法律释明之后仍拒绝变更被告,在此情况下,原审法院依照2015年《行政诉讼法司法解释》第3条第1款第3项之规定,裁定驳回上诉人起诉,符合法律规定。陈某琴上诉提出"安吉县城市建设发展有限公司是被上诉人举办成立的国有城投公司,是受被上诉人的领导和管理,安吉县政府是适格被告"等上诉理由,缺乏事实和法律依据,法院不予采纳。根据本案的裁判,法院认为补偿协议与政府无关,系自然资源部门的法定职能,只能由自然资源局作为诉讼被告。

但是,在汤某辉诉庄河市人民政府、被告庄河市人民政府昌盛街道办事处履行行政协议案〔2〕中,法院却给出了不同的答案。在本案中,法院认为,《土地管理法》第46条第1款规定:"国家征收土地的,依照法定程序批准后,由县级以上地方人民政府予以公告并组织实施。"《行政诉讼法》第26条第5款规定:"行政机关委托的组织所作的行政行为,委托的行政机关是被告。"2018年《行政诉讼法司法解释》第20条第1款规定:"行政机关组建并赋予行政管理职能但不具有独立承担法律责任能力的机构,以自己的名义作出行政行为,当事人不服提起诉讼的,应当以组建该机构的行政机关为被告。"第20条第3款规定:

---

〔1〕 参见浙江省高级人民法院行政判决书,(2016)浙行终1358号。

〔2〕 参见辽宁省大连市中级人民法院行政判决书,(2017)辽02行初200号。

“没有法律、法规或者规章规定，行政机关授权其内设机构、派出机构或者其他组织行使行政职权的，属于行政诉讼法第二十六条规定的委托。当事人不服提起诉讼的，应当以该行政机关为被告。”在本案中，案涉补偿协议的签订主体是庄河市昌盛街道安居工程建设领导小组办公室。根据二被告的陈述可知，该办公室的组建单位之一为被告庄河市人民政府昌盛街道办事处，而被告庄河市人民政府昌盛街道办事处没有征收土地及地上附着物并对被征收人作出行政补偿的法定职权，故根据前述规定，被告庄河市人民政府应当对其委托被告庄河市人民政府昌盛街道办事处签订的案涉补偿协议承担相应法律责任。在本案中，由于补偿协议的签订主体并非自然资源部门，而是派出机关街道办事处，法院直接引用《土地管理法》关于县级人民政府是征地实施主体的规定，确定县级人民政府为被告。

在征地未获批准的情况下，对于地方政府组织推进的项目建设，法院根据实际组织者确定被告。例如，在胡某贤诉被上诉人漳州市芗城区人民政府行政协议案[1]中，法院认为，芗城区人民政府在未取得相关征地批准文件前就开始为推进芗城区西湖生态园建设项目组织实施征地，征地程序违法，故芗城区人民政府为涉案拆迁征地项目的组织者，其委托第三人惠民公司和西湖公司去签订征迁补偿协议符合其推进芗城区西湖生态园建设的行政管理目标，且芗城区人民政府未能提供相反证据证明其并非委托主体，因此芗城区人民政府为本案适格被告。原审以芗城区人民政府非适格被告为由，裁定驳回上诉人胡某贤的起诉不当，应予纠正。

综上，在集体土地征收补偿协议诉讼中，从形式上判定，被告应当是签订协议且具有行政主体资格的县级以上人民政府的自然资源部门。但笔者认为，从实质意义上判定，应当将地方政府列为共同被告。至于未经法定征收批准程序的“协议征收”行为，由于实际的组织者是县级人民政府，无论协议是由相应的指挥部、街道办，还是由村委会、国有公司与被征收人签订，都应认定为行政委托关系，由地方政府直接作为行政协议诉讼的被告。

（三）国有土地上房屋征收补偿协议

《国有土地上房屋征收补偿条例》第 4 条规定：“市、县级人民政府负责本行

---

〔1〕 参见福建省高级人民法院行政裁定书，(2019)闽行终 674 号。

政区域的房屋征收与补偿工作。市、县级人民政府确定的房屋征收部门（以下简房屋征收部门）组织实施本行政区域的房屋征收与补偿工作。”具体而言，确需征收房屋的，由市、县级人民政府作出房屋征收决定。房屋征收部门与被征收人在征收补偿方案确定的签约期限内达不成补偿协议，或者被征收房屋所有权人不明确的，由房屋征收部门报请作出房屋征收决定的市、县级人民政府作出补偿决定。如果能与被征收人达成协议，应由房屋征收部门与被征收人依照本条例的规定，就补偿方式、补偿金额和支付期限、用于产权调换房屋的地点和面积、搬迁费、临时安置费或者周转用房、停产停业损失、搬迁期限、过渡方式和过渡期限等事项，订立补偿协议。如果达成协议后，被征收人对协议不服，应当以负有征收实施权的房屋征收实施部门为被告。例如，在周某莉诉西湖区人民政府房屋征收补偿协议案〔1〕中，法院认为，2018 年《行政诉讼法司法解释》第 25 条第 1 款规定：“市、县级人民政府确定的房屋征收部门组织实施房屋征收与补偿工作过程中作出行政行为，被征收人不服提起诉讼的，以房屋征收部门为被告。”房屋征收部门有权与被征收人订立补偿协议，被征收人对补偿协议提起诉讼，被告应为房屋征收部门。在本案中，原告与南昌市西湖区住房保障和房产管理局签订《南昌市国有土地上房屋征收补偿货币补偿协议》，原告以南昌市西湖区人民政府为被告，提起本案诉讼，被告不适格。但是，如果未与被征收人达成协议，县级人民政府应当作出补偿决定，被征收人不服的，应当以补偿决定的作出机关，即县级人民政府为被告。

在国有土地上房屋征收案件中，被征收人倾向于以县级人民政府为被告，但从法律规定看，尤其是从司法解释的规定看，应当以房屋征收实施部门为被告。近些年，由于房屋征收补偿类案件增多，再加上行政诉讼案件级别管辖提高，行政诉讼案件数量出现倒挂现象，高级人民法院成为审理行政案件的主力，最高人民法院也有些不堪重负。因此，最高人民法院 2019 年出台的《行政协议诉讼司法解释》规定了房屋征收实施部门为被告，改变了大多数房屋征收案件政府为被告的局面。但笔者认为，这种做法仅是工作层面上的考虑，并不符合我国的国情，也不利于纠纷的解决。

---

〔1〕 南昌铁路运输法院行政裁定书，(2018)赣 7101 行初 439 号。

（四）城中村改造协议

在我国，城中村改造模式不一，既有按照集体土地征收方式进行的，也有按照国有土地上房屋征收模式进行的，对被告的认定也比较混乱。

在楼某康诉浦江县人民政府房屋拆迁行政协议案[1]中，法院经审理认为，被诉《城中村改造补偿安置协议》系依据《浦江县城中村改造集聚区安置实施办法（试行）》《浦南街道文溪社区城中村改造实施方案》等相关规定，由上诉人楼某康之妹楼某珍于2017年1月15日以住房改造户名义与改造安置单位浦江县浦南街道文溪社区党支部（委）、浦南街道文溪社区村（居）委会、浦南街道文溪经济合作社签订。《浦江县城中村改造集聚区安置实施办法（试行）》系浦江县人民政府为规范城中村改造集聚区安置的规划、建设和管理所制定，故被诉《城中村改造补偿安置协议》系行政机关为实现公共利益或者行政管理目标，在法定职责范围内，与公民、法人或者其他组织协商订立的具有行政法上权利义务内容的协议，属于《行政诉讼法》第12条第11项规定的行政协议。但根据《浦江县城中村改造集聚区安置实施办法（试行）》第4条规定，街道办事处是本辖区城中村改造集聚区安置的责任主体，村（社区）是本辖区城中村改造的工作主体。因此，本案被诉《城中村改造补偿安置协议》的法律后果不应由浦江县人民政府承担，一审法院认定应由上诉人楼某康之妹楼某珍所在的浦江县浦南街道办事处作为本案《城中村改造补偿安置协议》的责任承担主体，浦江县人民政府不是本案适格被告，并无不当。在该案中，法院直接依据具体的实施机关为被告，并未考虑该城中村改造的模式是采用的集体土地征收还是国有土地上房屋征收，采用了一种非常简单的方式确定被告。

在包某东、赵某珍诉西安市新城区安仁坊棚户区改造项目房屋征收指挥部、第三人张某建行政协议案[2]中，法院认为，关于被告区人民政府是不是本案的适格被告，其并未提交相应的证据予以证明，依照《国有土地上房屋征收与补偿条例》第5条第2款的规定，被告区人民政府作为房屋征收部门，对被告城改办的征收行为后果承担法律责任。该案直接以区人民政府为被告，理由是区人民政府没有提供其不是被告的证据。

---

〔1〕 参见浙江省高级人民法院行政裁定书，(2018)浙行终510号。

〔2〕 参见西安铁路运输中级法院行政判决书，(2016)陕71行初28号。

笔者认为,城中村改造行政协议诉讼案件被告的认定规则,应当根据改造模式确定。如果采用“协议购买”的方式代替行政征收,无论协议的签订主体是谁,都应当由地方政府作被告。如果采取法定征收的方式进行,应当以地方政府和房屋征收实施机关为共同被告。

第四章　行政协议效力的司法判断规则

行政协议的效力,是指法律赋予依法成立的行政协议具有拘束行政机关与当事人乃至第三人的强制力。[1]效力规则关涉行政协议的稳定性,因此,协议的效力审查是审理行政协议案件的基础。[2]行政协议兼具行政性与协议性,因而行政协议的效力审查模式与行政行为的效力审查模式应有所区别。在行政协议的效力审查模式方面,有法官认为,人民法院在审理行政协议案件时,在实体法方面,应当优先适用有关行政法律、法规或者规章的特别规定,没有特别规定的,适用合同法。[3]在行政协议的效力审查原则方面,通说认为,行政协议的签订具有行政机关与当事人之间的较强的合意性,且为使公共行政任务得以达成,应尽量保持行政协议的有效性。[4]显而易见,一方面,当前我国对行政协议采取的"行政法效力规则 + 民法效力规则"的异常严格的效力审查模式,这与"尽量保持行政协议的有效性"的效力审查原则相悖;另一方面,行政协议不同于具体行政行为,行政法中有关具体行政行为的效力规则对行政协议不应具有拘束力。因此,当前行政协议效力审查模式的合理性有待商榷。

笔者认为,行政协议是行政机关主动进入市场领域与市场主体开展合作,通过平等协商可达成的关于权利、义务的合意,这点与民事合同完全一致。[5]

---

〔1〕 参见崔建远、吴光荣:《中国法语境下的合同效力:理论与实践》,载《法律适用》2012 年第 7 期,第 9 页。

〔2〕 参见周明:《行政协议效力审查规则探究》,载《山东法官培训学院学报》2018 年第 6 期,第 24 页。

〔3〕 参见梁凤云:《行政协议案件的审理和判决规则》,载《国家检察官学院学报》2015 年第 4 期,第 38 页。

〔4〕 参见陈思融:《论行政协议诉讼各类判决方式之关系》,载《政治与法律》2017 年第 8 期,第 143 页。

〔5〕 参见陈天昊:《行政协议中的平等原则——比较法视角下民法、行政法交叉透视研究》,载《中外法学》2019 年第 1 期,第 248 页。

当前,因民事合同在市场经济中广泛存在,很多人认为合同仅指平等双方当事人之间订立的民事合同。事实上,合同应包括所有法律部门中确定权利、义务关系的协议。契约合意是所有合同的特点,这种特性并非专属于民事合同。所有行政合同问题都可依民事合同原理解决是民事合同理念泛化的思想。〔1〕我国台湾地区有些法官认为,英美契约法并无所谓公法契约及私法契约之分,"无论公私法契约,一体适用相同原则,相同之理论,数百年来并无窒碍难行之处"〔2〕。事实上,在进行行政协议效力性审查时参照民事合同中效力审查规则,并不是因为行政协议是民事合同的一种,也不是因为行政协议引入了民事合同理念,而是因为行政协议效力审查规则的研究目前仍处于初级阶段,而行政协议与民事合同在效力审查方面具有共性。

行政协议是行政主体与民事主体签订的一种合同,协议性的本质属性决定了行政协议的效力审查规则在一定程度上与民事合同相同。但是,相比于民事合同,行政协议在缔约主体、缔约目的、协议内容等方面都有其特殊性,是一类特殊的协议。〔3〕行政协议是行政机关依据公权力对社会进行管理和服务的一种方式,含有实现公共利益或者行政管理目标等行政性内容,最终体现为行政法上的权利与义务。因此,行政协议的行政性决定了行政协议的效力审查规则不能与民事合同完全相同。一方面,在考察行政协议法律关系是否成立、有效时,必须要结合行政协议的特殊性,对合同法等民事法律规范进行适当的"取舍",随后才能够适用相关法律规范。〔4〕另一方面,行政协议的效力性审查也不能仅仅遵循民事法律规范。行政协议虽然不同于传统意义上的行政行为,但其缔结原因也是行政机关为履行其行政管理职责。行政法中有关行政行为的效力规则虽然对行政协议没有拘束力,但行政协议必须在符合行政法的基本原则,且不损害社会公共利益的情况下才能发生效力。同样,在行政协议存在无效或可撤销事由时,如果认定无效或被撤销后会违反行政法基本原则或损害社

〔1〕参见于立深:《行政协议司法判断的核心标准:公权力的作用》,载《行政法学研究》2017年第2期,第43页。

〔2〕我国台湾地区"司法院大法官"释字第348号之李志鹏《不同意见书》(1994年5月20日)。

〔3〕参见危辉星:《行政协议案件司法审查相关问题探析——安吉展鹏金属精密铸造厂诉安吉县人民政府搬迁行政协议案》,载《法律适用司法案例》2018年第24期,第23页。

〔4〕参见危辉星:《行政协议案件司法审查相关问题探析——安吉展鹏金属精密铸造厂诉安吉县人民政府搬迁行政协议案》,载《法律适用司法案例》2018年第24期,第23页。

会公共利益,此时也不能轻易否定该行政协议的效力。关于行政协议的效力是否应当比民事合同更加稳定,笔者进行了相关调研。(见图 4－1、图 4－2)

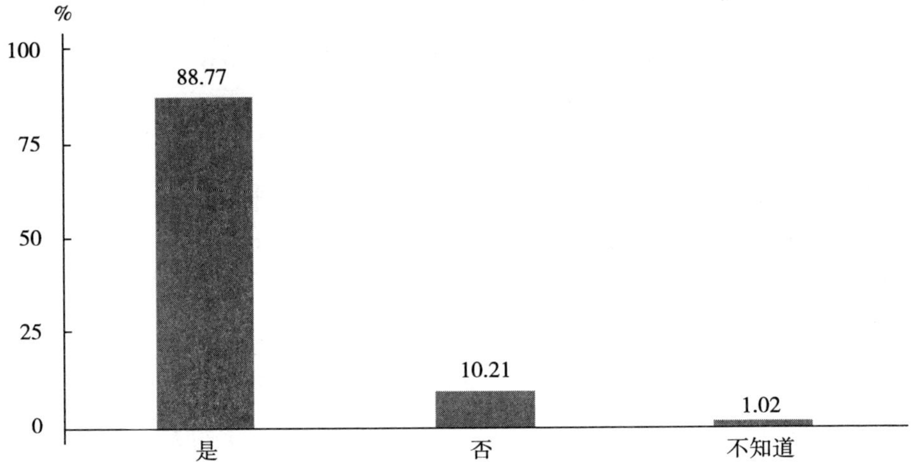

图 4－1　与民事合同相比,否定行政合同效力是否应当受到更为严格的限制

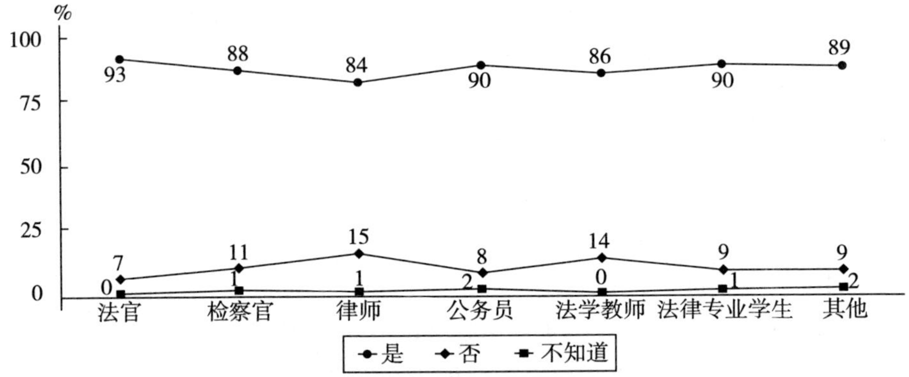

图 4－2　不同职业群体的观点

在对行政协议的效力是否应当比民事合同受到更加严格的限制问卷调查中,88.7% 的受访者的答案是肯定的,从分类调查的情况看,93% 的法官、90% 的公务员认为否定行政协议的效力应该受到更加严格的限制。

很多人认为行政协议应当比民事合同的效力应该更加稳定,为进一步深入了解如何实现行政协议效力的稳定性,笔者设计了如下问题进行深度访谈。(见表 4－1)

表 4－1 访谈内容汇总

<table>
<tr><th>被访对象</th><th>原始访谈话语</th><th>总结</th></tr>
<tr><td>1 号法官</td><td>对于私法性质的民事合同，只要不违背法律禁止性规定就是合法有效的；而对于行政协议，除了私法规范，还有公法规范，即行政协议遵循的法律规范更加严格多样，因此其效力更加稳定。应当严格遵循公私法领域共通的(超越公私法)法治基本原则和理念来判定行政协议案件，从制度上保障行政协议效力更加稳定</td><td rowspan="4">1 号法官认为应遵循公私法共同的基本原则和理念保障行政协议的效力更加稳定；2 号法官认为政府在签订协议时要做好审查，不能随意变更，诚实守信，司法不随便支持变更解除协议；3 号法官认为要限制行政机关的单方变更解除权；4 号法官认为应加重赔偿责任和法律责任追究</td></tr>
<tr><td>2 号法官</td><td>关键在于行政机关。(1)政府及行政机关缔约时严格把握事实、法律政策、法定程序、利益考量、长远规划等问题，尽量让行政协议不出现先天性违法问题或者缔约后因法律法规、规划等变化而需要变更或者解决。(2)政府守信践诺，如政府内部领导变更、界别更迭等非法定原因，均不能成为否定或变更原行政协议效力的原因，司法也不应予以支持。(3)强化法治政府、责任政府意识，加强内部责任查究。(4)司法不支持随便变更、解除协议，判令履行协议，客观无法履行或者原告不诉请履行的，判令被告给予充分的赔偿，限制政府随意处分行政协议</td></tr>
<tr><td>3 号法官</td><td>(1)限制行政机关对行政协议单方撤销、变更和终止的权力；(2)制定行政协议的示范文本，明确应当约定的内容</td></tr>
<tr><td>4 号法官</td><td>需要加强对行政机关滥用权力的约束，如在协议中订立违约条款的，赔偿责任加重；另外，相关法律规范是否可以制定对因滥用权力及恶意侵害相对人合法权益引起行政协议纠纷的行政机关及相关领导、经办人进行追责的相关规定</td></tr>
<tr><td>1 号教师</td><td>避免当事人恶意破坏协议关系的稳定。即便撤销协议，协议在未来失去效力，但过去的效力仍然保留</td><td rowspan="3">1 号教师认为应控制恶意行为；2 号教师认为应规范行政优益权的行使；3 号教师认为除非存在恶意串通损害国家利益、他人利益的，行政协议不应当无效；4 号教师认为应规范行政优益权的行使，规范行政协议文本</td></tr>
<tr><td>2 号教师</td><td>主要是对行政优益权行使的条件与情形作出类型化规定，不能将其理解为天生的概括性“权力”</td></tr>
<tr><td>3 号教师</td><td>否定行政协议的效力应更加严格。民事合同是否缔约，双方决定权基本平等。就目前而言，虽然协议双方法律地位平等，但行政协议缔结决定权主要掌握在行政机关手中，如果行政机关不同意缔约，基本无法达成协议，且行政机关内部有更为严格的决策和审查程序。因此除非存在双方恶意串通损害国家利益、他人利益而无效的情形，否则应确认协议的效力</td></tr>
</table>

续表

<table>
<tr><th>被访对象</th><th>原始访谈话语</th><th>总结</th></tr>
<tr><td>4号
教师</td><td>(1)最大限度地预防和控制行政机关对优益权的行使。(2)由于行政协议是解决分配正义方面的事务,要用立法解决行政协议签订的程序,既包括事前的人大及其常委会审批程序,也包括事中的行政审批程序以及签订过程中的招投标程序。(3)要用立法厘清行政机关签订行政协议的边界。(4)政府及中介组织推广和宣介行政协议的范本,借以平衡行政机关与相对人双方的权利义务关系,最大限度地减少显失公平的行政协议的出现</td><td></td></tr>
<tr><td>1号
律师</td><td>规范法律适用。不能简单地将民事法律规范中的确定无效标准与行政法律规范中的确定无效标准相加适用,即只要符合其中任何一项标准就否定行政协议的效力。判断行政协议的效力时,还应当注意行政法律规范与民事法律规范中还有许多禁止否定其效力的法律规范,尤其是行政法中的诚实信用原则、信赖利益保护原则等,都应当运用于判断行政协议效力的程序中。所以法律规范的适用是融合式适用,而非叠加式适用</td><td rowspan="4">1号律师认为应规范法律适用,实现行政法律规范和民事法律规范的融合;3号律师认为应加强行政协议签订时的审查,加强政府责任;4号律师认为应当在协议的变更、解除上作更加严格的要求</td></tr>
<tr><td>2号
律师</td><td>合同效力法定,不存在哪种合同形式稳定的问题</td></tr>
<tr><td>3号
律师</td><td>一方面,行政协议在签订时,政府法律顾问应该严格审查;另一方面,法院在审查行政协议时,对政府的审查应更加严格,协议签订后,不能轻易否定协议的效力或者解除协议。如果由于政府的行为导致协议无效,政府应该赔偿损失,包括可期待利益</td></tr>
<tr><td>4号
律师</td><td>可以在协议的变更、解除、撤销、无效的认定上作更加严格的要求</td></tr>
</table>

从上述访谈内容可以看出,无论基于何种理由,所有的受访者均认为行政协议在效力方面应当保持稳定性。行政协议是行政机关为履行行政职责而采取的一种行政手段,但这种手段又是基于当事人间的契约合意而达成的。因此,如何平衡行政协议的合法性与效力的稳定性是一个亟须解决的问题。行政协议的“行政性”要求行政机关与私人签订的行政协议必须受到依法行政原则的约束,而在合法性框架内,行政协议是否有效应当主要依照民事法律规范进行判定。同时,因行政协议所达成的目标在大多数情况下并不会对民事一方当事人造成侵害,而是在完成行政任务的同时,其也会相应受益。因此,如果对行

政协议的效力限定得过于严格，不仅不利于提升行政的效能，还会损害当事人间的契约合意，因而尽量保持行政协议的有效性应当成为审理行政协议案件所应秉持的理念，应当允许特定情况下违法但有效的行政协议的存在。

第一节　行政协议的生效要件

法律行为的一般生效要件，指一般法律行为所具有的共同的生效要件。[1]与民事合同相同，行政协议的一般生效要件即行政协议的有效要件。在民事合同中，合同的生效要件应包括有效要件，因为有效要件的欠缺可能会导致合同不发生任何法律约束力。[2]因此，生效的合同均应具备合同的有效要件。因行政协议的效力审查参照民事合同效力审查规则，审查其是否具备有效要件时就应借鉴《民法典》第 143 条的规定。另外，行政协议的签订及履行是行政机关在履行其行政管理职责，是行使国家公权力的行为，因而有效的行政协议也不能违反行政法的基本原则，此亦为审查行政协议与民事合同有效性的不同之处。综上，行政协议的一般生效要件大致有五项：当事人具有签订行政协议的行为能力；意思表示真实；不违反法律相关规定；不损害社会公共利益；不违反行政法的基本原则。

一、行政协议的一般生效要件

（一）当事人具有签订行政协议的行为能力

行政协议中的当事人是行政协议的签订主体，即行政机关与协议相对人。民法通说认为，民事主体实施法律行为需要具备相应的民事行为能力，仅是对自然人的要求。[3]因此，在一般情况下，审查行政协议的有效要件时，也仅审查协议相对人是否具有相应的民事行为能力。根据《民法典》规定，无民事行为能力人实施的民事法律行为完全无效，但限制民事行为能力人可以实施与其年龄、智力相适应的民事法律行为。因此，行政机关不能与无民事行为能力人签

---

〔1〕　参见梁慧星：《民法总论》（第 5 版），法律出版社 2017 年版，第 173 页。

〔2〕　参见崔建远、吴光荣：《中国法语境下的合同效力：理论与实践》，载《法律适用》2012 年第 7 期，第 12 页。

〔3〕　参见王轶：《民法总则法律行为效力制度立法建议》，载《比较法研究》2016 年第 2 期，第177 页。

订行政协议,但限制民事行为能力人在其具有相应民事行为能力的情况下与行政机关签订的行政协议是否有效,在实践中存有争议。例如,在胡某枝诉武汉市江汉区人民政府房屋征收行政补偿案〔1〕中,再审申请人胡某枝的丈夫艾某勋于2000年取得精神残疾证,但艾某勋于2013年在其哥哥等亲属的陪同下,与江汉区人民政府所属负责房屋征收工作的江汉征收办等单位签订了征收补偿协议,胡某枝以艾某勋患有三级精神残疾为由认为其与江汉区人民政府签订的征收补偿协议无效。最高人民法院认为:首先,根据《残疾等级评定标准》的规定,精神残疾三级者能表达自己的情感,能独立从事简单劳动,能学习新事物,艾某勋并未完全丧失辨认自己行为的能力。其次,再审申请人不能证明艾某勋在2013年12月时的精神状态不适合从事签订协议的法律活动。2015年,艾某勋在本案一审庭审中作为第三人出庭,从其庭审表现来看,意思表达清楚,条理清晰,对所签征收补偿协议的内容和效力有充分的认识;加之艾某勋签订被诉协议时,其成年家属在场陪同,认定艾某勋签订协议的行为与其精神状况相适应,并对其与江汉区人民政府签订的征收补偿协议的效力予以认可,并无不当。最后,在没有证据表明江汉区人民政府在协议签订过程中利用艾某勋的精神障碍致其合法权益受损的情况下,仅以艾某勋患有精神疾病为由认定征收补偿协议无效,既没有法律依据也不利于对艾某勋相关权益的保护。依据最高人民法院的裁判观点,限制民事行为能力人可以从事与其能力相适应的活动,仅因为行政协议中的民事主体为限制民事行为能力人便认定该行政协议无效,也不一定有利于保护其合法权益。因此,限制民事行为能力人在其具有相应民事行为能力的情况下与行政机关签订的行政协议应当认定为有效。另外,除审查与行政机关签订行政协议民事主体中的自然人是否具有相应的民事行为能力外,在有行政法上的特殊要求时,要对民法上的"权利能力、行为能力"做适度调整。比如,在政府特许经营协议中,一般都会对协议相对人资质作特别要求,在选择签约方时首先对投标人进行资格审查,可能的要求包括企业法人资格、注册资本、项目履行能力等。具体资质要求因项目不同而不一。这些规定构成特殊的订约主体资格要求。〔2〕

虽然行政协议的本质属性是协议性,但行政协议之所以不属于民事合同而

---

〔1〕 参见最高人民法院行政裁定书,(2017)最高法行申1303号。

〔2〕 参见陈无风:《司法审查图景中行政协议主体的适格》,载《中国法学》2018年第2期,第133页。

作为一种独立的合同类型,是因为其与民事合同中双方当事人的法律地位对等不同,行政协议一方当事人是行使国家公权力的行政机关。行政机关签订行政协议是在履行其行政管理职责,行政协议的签订及履行过程也包含履行职责的行为,本质上也是一种行政活动。因此,行政机关签订行政协议时必须具备与协议内容相适应的法定职权,以符合依法行政的基本要求。在行政协议案件的效力性审查过程中,哪些行政主体具有签订行政协议的权力,需要借助行政法上的行政主体理论予以确定。首先,行政机关为履行其行政职责,可以与公民、法人或者其他组织签订与其职责范围相适应的行政协议,这也是基本含义范围内的以及实践中最常见的行政协议。比如,某市交通部门为优化城市公共交通状况,可以与公交车公司签订政府特许经营协议;某县级人民政府为促进土地资源的合理利用,可以与集体土地所有权人或使用权人签订土地、房屋等征收征用补偿协议;国家发展和改革委员会为引入社会资本建设公共设施,可以与相关民事主体签订政府与社会资本合作协议;等等。其次,被授权组织也具有在其被授权职能范围内签订行政协议的权力。被授权组织,是指经过法律、法规、规章的授权,以自己的名义行使行政职权,并独立承担相应的法律后果的行政机关以外的社会组织。[1]《行政协议诉讼司法解释》未明确规定被授权组织签订行政协议的主体资格,但其被授权是为了实现公共服务目标,因而对被授权组织享有签订行政协议的主体资格应无异议。另外,被委托组织可以在其受委托的行政职权或行政事务管理范围内与协议相对人签订行政协议。不同法院可能会对被委托组织签订的行政协议的效力有不同观点,但在实践中,存在大量被委托组织与公民、法人或者其他组织签订行政协议的情形,如果均认定为无效,显然不利于保护双方当事人的意思自治及交易安全,更不利于社会公共利益的维护,因此,2019 年 11 月 12 日通过的《行政协议诉讼司法解释》第 4 条第 2 款规定"因行政机关委托的组织订立的行政协议发生纠纷的,委托的行政机关是被告",明确了被委托组织签订行政协议的资格。另外,在一般情况下,行政机关委托的组织应当以该行政机关的名义与民事主体签订行政协议,但是,即便被委托组织以自己的名义与民事主体签订行政协议,也不能仅以此为由否认行政协议的效力。例如,在范某诉太和县城关镇人民政府、太和县人

---

〔1〕 参见胡建淼主编:《行政法学》,复旦大学出版社 2003 年版,第 58 页。

民政府行政协议案〔1〕中,太和县人民政府通过制定太和县城市规划区内集体土地征收房屋拆迁补偿安置暂行办法,委托被征收土地范围内的城关镇人民政府具体签订补偿安置协议。但是,城关镇人民政府是以自己的名义,而非以委托主体太和县人民政府的名义签订协议。从行政法的角度看,这种做法是违法的。但最高人民法院认为,虽然在一般情况下受托主体接受委托后仍应以委托主体的名义实施行为,但只要委托主体不是转嫁责任,对委托予以认可,并能承担法律责任,人民法院可以认定委托关系成立。此判决无疑更好地保护了被征收人的合法权益,同时也符合尽量保证行政协议有效性的基本理念和行政协议的本质特征。

关于行政协议订约权的问题,实践中有观点认为,根据依法行政原则,法律没有明确赋予行政机关以签订协议的方式履行其行政管理职责,行政机关便不能就该职责与民事主体签订行政协议。但是,在现有的法律制度规范下,除个别领域如土地征收补偿,有《国有土地上房屋征收与补偿条例》明确协议的订约部门、程序、包含事项,众多行政管理领域哪些主体有权在何种事项上订立协议,法律规范的指引较少。此外,行政协议在给付行政领域的运用较多,与干预行政领域不同,给付行政被认为只需要遵循法律优先,不受法律保留原则的限制,不要求所有的行政活动都有严格的法律授权。〔2〕因此,行政协议订约权审查仅需遵循两个步骤:一是审查签约主体是否有相应事项的一般行政管理权;二是判断该事项在性质上是否容许采用协议方式完成。“无单独授权即禁止”规则并不适合行政协议订约权审查。

(二)意思表示真实

意思表示真实,包括两个方面的含义:一是行为人的内心意思与外部的表示行为相一致的状态;二是当事人是在意志自由的前提下进行意思表示的状态。〔3〕行政协议具有协议性,订立行政协议同样应当是当事人意思自治的结果,即行政协议内容应当是当事人平等、自愿、协商一致的结果。因此,在行政协议案件中,意思表示是否真实也是法院审查行政协议是否存在效力瑕疵的重

〔1〕 参见最高人民法院行政裁定书,(2017)最高法行申2289号。
〔2〕 参见陈无风:《司法审查图景中行政协议主体的适格》,载《中国法学》2018年第2期,第135页。
〔3〕 参见王轶:《论合同行为的一般生效条件》,载《法律适用》2012年第7期,第23页。

要因素。当事人在签订行政协议时存在欺诈、胁迫、重大误解、显失公平等情形时，可能会导致行政协议被撤销甚至被认定为无效。另外，相对于民事合同而言，行政协议的一方签订主体——行政机关具有强大的公权力，行政协议案件中意思表示不真实的情况可能更为广泛地存在。当事人以意思表示不真实为由请求法院撤销该行政协议的案件不在少数，如在重庆秦皇建材有限公司诉重庆市万州区人民政府行政协议无效案[1]中，秦皇建材有限公司认为其实际控制人王某富系受到被追究刑事责任的胁迫而被迫签订协议、协议确定的补偿金额与被收回财产的实际价值差距悬殊，因此秦皇建材有限公司与重庆市万州区土地收购储备中心签订的补偿协议不是其真实意思表示。对此，法院认为，王某富因重大责任事故罪被依法追究刑事责任确为事实，但其并未因此被剥夺作为秦皇建材有限公司法定代表人代表该公司行使获得补偿的相关权利，王某富作为一个心智正常、具有完全民事行为能力的人，有条件自由表达自己的意思，且也无相关证据证明王某富在签订协议时受到了行为和思想的约束。秦皇建材有限公司在上诉中称，2014 年 10 月 9 日万州区国土局向万州区人民政府提交收回土地的请示，同日万州区人民政府即作出批复同意收回土地，10 月 10 日王某富签订协议，10 月 13 日其即被释放，从上述时间节点看，足以合理怀疑王某富签署协议受到了追究刑事责任的胁迫。对此法院认为，怀疑和推测本身并不等同于客观事实，秦皇建材有限公司所称事实法院不予认定，其认为秦皇建材有限公司与重庆市万州区土地收购储备中心签订协议不是王某富真实意思表示的上诉理由不能成立，双方签订的协议并不具有上述原《合同法》第 52 条（现《民法典》第 148 条）所规定的合同无效的情形。由上述案例可知，当事人可以以意思表示不真实为由请求法院判决撤销行政协议或判决行政协议无效，但亦需向法院提供充足的证据证明确实存在意思表示不真实的情形。在实践中，当事人往往没有掌握此类证据，因而即便确实存在意思表示不真实的情况，法院也不能支持其诉讼请求。

在行政协议中，行政机关是否会存在意思表示不真实的情况值得考察。民法通说认为，意思表示不真实可以分为意思与表示不一致和意思表示不自由。其中意思与表示不一致包括真意保留、虚伪表示、错误、误传和重大误解，意思

---

〔1〕 参见重庆市高级人民法院行政判决书，(2018)渝行终 558 号。

表示不自由包括欺诈和胁迫。[1]依据《民法典》的规定,因重大误解订立的合同或一方以欺诈、胁迫的手段使对方在违背真实意思的情况下订立的合同,受欺诈方或受胁迫方可以请求法院或仲裁机构予以撤销,而一方以欺诈、胁迫的手段订立合同且损害国家利益的,合同无效。因此,要想探寻行政机关是否会存在意思表示不真实且会影响行政协议效力的情况,就要看行政机关在签订行政协议时是否可能存在受欺诈、受胁迫或重大误解情形。有学者认为,行政机关在与民事主体签订行政协议时,虽然可能会存在受欺诈或重大误解情形,但其拥有强大的国家公权力,绝对不可能存在遭受胁迫的情形。但应当注意的是,民事主体虽然与行政机关签订行政协议,但是行政机关作为一个特别法人,与其他类型的法人相似,具体事务均由行政机关中负责该事务的工作人员实施,其以行政机关名义从事的行政行为,法律后果由行政机关承受。相应地,行政机关工作人员遭受欺诈、胁迫或存在重大误解视为行政机关存在受欺诈、受胁迫或重大误解情形。行政协议相对人可以给行政机关工作人员及其亲友的生命健康、荣誉、名誉、财产等造成损害为要挟,迫使行政机关工作人员作出违背真实意思的表示,此种情况造成的不利后果将由行政机关承受,可以认定为行政机关存在受胁迫情形。

另外,在行政协议案件中,甚至存在行政协议相对人未作出意思表示的情形。例如,在陈某芳诉莆田市荔城区人民政府其他行政管理行为案[2]中,莆田市荔城区人民政府在未征得被征收人陈某芳同意的情况下,将相关补偿安置款直接存入被征收人银行账户,最高人民法院认为该行为不是成熟的行为,不具有可诉性,且该行为不意味着被征收人与行政机关就征地补偿事宜与行政机关达成一致意见,也并不阻碍被征收人因对补偿安置行为不服,通过复议或者诉讼等途径寻求救济。行政协议应以书面订立为必要,行政机关将相关补偿安置款直接存入被征收人银行账户,显然行政协议还未正式成立。就该种行为的效力而言,如果被征收人同意接受该补偿安置款,则可以补作书面行政协议;反之,被征收人应当退回该补偿安置款,并通过与行政机关继续协商或其他途径救济以得到合理补偿。

---

〔1〕 参见梁慧星:《民法总论》(第5版),法律出版社2017年版,第181-188页。

〔2〕 最高人民法院行政裁定书,(2018)最高法行申2181号。

(三)不违反法律、法规的相关规定

《民法典》第143条第3项规定,不违反法律、行政法规的强制性规定,不违背公序良俗的民事法律行为有效,即只要民事合同不违反法律、行政法规的强制性规定,便不能从合法性层面否认民事合同的效力。但与民事合同不同的是,行政协议作为行政机关履行行政管理职责的一种方式,其不仅具有协议性,也具有行政性;而依法行政是行政法的基本原则,其作为行政法治理念的基本要求,主要是针对“消极行政”而设定的一项底线要求,即行政必须遵守法律。[1]因此,在行政协议案件审理过程中,有必要对行政机关缔结、履行行政协议等行为的合法性进行审查。有学者认为,行政协议效力审查如果严格遵循依法行政原则会与尽量保持行政协议有效的效力审查原则相悖;另有学者提出,“应妥当处理单方行政行为与合同行为之间的选择和尊重关系,维持合同自治,尊重契约合意,合意原则优先于依法行政原则。契约合意的内容不属于同时也不危及依法行政的内容”[2]的观点,意在保证行政协议的效力尽可能存续。但应当注意的是,行政协议中行政行为的合法性与行政协议的效力分属两个不同问题,不能直接关联。换言之,行政机关签订行政协议的行为即便未遵循依法行政原则而违法,也并不必然导致行政协议无效或可撤销。在通过行政协议合法性来判断行政协议是否具有效力时,首先应当判断该行政协议是否合法,如果行政协议合法则行政协议在合法性层面有效,如果行政协议违法则应判断是否具有以下三种情况:第一,该违法协议是轻微违法,并不足以影响行政协议的效力;第二,该违法协议可以补正,补正后行政协议能够继续发生效力;第三,该违法协议具有阻却事由,如行政协议的违法原则上会导致行政协议无效或被撤销,但该行政协议被认定为无效或被撤销后会损害民事主体的信赖利益,且通过利益衡量后发现民事主体的信赖利益更值得保护,此时该行政协议应继续发生效力。行政协议违法但具有此三种情况的,行政协议继续发生效力;如不符合以上三种情况,行政协议会因违法而无效或被撤销。

---

[1] 参见王锡锌:《依法行政的合法化逻辑及其现实情境》,载《中国法学》2008年第5期,第66页。

[2] 于立深:《行政协议司法判断的核心标准:公权力的作用》,载《行政法学研究》2017年第2期,第45页。

关于对行政协议的合法性及效力性审查是否适用规章的问题，有学者认为，行政协议不同于传统意义上的行政行为，其效力审查参照民事法律规范，《民法典》第143条仅规定了不得违反法律、行政法规的强制性规定，规章不作为参照依据，更不能作为适用依据。另外，《行政协议诉讼司法解释》第12条也未明确规章在行政协议效力性审查中的地位，且行政协议的效力审查应遵循"尽量保持行政协议的有效性"的原则，因此，法院在审查行政协议是否合法时仅需适用《民法典》第143条的规定。在司法实践中，法院多直接以《民法典》第143条第3项即是否违反了法律、行政法规的强制性规定审查行政协议的效力，规章是否能够作为审查行政协议效力的依据未得到明确。例如，在宁海县辛岭橡塑五金厂诉浙江省宁海县人民政府行政补偿案〔1〕中，最高人民法院认为，再审申请人橡塑五金厂与宁海县人民政府设立的铁路指挥部、跃龙街道办签订的房屋拆迁补偿安置协议是否有效是本案的争议焦点。房屋拆迁补偿安置协议载明，拆迁房屋建筑面积461.39平方米，土地用地性质为集体工业。按照《土地管理法》第45、46条的规定，集体土地征收应当依照法定程序报经国务院或省级人民政府批准后，才能由县级以上地方人民政府组织实施。该协议虽然载明了再审申请人的房屋因跃龙街道双水村的跨铁路公路大桥建设的需要，列入拆迁范围，但现有证据不能证明再审申请人使用的集体工业用地已经有权机关批准征收，并且至本案二审期间，涉案土地仍未被批准征收，再审申请人也未将涉案土地上的房屋实际交付给被申请人拆除。因再审申请人的集体土地并未经有权机关批准征收，所签订的房屋拆迁补偿安置协议属于原《合同法》第52条第5项（《民法典》第143条第32项）规定的"违反法律、行政法规的强制性规定"的情形，一审、二审法院据此认定该协议无效，并无不当。亦有学者认为，目前我国立法对行政协议的规制形式主要体现为行政规章，规章应当得到同等适用，成为行政协议合法性审查的依据。〔2〕笔者认为，《行政诉讼法》第63条规定了法院审理行政案件的法律适用规则，即以法律和行政法规、地方性法规为依据，参照规章。行政协议案件由行政审判庭进行审理，在当前行政协议效力审查研究的初期，依据《行政诉讼法》有关法律适用的规定

---

〔1〕 参见最高人民法院行政裁定书，(2018)最高法行申3054号。

〔2〕 参见周明：《行政协议效力审查规则探究》，载《山东法官培训学院学报》2018年第6期，第30页。

较为合理，因此，在对行政协议进行合法性审查时，应当以法律和行政法规、地方性法规为依据，参照规章。

为深入了解实务和理论界对行政协议违法对协议效力的影响，尤其是行政机关原因导致的违法是否会影响协议的效力，笔者就下列问题进行了深度访谈。（见表4－2）

表4－2 访谈内容汇总

<table>
<tr><th>被访对象</th><th>原始访谈话语</th><th>总结</th></tr>
<tr><td>1号
法官</td><td>不应当影响协议效力。第一，程序规定更多地约束行政机关，由于行政机关过错导致程序违法，不应当将违法不利后果体现在协议效力之上，应当追究相应机关或者工作人员工作责任；第二，协议签订是为了公共管理目的，纯粹程序性问题否决效力会产生有损公共利益的情形；第三，有约必守，是法治基本原则，程序问题否定协力，直接导致相对人信赖性利益损失，也不利于诚信政府、法治政府建设</td><td rowspan="4">1号、2号、3号法官基本上认为原则上不应当影响协议的效力。1号法官明确认为纯粹程序问题不能否定协议的效力，2号、3号法官认为严重程序违法影响协议效力，但3号法官认为要考虑信赖利益问题，4号法官认为有可能影响协议的效力，但不确定</td></tr>
<tr><td>2号
法官</td><td>归责于行政机关的签约程序违法，不能让相对人来承担不利后果。但是要看程序违法是否可以修正，如未经上级审核一般来说是可以修正的。最晚在人民法院裁判前修正的都可以保存行政协议的效力。当然程序先后顺序倒置等轻微程序瑕疵，对行政协议的效力都没有太大影响。如违反法律法规规定的重大强制性程序规定，且不可以修正、弥补的，在否定行政协议效力的同时，必须给予相对人合理的赔偿</td></tr>
<tr><td>3号
法官</td><td>不一定影响协议的效力。需要综合判断，如不是构成明显且重大违法的无效事由以及合同的无效情形，一般的程序违法不宜判决行政协议无效。当然，这里还涉及信赖利益保护和利益衡量的问题</td></tr>
<tr><td>4号
法官</td><td>有可能，但不绝对</td></tr>
<tr><td>1号
教师</td><td>不可以。不能适用《行政诉讼法》第70条的规定从而承认可撤销行政协议。相对于违法的单方行政行为，在双方当事人共识下所完成的行政协议，必须考虑行政协议相对方的信赖利益以及契约应予遵守原则，依法行政原则在此应当有所退让，从而给予行政协议比较大的存续力</td><td>1号教师观点鲜明，认为行政机关导致的程序违法不影响协议效力。2号、3号、</td></tr>
</table>

续表

被访对象	原始访谈话语	总结
2 号教师	不一定，因为不同的程序其性质和强制度有差别，即使一般行政行为有程序瑕疵也不一定会影响行为效力	4 号教师认为应区分情况，其中 2 号教师认为根据程序的违法程度，3 号教师认为根据是否涉及竞争方利益，4 号教师认为根据协议相对方是否知悉程序违法
3 号教师	只有违反法律规定要求通过竞争性方式选定缔约方的情形，才会影响协议效力。其他程序违法不影响协议效力	
4 号教师	不一定影响行政协议的效力。如果相对人明知或应当知道行政机关程序违法，行政协议效力待定；如果相对人明知或应当知道行政机关程序严重违法，协议无效；如果相对人不知道且不应当知道行政程序违法，行政协议有效	
1 号律师	不影响。违法性和效力是两个不同层次的法律概念，否定行政协议的效力必须非常谨慎，不能因为行政协议违法就否定其效力，否则不利于维持行政执法的安定性	1 号律师认为程序违法不影响行政协议效力；2 号、3 号、4 号律师均认为程序违法影响协议效力，其中 3 号律师认为应区分具体的程序违法情形
2 号律师	行政协议也是一种行政行为，审查一个行政行为的效力应当依据相关的法律规定	
3 号律师	应该具体区分，一般来讲，不应该影响行政协议的效力。如果存在批准行为，或者需要招标的，应该考虑效力	
4 号律师	影响。程序正当是行政法的基本原则，行政机关应该对于自己未履行法定程序而订立、履行、变更、解除行政协议等行为的合法性承担举证责任	

从访谈结果看，相当一部分受访者认为程序违法不应当影响行政协议的效力，除非涉及第三方的竞争权或者存在重大明显的程序违法。笔者认为，行政协议作为行政机关的活动方式，其程序性要求与行政行为不同，协议程序所要实现的目的与行政行为也不同。对于行政行为来说，规范的行政程序是为了限制行政权的滥用，给行政相对人呈现出看得见的公正。因此，无论程序违法是否会影响行政相对人的实体权利，都可基于程序的独立价值撤销程序违法的行政行为。但行政协议的程序目的是维护公共利益或者第三人利益，如果行政机关基于政策或某种特殊考虑，在不损害公共利益的情形下简化程序且不会对行政协议相对人产生影响，即使协议的签订程序与法律不一致，也不能撤销协议。此外，如果因程序违法损害了第三人利益，要考虑信赖保护和利益衡量原则，决定是否应当撤销行政协议。

(四)不损害社会公共利益

原《民法总则》第143条第3项(《民法典》第143条第3项)规定不违背公序良俗是民事法律行为的有效要件之一。公序良俗是公共秩序和善良风俗的简称。我国台湾地区通说与司法实务认为,公共秩序或善良风俗所指非一,应分别判断。其中,公共秩序是法律本身的价值体系,指“社会一般利益”,“善良风俗”则属法律外的伦理秩序,为“社会一般道德观念”。〔1〕在美国,也强调合同自由不是绝对的,也应当符合社会秩序和道德。〔2〕原《民法总则》第143条是由原《民法通则》第55条〔3〕演变而来的,因而社会公共利益与公序良俗有着某种联系。〔4〕王利明教授在原《民法总则》颁布之前曾指出,我国现行民事立法虽然没有采纳公序良俗的概念,而采用了社会公共利益和社会公共道德等概念,但它们表达的都是相同的含义。〔5〕有学者认为,将社会公共利益比附为公序良俗,虽不免有自我殖民之嫌,却可勉强令这一条款变得有意义,在各种可能的解释中,最具有可取性。〔6〕

在行政协议中,行政机关与协议相对人签订协议主要是为了履行其公共治理职能,亦是为了维护社会公共利益。因而笔者认为,在审查行政协议是否违背公序良俗时,仅审查其是否损害社会公共利益即可。在实践中,法院一般也不使用“公序良俗”之称,而是以是否损害社会公共利益作为审查标准。例如,在徐某勋诉安丘市人民政府行政协议案〔7〕中,法院认为,涉案旧村改造项目是为改善社会公众生活居住条件,协议目的是为实现社会公共利益,公益性是涉案协议区别于民事协议的显著特性。如果原告依据违反拆迁政策、未作改动的模板合同再获得100平方米的安置楼房,势必增加政府在旧村改造项目中的公

---

〔1〕参见王泽鉴:《民法总则》,北京大学出版社2014年版,第277-278页。

〔2〕See Ignatescu, Camelia, *Judicial Review of a Contract Versus the Principles of Binding Force*, Jurnalul de Studii Juridice, Vol. 8, No. 3-4, December 2013, p. 151-160.

〔3〕原《民法通则》第55条规定:“民事法律行为应当具备下列条件:(一)行为人具有相应的民事行为能力;(二)意思表示真实;(三)不违反法律或者社会公共利益。”

〔4〕参见李永军:《从〈民法总则〉第143条评我国法律行为规范体系的缺失》,载《比较法研究》2019年第1期,第66页。

〔5〕参见王利明:《民法总论》(第2版),中国人民大学出版社2015年版,第60页。

〔6〕参见朱庆育:《民法总论》(第2版),北京大学出版社2016年版,第303页。

〔7〕参见山东省潍坊市中级人民法院行政判决书,(2018)鲁07行初92号。

共支出，侵犯整个旧村改造的房屋补偿安置秩序，损害社会公共利益。综合上述两点，争议条款的约定应属无效。另外，需要说明的是，在实践中，行政协议违反了法律、行政法规的强制性规定也往往会损害社会公共利益，因而原《民法总则》对本项的规定具有合理性。

（五）不违反行政法的基本原则

虽然行政协议的本质属性是协议性，但与民事合同不同的是，其亦具有行政性特征，因而在审查行政协议的效力时，不仅需要适用民事法律规范，还需要适用行政法律规范。很多学者认为，《行政诉讼法》中有关行政行为效力的规定也应成为审查行政协议是否具有效力的依据，如《行政诉讼法》第 70 条中规定的主要证据不足、违反法定程序等可撤销情形同样可以成为撤销行政协议的原因。但应当注意的是，行政机关在行政协议的签订及履行过程中虽然会作出一系列行为，但行政协议本身却不是一种行政行为，因而《行政诉讼法》中规定的行政行为无效、可撤销等情形不能简单适用于行政协议的效力审查。行政法中的具体规则虽然不能在行政协议的效力性审查中加以适用，但行政协议毕竟具有行政法特征，亦应受到行政法的制约。行政法基本原则是基于行政权的基本功能和基本规律，对调整行政权与公民权、行政权与司法权、行政权与立法权之间的关系具有高屋建瓴指导意义的基本准则。[1]因此，行政法基本原则调整一切行政法律关系，行政协议也不能违背行政法基本原则。例如，在龙某川诉兴义市顶效镇人民政府行政协议纠纷案[2]中，关于被告顶效镇人民政府是否应支付原告龙某川 20,000 元奖励金问题，法院认为，原告龙某川在签订涉案协议之前就已经对其房屋进行了拆迁，符合奖励金在房屋拆除结束后兑现的情形，且与原告龙某川同一批被征收征用的龙某丙、龙某华、李某龙等已得到 20,000 元的奖励，根据合理行政原则中的公平公正对待，原告龙某川理应得到该奖励。又因为被告顶效镇人民政府是涉案协议的甲方，其对原告龙某川应当享有的 20,000 元奖励金具有履行义务。因此，行政机关违反合理行政原则中的公平公正对待原则可能会导致行政协议中部分条款无效。

---

〔1〕　参见章剑生：《现代行政法总论》，法律出版社 2014 年版，第 50－51 页。

〔2〕　参见贵州省安龙县人民法院行政判决书，(2018)黔 2328 行初 23 号。

二、行政协议的特别生效要件

法律行为的特别生效要件，指特定法律行为所特有的生效要件。[1]在一般情况下，行政协议具备一般生效要件即发生效力，但在行政协议须审批、附条件或附期限的情况下，审批完成前、条件成就前或期限到来前行政协议则处于未生效状态。行政协议未生效是与行政协议生效相对应的概念，系指欠缺生效要件而导致履行效力暂不发生的效力状态。[2]行政协议的未生效与行政协议的无效不同，其只是处于有效和无效的中间状态，而行政协议最终的效力状态依赖于导致行政协议未生效的事由，即行政协议的特别生效要件最终处于何种状态。

（一）须审批的行政协议

行政协议须审批，是指有些行政协议需要报有批准权的机关批准后方能发生效力。《民法典》第 502 条第 2 款规定，法律、行政法规规定应当办理批准、登记等手续生效的，依照其规定。在行政协议的所有类别中，征地补偿协议往往需要有权机关的审批才能发生效力。例如，在龙泉市西街街道周村村民委员会诉龙泉市人民政府行政补偿案[3]中，法院认为，涉案征地补偿协议系双方当事人的真实意思表示，合法有效。同时该征地补偿协议约定征地方案和本协议经有权批准的人民政府批准后，本协议自动生效。后案涉集体土地经得浙江省人民政府批准征用，故被诉的征地补偿协议自浙江省人民政府批准之日生效。另外，协议经有权部门审批后生效往往被双方当事人约定在行政协议之中，因而在此种情况下须审批的行政协议就表现为一种附条件的行政协议，但其效力状态不会因此而发生改变。

（二）附条件或附期限的行政协议

法律行为乃依当事人意思成立并发生当事人所欲发生的效果。因此，当事

---

〔1〕 参见梁慧星：《民法总论》（第 5 版），法律出版社 2017 年版，第 174 页。

〔2〕 参见崔建远、吴光荣：《中国法语境下的合同效力：理论与实践》，载《法律适用》2012 年第 7 期，第 12 页。

〔3〕 参见浙江省丽水市中级人民法院行政判决书，(2018) 浙 11 行初 16 号。

人对法律行为效果之发生或消灭,加以限制,自无不可。此即为法律行为之附款。法律行为之附款,指当事人对于法律行为效果之发生或消灭,所加的限制。条件和期限均为法律行为之附款,法律行为既可以附条件,亦可以附期限。[1]《民法典》第158~160条分别规定了民事法律行为可以附条件、附期限,其中又可分为附生效条件、期限和附失效条件、期限。行政协议中也存在附条件、附期限的情况,但一般都是附生效条件或期限,例如,叶某龙、叶某龙诉乐清市国土资源局行政补偿案[2]中,法院认为,根据原《合同法》第45条第1款(《民法典》第158条)规定,当事人对合同的效力可以约定附条件。附生效条件的合同,自条件成就时生效。被诉行政协议第9条约定"本协议经公证后生效",系协议当事人对生效条件的约定。但被诉行政协议并未进行公证,其并未生效。另外,如果行政协议中所附条件为不法条件,仍应通过意思表示的解释具体判断,即假使该不法条件不存在,当事人依旧希冀行政协议效力发生,且行政协议生效不会损害公共利益,则行政协议视为未附条件。[3]

另外,在当前我国的房屋征收实践中,行政机关在没有作出房屋征收决定的情况下与被征收人签订行政协议的情况大量存在,而对此时的行政协议具备何种效力存在诸多争议。第一种观点认为,行政机关履行行政职责应当严格遵守法律规定,行政机关在没有房屋征收决定的情况下与被征收人签订行政协议,严重违反了房屋征收法定程序,该协议属于无效的行政协议。第二种观点认为,在没有房屋征收决定的情况下与被征收人签订临时协议,并不违反法律、行政法规的强制性规定,但在政府房屋征收决定作出前,该协议不发生行政合同效力,不得作为强制腾空和拆除房屋的依据。[4]在温州市瓯海慈湖移膜革厂诉温州市瓯海区人民政府梧田街道办事处城建行政合同案[5]中,2013年6月24日,慈湖移膜革厂与梧田街道办事处签订《临时协议书》,对慈湖移膜革厂的厂房进行拆除并予以安置。协议签订后,慈湖移膜革厂向瓯海区人民政府申请房屋征收信息公开。2013年9月26日,瓯海区政府信息公开领导小组办公室答复,梧田慈湖工业区征收决定信息不存在。慈湖移膜革厂认为温州市瓯海区

[1] 参见梁慧星:《民法总论》(第5版),法律出版社2017年版,第188页。
[2] 参见浙江省乐清市人民法院行政判决书,(2016)浙0382行初11号。
[3] 参见翟远见:《〈合同法〉第45条(附条件合同)评注》,载《法学家》2018年第5期,第175页。
[4] 参见陈无风:《行政协议诉讼:现状与展望》,载《清华法学》2015年第4期,第104页。
[5] 参见浙江省温州市中级人民法院行政判决书,(2014)浙温行终字第364号。

人民政府梧田街道办事处在未经瓯海区人民政府作出征收决定的情况下,与其签订协议违反法律规定,故起诉要求确认两者签订的协议书违法、无效。原判认为,被告为提高行政效率,加快项目建设进度,在没有房屋征收决定的情况下与原告签订临时协议,并不违反法律、行政法规的强制性规定,但在政府房屋征收决定作出前,该协议不发生行政合同效力,不得作为强制腾空和拆除房屋的依据。二审法院认为,被上诉人梧田街道办事处和上诉人自愿在房屋征收前就拟被征收房屋的现状、自愿腾房搬迁时间及安置补偿方式等事项经协商达成被诉协议,并未违反法律、法规的强制性规定。该协议并非法律规定的房屋征收补偿协议,不得作为强制腾空和拆除房屋的依据。若涉案房屋征收决定作出后,仍需按照法定程序进行补偿安置。笔者认为,根据实践中的情况,行政机关在没有房屋征收决定的情况下与被征收人签订行政协议后,该协议一般就会开始履行。当协议已履行完毕,房屋也已腾空或拆除后,政府房屋征收决定是否作出本质上已与被征收人无关,此时将该协议认定为无效或未生效均不利于对被征收人合法权益的保护,是不合理的。另外,笔者虽认为行政机关在没有房屋征收决定的情况下与被征收人签订的行政协议有效,但亦认同该协议不得作为强制腾空和拆除房屋依据的观点,行政协议的强制执行应当依据行政协议司法解释的规定。

第二节 行政协议的无效

一、行政协议的无效审查规则

行政协议的无效,是指行政协议虽然已经成立,但因其严重欠缺有效要件,在法律上不按当事人之间的合意赋予其法律效力。与行政行为的无效相同,行政协议的无效是自始的、绝对的无效,不需要经过裁判的认定便当然的无效,无效是对行政协议效力最为彻底的否定。与行政行为无效不同,行政协议具有协议性,为尊重行政协议当事人之间的契约合意,应当尽量维持行政协议的有效性,因而在认定行政协议无效时必须更为谨慎。

从最高人民法院关于行政协议无效的代表性裁判文书看,多数法官认为认定行政协议无效应当结合《行政诉讼法》中行政行为无效的规定和原《合同法》合同无效的规定。但也有法官明确指出,虽然客观上行政协议存在程序不当的

问题，但对行政协议的效力不应当轻易否定。（见表4－3）

表4－3　最高人民法院关于行政协议无效的代表性裁判要旨

案件名称	文号	裁判要旨
范某诉太和县城关镇人民政府、太和县人民政府行政协议案	（2017）最高法行申2289号	对于行政协议无效的判断，既适用《行政诉讼法》关于无效行政行为的规定，同时适用民事法律规范中关于合同无效的规定。申请人主张受胁迫签订被诉协议，依据不足。即使再审被申请人采取停电等方式给再审申请人造成了压力，在此情形下签订的协议亦不可能导致损害国家利益，因此并不符合《合同法》第52条第1项规定的无效情形。此外，涉案土地系经省政府批准被依法征收，征地补偿安置方案经太和县政府批准、太和县国土资源局公告，在此情况下被诉协议的签订亦不存在《行政诉讼法》第75条规定的行政行为构成无效的“重大且明显违法”的情形
石某洲诉湖北省大冶市人民政府行政协议案	（2017）最高法行申633号	法院认为，根据《土地管理法实施条例》的规定，补偿安置方案的组织实施主体是土地行政主管部门，但作为土地行政主管部门的上一级人民政府，且还是土地征收方案的组织实施部门，补偿安置方案的批准部门，由其签订补偿安置协议，不宜认定为重大且明显的违法行为，亦不能认定其属于无效的情形。申请人主张大冶市大箕铺镇人口和计划生育办公室以其违法生育为由，向其送达了缴纳249,234元的社会抚养费通知，逼迫其在拆迁协议上签字，其是在受胁迫的情况下签订的拆迁协议。即使客观上该行为给再审申请人造成了压力，亦不可能导致损害国家利益，故不符合《合同法》第52条第1项的规定的无效情形
牛某民等165人诉陕西省商洛市国土资源局行政协议案	（2016）最高法行申3486号	本案中被诉征地协议虽存在征地协议文本不规范、社区负责人代替所划分的工作组代表人在协议附件签名及补偿费用未及时支付等瑕疵，但该协议内容并未违反法律、行政法规的效力性强制性规定，且不存在欺诈、胁迫、恶意串通、损害国家、集体、社会公共利益等情形。一审、二审法院据此认定被诉征地协议合法有效并无不当
张某顺诉福建省连江县人民政府行政协议案	（2018）最高法行申10335号	涉案协议系地方政府基于公共利益需要、积极推进相关项目所形成，且该协议于2014年3月7日签订后，国土资源部在2014年4月21日即正式作出了涉案土地的征地批准文件。本案客观上存在程序不当问题。但是，基于合同双方自愿性原则和诚实信用原则，对合同的效力不宜轻易否定。通常，导致协议无效的事由系存在《中华人民共和国合同法》第52条等情形，这里不存在

（一）行政行为的无效事由与行政协议的无效事由并不完全一致

《行政协议诉讼司法解释》第 12 条规定结合了行政协议的特点和《行政诉讼法》关于无效行政行为的规定，对行政协议的效力问题进行了明确，即行政协议存在《行政诉讼法》第 75 条规定的重大且明显违法情形的，人民法院应当确认行政协议无效；人民法院可以适用民事法律规范确认行政协议无效。其中，《行政诉讼法》第 75 条规定的重大且明显违法情形，是指实施主体不具有行政主体资格或者没有法定依据。但是，笔者认为，《行政诉讼法》第 75 条以及《行政诉讼法司法解释》第 99 条规定，因重大且明显违法导致具体行政行为无效的情形不一定导致行政协议的绝对无效。实施主体不具有行政主体资格或者没有法定依据而作出的行政行为属于违法的行政行为，且该违法性足以影响行政行为的效力性，行政行为归于无效。实施主体不具有行政主体资格或者没有法定依据而签订的行政协议也属于违法的行政协议，但该违法性却并不必然导致行政协议无效。正如上文所述，在行政协议效力性审查过程中，为保护交易安全及当事人的合意，更是为了维护社会公共利益，应当坚持行政协议有效的理念，行政主体无签订行政协议的法定依据或行政一方当事人无行政主体资格，在特定情况下均可以通过前文所述的补正方式使其继续发生效力，在一定时间内行政协议未补正前应处于效力待定状态，下文将进行详细论述。

（二）民事合同无效规则的适用应结合行政协议的特性

公法和私法虽有区分的必要，但也有共通的原则，公法关系准用私法规则并非私法规则适用于公法关系，而系公法关系遵守与私法关系共通的规律。〔1〕行政协议与民事合同均具有契约合意性，二者的无效审查规则也具有一定的相似性。因此，《行政协议诉讼司法解释》第 12 条第 2 款规定："人民法院可以适用民事法律规范确认行政协议无效。"当前，因行政行为的无效事由不是行政协议的无效事由，行政协议的效力审查仅应适用民事合同无效规则，即只有《民法典》第 143 条规定的民事合同的无效情形才应当是行政协议的无效情形。但应当注意的是，行政协议是独立于民事合同之外的一种协议形式，与民事合同存在诸多方面的差别，在参照民事合同无效规则时不能机械地适用，而是应当结

〔1〕　参见［日］美浓部达吉：《公法与私法》，黄冯明译，中国政法大学出版社 2003 年版，第 72 页。

合行政协议的特性对行政协议是否无效进行审查。第一,民事合同效力的判断主要着眼于当事人意思表示的真实性、合同主体的行为能力以及整体内容的合法性。行政协议的有效性判断则更应注重行政协议行为的合法性、当事人意思表示的真实性以及对他人利益和公共利益的影响。[1]第二,行政协议的一方当事人为行政机关,且签订行政协议是行政机关履行其行政管理职责的一种方式,因而在判断行政协议是否无效时应结合行政法的相关制度、理念。第三,对行政协议是否无效的判断不能违反行政法的基本原则。例如,在行政主体不适格且在特定时间内未补正的情况下,行政协议在原则上便会归于无效。但是,这种效力认定模式并未考虑合同相对人的信赖利益问题。在土地、房屋征收补偿协议等类型的行政协议中,相对人容易轻信行政部门的优势地位而忽略对其职权范围的仔细分辨,造成在不明知的情形下与其缔结合约,一旦发现行政主体一方不适格,便需要承担合同无效的风险,因而需要对其信赖利益进行保护。[2]此时仍一味认定行政协议无效,可能会违反信赖利益保护原则。

二、行政协议无效的情形

(一)以欺诈、胁迫手段订立行政协议,损害国家利益

行政协议虽具有行政性,但其亦是行政机关与当事人合意的结果。有效的行政协议要求行政机关与当事人均作出真实的意思表示,因而当行政协议的签订过程中存在欺诈、胁迫情形时,意思表示就会出现瑕疵。相较于具体行政行为的单方性与强制性,行政协议具有更强的合意性,因而欺诈、胁迫的情况在行政协议中可能更为常见。

依据《民法典》第 148 条的规定,以欺诈、胁迫手段订立合同并不会导致合同的当然无效,只有损害国家利益时,才能认定合同无效。有法官认为,行政协议不同于民事合同,一般情况下,无论是行政机关还是行政相对人以欺诈、胁迫手段签订的,在订立时均会损害国家利益。因此,一方以欺诈、胁迫的手段订立协议,推定为严重损害国家利益和社会公共利益,属于无效协议。暂不论行政相对人是否有能力对行政机关实施欺诈、胁迫手段,其以该手段与行政机关签订行政协议,可以推定为损害了国家利益。但是,行政机关以欺诈、胁迫的手段

[1] 参见陈无风:《行政协议诉讼:现状与展望》,载《清华法学》2015 年第 4 期,第 104 页。

[2] 参见陈无风:《行政协议诉讼:现状与展望》,载《清华法学》2015 年第 4 期,第 104 页。

与行政相对人订立行政协议是否必然损害国家利益却仍需考证。例如,在缪某诉舟山市普陀山风景名胜区管理委员会行政赔偿案[1]中,上诉人缪某主张被上诉人舟山市普陀山风景名胜区管理委员会发布腾退公告和实施细则,以"腾退对象无故未在规定期限截止的次日起,暂停发放普陀山政策规定的相关福利、暂停办理购房或租赁房屋相关手续"等方式胁迫上诉人签订协议,协议应属无效。但法院认为,即使被上诉人通过上述方式给上诉人造成了压力,在此情形下签订的协议亦不可能导致损害国家利益,因此也并不符合《民法典》第148条规定的无效情形。另外,即便是行政相对人以欺诈、胁迫的手段与行政机关签订的行政协议也不必然导致损害国家利益。例如,在王某伏、李某凡诉郑州市金水区人民政府解除协议决定案[2]中,最高人民法院认为,经金水区连片改造项目指挥部调查核实,再审申请人刻意隐瞒了与他人合作建房的事实,若此协议履行必将损害其他22户居民的合法权益,再审被申请人金水区人民政府乃作出被诉解除协议决定书。在此案中,我们难以将损害其他22户居民的合法权益认定为损害国家利益。因此,因行政协议中存在欺诈、胁迫情形而认定协议无效,仍应适用《民法典》第148条的规定。

一般认为,因胁迫而订立的合同均须具备以下构成要件:一是须有胁迫行为;二是须有胁迫故意;三是胁迫须为非法;四是被胁迫人因胁迫而陷入恐惧,并因恐惧而为意思表示;五是被胁迫人所作意思表示违背其真实意思,并且符合胁迫人的意愿。[3]在行政协议中,如果具有胁迫情形,受胁迫人往往是民事主体,而胁迫的具体方式与民事合同中平等主体之间的胁迫也有所不同,行政机关往往利用其国家公权力对民事主体实施胁迫行为。在行政协议签订前或签订过程中,行政机关可能要作出一系列与签订该行政协议相关的行政行为,但行政机关所有不利于民事主体的行政行为的作出并不能都简单认定为以胁迫民事主体签订该行政协议为目的,其也有可能是行政机关履行法定程序的行为。例如,在谢某伦诉贵州省遵义市汇川区人民政府行政补偿协议纠纷案[4]中,谢某伦向法院提交了房屋催迁通知、行政处罚告知书和限期拆除违法建筑

---

〔1〕 参见浙江省舟山市中级人民法院行政判决书,(2019)浙09行终19号。

〔2〕 参见最高人民法院行政裁定书,(2018)最高法行申9010号。

〔3〕 参见王轶:《论我国合同法中的"胁迫"》,载《四川大学学报(哲学社会科学版)》2019年第1期,第116页。

〔4〕 参见最高人民法院行政判决书,(2018)最高法行申2092号。

决定书,此三份材料形成日期均在补偿协议的签订日期之前,拟证明其签订补偿协议的行为系被胁迫作出。法院认为,尽管汇川区人民政府作出的房屋催迁通知书及贵州省遵义市城乡规划局作出的行政处罚告知书、限期拆除违法建筑决定书对谢某伦是否签订补偿协议可能产生了客观上的影响,但根据原审查明的事实和谢某伦提交的材料,不足以认定上述行为具有胁迫的故意和非法性。且行政处罚告知书、限期拆除违法建筑决定书均告知了其救济途径,如谢某伦不服,对行政处罚告知书可申请举行听证,对限期拆除违法建筑决定书可申请行政复议或者提起行政诉讼。因此,在判断行政协议中是否存在胁迫情形时,仍应主要按照民法通说中有关胁迫的要件进行认定,同时也要考虑行政协议中行政机关因享有强势的公权力而作出的行为的特殊性,具有合法性的行为一般不宜认定为胁迫行为。

(二)恶意串通,损害国家、集体或者第三人的利益

恶意串通的定义及范围在民法上均处于不确定的状态,有学者甚至指出,民事司法实践中似乎把“恶意串通”当作可用于认定法律行为无效的万能钥匙,从而使恶意串通行为成为民法上一个最不确定的概念。[1]与民事合同中的恶意串通情形的复杂性不同,行政协议中并不太涉及代理、代表等制度,因而相较于民事合同,其概念的界定就较为简单。行政协议中的恶意串通行为,是指行政机关或当事人与第三人恶意串通,导致协议另一方作出违背其真实意愿的意思表示的行为。当前,行政协议的恶意串通情形多出现在国家机关征收及补偿过程中。例如,在冯某勋等五人诉陕西省咸阳市秦都区人民政府、咸阳市秦都区渭滨街道办事处、咸阳市秦都区渭滨街道办事处两寺渡东村村民委员会行政协议案[2]中,冯某勋等五人便以两寺渡东村村委会主任与渭滨街道办签订征地协议属于恶意串通为理由之一,请求确认征地协议无效,但因没有证明两寺渡东村村委会与渭滨街道办恶意串通的证据,法院未予认定。另外,仅存在恶意串通情形并不会导致行政协议无效,必须还损害了国家、集体或者第三人的利益。在本案中,最高人民法院未认定该行政协议无效的原因之一便是被诉征

---

〔1〕 参见杨代雄:《恶意串通行为的立法取舍——以恶意串通、脱法行为与通谋虚伪表示的关系为视角》,载《比较法研究》2014年第4期,第107页。

〔2〕 参见最高人民法院行政裁定书,(2017)最高法行申4637号。

地协议约定的土地补偿费、安置补助费远高于陕西省人民政府办公厅《关于印发全省征地统一年产值及区片综合地价平均标准的通知》规定的秦都区征地补偿标准,被征地农民均领取了征地补偿款,征地协议并未损害农民集体以及冯某勋等五人的合法权益。因此,相较于契约合意处于绝对核心地位的民事合同,法院在审理行政协议案件时还要考虑行政协议的稳定性和协议目的的公共性。即便协议在签订过程中存在恶意串通的情形而导致协议的契约合意出现瑕疵,但如果不会产生实质上的损害后果,就不能轻易对协议的效力加以否定。

(三)以合法形式掩盖非法目的

以合法形式掩盖非法目的的行为,是指法律行为形式合法,但在内容上和目的上却属于非法,此种行为又称为"隐藏行为"。行为人希望通过此种形式和行为掩盖和达到非法的目的。〔1〕以合法形式掩盖非法目的与虚伪表示存在某些相似之处,但是虚伪表示可能是用一个合法的形式掩盖一个合法的目的,也可能是掩盖一个非法的目的。〔2〕另外,以合法形式掩盖非法目的不应当以当事人具有共同的故意为必要,否则其与通谋虚伪表示之间势必无法区分。〔3〕

在行政协议案件中,一般为当事人以行政机关以合法形式掩盖非法目的为由请求法院确认该行政协议无效,因而行政协议中所说的非法目的一般是指行政机关违反其管理职责或损害社会公共利益的目的,法院也大多依此审查行政协议的效力。在张某胜诉舟山市普陀山风景名胜区管理委员会行政协议案〔4〕中,上诉人张某胜主张被上诉人舟山市普陀山风景名胜区管理委员会以腾退之名行拆毁之实,系以合法形式掩盖非法目的,法院认为,因涉案房屋系直管公房,且处于普陀山木结构房屋密集区域,被上诉人根据普陀山风景名胜区总体规划以及浙江省消防安全委员会和舟山市人民政府关于普陀山老庵堂重大火灾隐患整改要求,行使其管理职责,对存在消防安全隐患的直管公房内居民实施腾退,对直管公房进行修整或拆建,系为改善人居环境、消除安全隐患、确保群众生命及财产安全而开展的工作,符合社会公共利益的目的,因而被上诉人

---

〔1〕 参见王利明:《民法总则研究》(第2版),中国人民大学出版社2012年版,第602页。

〔2〕 参见李永军:《民法总论》,法律出版社2006年版,第514页。

〔3〕 参见冉克平:《"恶意串通"与"合法形式掩盖非法目的"在民法典总则中的构造——兼评〈民法总则〉之规定》,载《现代法学》2017年第4期,第76页。

〔4〕 参见浙江省舟山市中级人民法院行政判决书,(2019)浙09行终18号。

与上诉人签订被诉腾退安置协议不是以合法形式掩盖非法目的,该协议不具有法定无效情形。

需要注意的是,民法所规定的“以合法形式掩盖非法目的”与《行政诉讼法》第70条所规定的“滥用职权”在一定程度上存在相似之处,法院在审理相关案件时以何作为效力瑕疵事由值得明确。《行政诉讼法》中的“滥用职权”是行政行为的撤销事由,其仅指向行政机关,对没有“职权”的私人来说没有适用的空间。但是,行政协议是双方当事人达成契约合意的产物,如果签订行政协议的目的在于达成非法目的,并非仅是行政机关的过错,而是当事人与行政机关的共同过错。此外,如果使用“滥用职权”作为协议的效力瑕疵事由,其因属于《行政诉讼法》上的一般违法情形,在行政行为层面仅具有可撤销的后果,而《行政协议诉讼司法解释》并未明确规定协议发生一般违法情形时如何认定协议的效力;且根据通说,行政协议存在一般违法情形不宜轻易否定协议的效力。因此,在行政协议案件审理过程中,更宜使用“以合法形式掩盖非法目的”作为效力瑕疵事由。

(四)损害社会公共利益

“社会公共利益”也是一个不易界定的概念。通说认为,国家利益和社会利益均是我国宪法所明确规定的公共利益的下位概念[1],而原《合同法》第52条第4项规定的社会公共利益,即应是此处所说的社会利益。行政协议之于社会公共利益具有特殊性,因为行政协议的一方当事人即行政机关本身便负有公共治理职能。维护社会公共利益是行政机关的义务,甚至行政机关与民事主体签订行政协议的目的便是维护社会公共利益,因而当行政协议的签订及履行会损害社会公共利益时,该协议似乎是绝对无效的。例如,在徐某勋诉安丘市人民政府行政协议案[2]中,安丘市人民政府设立的“安丘市王五里—瑞贝轻机片区建设工程指挥部”与原告徐某勋签订产权调换补偿协议书,约定原告坐落于安丘市大汶河旅游开发区王五里的房屋被征收用于房地产开发,因当时签合同所用的产权调换补偿协议书均使用同一模板合同,即调换200平方米置房的模板

---

〔1〕 参见胡锦光、王锴:《论我国宪法中“公共利益”的界定》,载《中国法学》2005年第1期,第21页。

〔2〕 参见山东省潍坊市中级人民法院行政判决书,(2018)鲁07行初92号。

合同，按政策应当置换100平方米安置房的村民需在此模板合同上另行改动，但被告因工作失误，与原告签订的该产权调换补偿协议书未作改动，原告因此请求法院判决被告向其给付剩余的100平方米安置房。法院认为，涉案旧村改造项目是为改善社会公众生活居住条件，协议目的是实现社会公共利益，公益性是涉案协议区分于民事协议的显著特性。如果原告依据违反拆迁政策、未作改动的模板合同再获得100平方米的安置楼房，势必增加政府在旧村改造项目中的公共支出，侵犯整个旧村改造的房屋补偿安置秩序，损害社会公共利益，因此，争议条款的约定应属无效。

行政法作为控权法，防止行政机关权力滥用的理念贯穿行政法基本原则，比例原则、信赖保护原则便是其典型代表。与此相反的是，行政机关在履行行政管理职责时往往以维护社会公共利益为由减损行政相对人的权益。在行政协议案件中，也会出现行政机关以行政协议的履行将损害社会公共利益为由要求解除的情形，此时便有可能与行政法的基本原则相悖。如在上案中，原告如果不是明知协议具有错误，就有可能触及行政法中的信赖保护原则，此时便不能简单认定为行政协议无效，而要对认定为有效所保护的私人利益与认定为无效所维护的社会公共利益进行衡量，以最终作出行政协议是否应继续有效的判断。在行政协议案件的审判过程中，存在许多社会公共利益与其他行政法基本原则发生冲突而需要进行价值衡量的情况。例如，在陈甲、陈乙诉南通市通州区张芝山镇人民政府行政协议案[1]中，张芝山镇政府与陈甲、陈乙经协商签订房屋残值回购协议，约定陈甲、陈乙将房屋、场地等交张芝山镇政府拆除，张芝山镇政府给予陈甲、陈乙残值回购款39.8万元。但是，案涉房屋拆除后张芝山镇政府以该房屋系违法建筑，依法不受法律保护，案涉协议没有法律依据，协议内容损害国家利益和社会公共利益为由未给予协议约定的39.8万元。但二审法院认为，行政机关与相对人之间签订行政协议、履行行政协议都应当以诚信为前提，维护公共利益与遵守诚信原则作为行政法与民法的共同基本原则，在本质上并无适用先后或高低之分。法院之所以作出遵守诚信原则高于维护公共利益的价值判断，主要基于以下考虑：第一，约定的残值未显示出明显的不合理。第二，39.8万元还包括对配合拆除违法建筑的奖励，是双方协商的结果。第三，仅仅以约定的数额超出违法建筑拆除后的实际残值，就否认其合法性和

---

[1] 参见江苏省南通市中级人民法院行政判决书，(2016)苏06行终622号。

有效性,否认政府对之前承诺的履行,其实质就是通过行政诉讼的方式,认可了政府的不守信行为。第四,认可该约定的效力,社会公共利益虽会受到一定的减损,但这种减损是现实的、可预期的,也是有限的。否认该约定的效力,则会对政府诚信乃至社会诚信造成长久的、无法估量的伤害。因此,以牺牲有限的公共利益为代价约束政府对自己所作承诺的遵守,从而助推和维护诚实守信原则的牢固树立,方为本案的最佳选择。本案是我国行政协议案件中有关维护社会公共利益与其他行政法基本原则发生冲突时如何进行价值衡量而最终确定行政协议的效力的较为典型的案例,这样的司法判断不仅会对本案争议的双方当事人的权利义务产生影响,甚至会成为整个社会价值判断的风向标。

基于行政机关在行政协议中的优势地位及保护行政相对人合法权益的理念,很多人会认为当行政机关一方所代表的社会公共利益与行政法基本原则所保护的当事人一方利益发生冲突时自然应当偏向于后者,这种观点是不合理的。私人利益需要得到法律的保护,但也不能建立在随意损害社会公共利益的前提之下,反之亦然。因此,选择维护社会公共利益还是私人利益,需要在个案中进行价值衡量。在株洲市超宇实业有限责任公司诉湖南省人民政府、湖南省株洲市人民政府行政补偿案[1]中,最高人民法院认为,行政机关作出的行政允诺、行政协议等行为必须建立在依法行政的前提下,即行政机关作出的允诺或达成的协议必须在其裁量权的处置范围内。征收补偿的款项均源于公共财政,对征收补偿款不进行合理控制必然会对社会公共利益造成不利影响。行政机关在组织实施征收与补偿工作时,必须遵守《国有土地上房屋征收与补偿条例》等法律、法规的规定,符合征收决定及房屋征收补偿安置方案的要求,对被征收人给予公平补偿。行政机关违反《国有土地上房屋征收与补偿条例》等法律、法规,超出征收决定的范围或者房屋征收补偿安置方案确定的补偿标准,作出的相关承诺、签订的补偿协议或者作出的补偿决定,人民法院应当作出否定的评价,不予支持。不能将信赖利益保护原则置于依法行政之前,不能无原则的以牺牲社会公共利益来强调政府对所作承诺的遵守。确因国家利益、公共利益或者其他法定事由改变政府承诺的,行政机关可以依法补偿财产损失。最高人民法院在此案中对行政协议案件中发生社会公共利益与其他行政法基本原则的价值冲突提供了一个很好的衡量标准,在其他类似案件的审理过程中也应秉持

[1] 参见最高人民法院行政判决书,(2019)最高法行再4号。

此种理念，即不可无原则地维护行政协议中任何一方的利益。

（五）违反法律、法规的强制性规定

前文已述，行政协议行为违反法律、法规的规定且非轻微违法、不具有阻却事由、不能补正或可补正未补正的，行政协议无效或可撤销，但什么状态下的违法行政协议无效却未明确。《行政诉讼法》第75条规定重大且明显违法的行政行为无效，《民法典》第143条规定违反法律、行政法规强制性规定的民事合同无效，那么何为行政协议的重大且明显违法事由呢？笔者认为，行政协议行为违反法律、法规的强制性规定是行政协议的重大且明显违法事由，会导致行政协议归于无效，而违反法律、法规的非强制性规定只会导致行政协议处于可撤销状态。违反法律、行政法规强制性规定的是《民法典》第143条明确规定的无效的行政协议。在原《合同法》施行期间，有民法学者指出，该项规定在具体适用时应注意以下几点：第一，必须违反了全国人大及其常委会制定的法律和国务院制定的行政法规，才能直接导致合同无效。第二，必须是违反了法律和行政法规的强行性规范。第三，必须是违反了强行性规范中的效力性规定。〔1〕因此，想要在行政协议案件中正确适用该项规定，就要明确何为强行性规范与强行性规范中的效力性规定。为明确上述概念，首先应从强行性规范说起。所谓强行性规范，就是不能通过当事人的约定排除其适用的法律规范。而强行性规范又可以做进一步的类型区分：要求当事人必须采用特定行为模式的强行性规范称为强制性规范；禁止当事人采用特定行为模式的强行性规范称为禁止性规范。《民法典》第143条第3项中的强制性规定不是强行性规范中的强制性规范，而是禁止性规范。禁止性规范又可以分为效力性禁止性规范和管理性禁止性规范。效力性禁止性规范是绝对不允许某种类型的合同行为出现的规范，如买卖违禁品、雇凶杀人等；而管理性禁止性规范禁止的不是协议本身，而是要求特定人去做，特定的时间去做，特定地点去做，或者以特定的方式去做。违反效力性禁止性规范的行政协议绝对无效，违反管理性禁止性规范通常都不影响行政协议的效力。〔2〕有学者认为，在合法性判断过程中，并不需要继受管理型规

〔1〕参见王利明：《关于无效合同确认的若干问题》，载《法制与社会发展》2002年第5期，第60－61页。

〔2〕参见王轶：《合同效力认定的若干问题》，载《国家检察官学院学报》2010年第5期，第156页。

范和效力型规范二分的模式。一是因为这种区分并不容易;二是行政合同本身就属于实现行政管理职能的手段,自然要遵循管理型规范,体现行政权力自我拘束原则。[1]笔者虽赞同在对行政协议进行合法性审查时无须区分管理型规定和效力型规定,但在行政协议的无效审查中,考虑到尽量保持协议有效性的行政协议效力审查原则,区分管理性规定与效力性规定更有利于限缩对行政协议无效的认定。

当前,司法实践中存在很多以行政协议违反法律、行政法规的强制性规定为由而判决该协议无效的情况,规章作为审查行政协议效力的参照依据还未被明确。此外,被判决无效的行政协议违反的是否为效力性禁止性规范还有待探讨。在宁海县辛岭橡塑五金厂诉浙江省宁海县人民政府行政补偿案[2]中,最高人民法院认为,按照《土地管理法》第 45 ~ 47 条的规定,集体土地征收应当依照法定程序报经国务院或省级人民政府批准后,才能由县级以上地方人民政府组织实施。涉案协议虽然载明了再审申请人的房屋因位于跃龙街道双水村的跨铁路公路大桥建设的需要,列入拆迁范围,但现有证据不能证明再审申请人使用的集体工业用地已经有权机关批准征收,并且截至本案二审期间,涉案土地仍未被批准征收,再审申请人也未将涉案土地上的房屋实际交付给被申请人拆除。因再审申请人的集体土地并未经有权机关批准征收,所签订的房屋拆迁补偿安置协议属于《合同法》第 52 条第 5 项[3]规定的"违反法律、行政法规的强制性规定"的情形,因此该行政协议无效。在本案中,法院认为,该行政协议违反了《土地管理法》第 45 ~ 47 条的规定导致协议无效,此时就要审查此规定是否为《合同法》第 52 条第 5 项所说的强制性规定,即是否为效力性禁止性规范。集体土地征收应当依照法定程序报经国务院或省级人民政府批准后,才能由县级以上地方人民政府组织实施。很显然,该规定并不是禁止行政机关与当事人签订征收补偿协议,而是禁止行政机关在报经国务院或省级人民政府批准前签订征收补偿协议。因此,该规定本质上是管理性禁止性规范而不是效力性禁止性规范,法院不能引用此条规定直接认定行政协议违反《合同法》第 52 条第 5 项的规定而无效,但是否会因为损害社会公共利益而无效则另当别论。

---

[1] 参见陈无风:《行政协议诉讼:现状与展望》,载《清华法学》2015 年第 4 期,第 104 页。

[2] 参见最高人民法院行政裁定书,(2018)最高法行申 3054 号。

[3] 现为《民法典》第 143 条第 3 项。

值得注意的是,《民法典》第143条第3项所说的强制性规定的范围其实很窄,目的在于尊重合同当事人合意的效力,这也与行政协议中尽量保持协议有效的理念相契合。另外,因行政协议违反了法律、行政法规的强制性规定而认定其无效可能会不利于社会公共利益的维护。例如,在杨某光诉淮安市人民政府、淮安高新控股有限公司确认行政协议无效案[1]中,原审法院认为,被诉拆迁补偿安置协议虽然具有行政管理的内容,但其本质上仍然属于被拆迁人处分民事权益的行为,依然遵循双方真实意思表示,即使没有合法的征收土地的手续,但高铁建设却是客观存在的,属于国家重点工程,也必将给当地老百姓的出行带来便利,给当地的经济发展带来机遇。法院虽然认定涉案行政协议没有违反法律、行政法规的强制性规定,但即便该行政协议违反了法律、行政法规的强制性规定,为了社会公共利益的维护,也不能简单将其认定为无效。在此种情况下,法院可以确认该协议违法,并判决行政机关给予民事主体一定赔偿。

第三节　行政协议的效力待定

一、行政协议未生效与效力待定的区别

《行政协议诉讼司法解释》未对未生效的行政协议与效力待定的行政协议作出区分,而是仅将需审批的行政协议在审批完成之前认定为未生效的行政协议。笔者认为,参照民法学界对合同效力类型的划分,行政协议未生效与行政协议效力待定都是因为其缺乏生效要件而处于有效或无效的中间状态,但两者缺乏的生效要件情形却有所不同。法律行为通常自成立时生效,因此如果没有特别说明,法律行为的未生效仅指法律行为未满足特别生效要件。这也包括两种情形:一是法律行为未履行法定特别生效要件;二是法律行为未满足约定的特别生效条件。[2]如前文所述,在行政协议中,未履行法定特别生效要件是指行政协议需要经过有关部门审批才能生效,审批之前,行政协议处于未生效状态;未满足约定的特别生效条件则是指行政机关和当事人在签订行政协议时附有条件或期限,在条件成就前或期限到来前行政协议也处于未生效状态。行政

---

[1] 参见江苏省高级人民法院行政裁定书,(2018)苏行终1825号。

[2] 参见朱广新:《合同未办理法定批准手续时的效力——对〈中华人民共和国合同法〉第44条第2款及相关规定的解释》,载《法商研究》2015年第6期,第88页。

协议的效力待定,是指协议欠缺有效要件或者具有瑕疵,但该瑕疵有补正的余地,瑕疵在一定时间内得到补正后则行政协议原则上生效,瑕疵未得到补正则行政协议无效。未生效的行政协议与效力待定的行政协议最大的差别在于,未生效的行政协议虽然还没有发生效力,但协议本身并没有任何瑕疵,其具备一般行政协议的所有生效要件,只不过还需要具备一般行政协议生效要件之外的特别生效要件;而效力待定的行政协议并不具备一般行政协议的所有生效要件,只有在其所存在的瑕疵被补正之后,即具备一般行政协议的所有生效要件之后,才能审查其是否还需要具备特别生效要件。

二、行政协议效力待定的情形

行政机关签订行政协议没有法定依据,属于行政协议效力待定的情形。无法律即无行政。只有行政机关与相对人之间的关系由法律加以具体规定,才能确保个人的基本权利和自由不受行政权的侵害;行政行为只有在此法律的范围内才具有合法性。[1]与公民的法无禁止即自由原则不同,行政机关行使职权必须具有明确的法定依据,即法无授权即禁止。行政行为的实施主体不具有行政主体资格或者没有依据等重大违法情形的,行政行为无效,而此处的没有依据是指减损权利或者增加义务的行政行为没有法律规范依据。[2]在行政协议中,行政机关与民事主体签订行政协议应当是为履行其某项法定职责,如《国有土地上房屋征收与补偿条例》等有关法律法规赋予住房和城乡建设部门实施本行政区域的房屋征收与补偿工作职责,那么住房和城乡建设部门与被征收人签订补偿协议的依据就是其所履行的该项法律职责。但行政协议与具体行政行为不同的是,为维护行政机关的权威性,行政行为不存在效力待定的情形,其一经作出便直接推定为有效,法院对行政行为进行合法性审查时也较为严格,如果行政机关作出的行政行为没有法定依据将会直接被认定为无效,但行政协议是基于行政机关与当事人双方自愿性原则和诚实信用原则而签订的,因而不宜轻易否定行政协议的效力。行政协议的效力性审查可以参照民事合同中效力待定的规定,行政机关在没有法定依据的情况下与民事主体签订的行政协议处于

---

〔1〕 参见章剑生:《现代行政法总论》,法律出版社2014年版,第45页。

〔2〕 《行政诉讼法》第75条,《最高人民法院关于适用〈中华人民共和国行政诉讼法〉的解释》第99条。

效力待定状态，即在一段合理的时间内行政协议效力暂不确定，由有权签订该协议的行政机关进行补正。有追认权的行政机关在一定期限内补正的，该行政协议有效，行政协议中行政机关一方既可变更为有权签订该协议的行政机关，也可以由有权签订该协议的行政机关委托原行政机关继续履行该行政协议。例如，在卜某萍诉郑州市金水区人民政府、郑州市金水区丰庆路街道办事处确认行政协议无效案[1]中，卜某萍以签订协议的主体不适格属于重大明显违法为由主张行政协议无效，法院认为，涉案的行政协议虽以改造指挥部及丰庆路街道办的名义签订，但金水区人民政府对该行政协议予以追认，应当认定金水区人民政府及卜某萍为涉案行政协议的双方签订主体，该行政协议有效。有追认权的行政机关在一定期限内未补正的，该行政协议不发生效力。

在司法实践中，有法院以行政机关无签订行政协议的法定依据为由而直接认定该行政协议无效。例如，在盘州市刘官供销合作社诉盘州市刘官街道办事处房屋拆迁安置补偿行政协议案[2]中，法院认为，行政机关存在超越职权范围或不具备行政主体资格等重大且明显违法情形而订立的行政协议，应认定为无效协议。在本案中，上诉人盘州市刘官街道办事处并不具备拆迁安置补偿的法定职责，其也未能提交市、县人民政府等有权实施安置补偿职责的行政机关委托的相关依据，上诉人以其自身名义与第三人签订拆迁安置补偿协议书超越其法定职权范围且与其职权范围不属于同一性质。被上诉人与第三人签订的协议中约定拆除的房屋所占土地登记使用权人为被上诉人，而上诉人却与第三人就房屋的拆除、土地安置等进行约定，明显缺乏事实依据，结合原《合同法》第52条的规定，该协议严重损害上诉人的利益，亦属于无效的情形。该案判决显然是不合理的。一方面，《行政诉讼法》第75条是对具体行政行为无效情形的规定，审查行政协议的效力时并不能适用，因此，行政机关无法定依据作出的行政行为无效不代表行政机关无法定依据签订的行政协议无效。另一方面，即便该法院可以依据《行政诉讼法》第75条行政机关作出行政行为无法定职权则无效的规定，但《行政诉讼法司法解释》第99条将其限缩为减损权利或者增加义务的行政行为没有法律规范依据才无效，而该法院并未审查涉案行政协议如果继续履行是否会减损当事人的权利或增加当事人的义务，仅因为行政机关无法

[1] 参见河南省高级人民法院行政判决书，(2019)豫行终1104号。

[2] 参见贵州省六盘水市中级人民法院行政判决书，(2019)黔02行终41号。

定依据便认为该协议严重损害当事人的利益是不具有任何说服力的。另外，如果规定违法的行政协议均无效，那行政协议的缔结因效力的不确定性而让国民承受很大的风险，实际上就几乎不会缔结行政协议。[1]但是，在本案此种情况下，行政协议的生效要件确实具有瑕疵，此时便可以适用上文所述的行政协议效力待定理论，最终确定该协议是否可以继续履行。

另外，行政协议中行政一方当事人不具备行政主体资格时该协议为何种效力也值得探讨。在上案中，法院认为，所谓不具备行政主体资格是指行政机关实施了非本机关权限范围内的行为，且该行为性质与其权限范围并非同一性质。笔者认为此种观点是错误的。要理解《行政诉讼法》第75条中的行政主体资格，首先要区分权能与权限。行政权能是一种主体资格，是决定一个组织是否具有行政主体的实质性资格。[2]权限则是指行为能力，是行为法意义上的权力。权能只能说明权力的性质，权限则说明行为的合法性。行政机关自成立起，就具有行政权能，具有主体资格。[3]因此，在行政协议中，不具备行政主体资格指的是行政一方当事人不具备行政权能，而行政机关无法定依据指的是行政机关不具有签订该行政协议的行政权限，上案中审理法院显然将行政权能与权限相混淆。其次，应明确在我国哪些机构具有行政权能。行政机关随组织的成立即具有行政权能自不待言，行政机关的派出机构、内设机构或临时机构，作为行政机关的组成部分，同样具有行政权能。另外，行政机构和社会组织依授权也可以取得行政权能。因此，不具备行政主体资格的实施主体是指既不在上述具备行政权能的主体范围之内，也没有被委托的其他主体。

在行政协议案件中，有些法院对不具备行政主体资格的实施主体与民事主体签订的行政协议的裁判是不合理的。一方面，有些法院认为只有具备行政主体资格的实施主体与民事主体签订的协议才能被认定为行政协议，如在李某法诉鱼台县王鲁镇七所楼村村委会补偿安置协议案[4]中，2011年12月28日，上诉人原所在的七所楼村土地经山东省人民政府批准，转为建设用地并被征收，

---

[1] 参见王贵松：《行政协议无效的认定》，载《北京航空航天大学学报（社会科学版）》2018年第5期，第19页。

[2] 参见姜明安主编：《行政法与行政诉讼法》，北京大学出版社、高等教育出版社1999年版，第150页。

[3] 参见叶必丰：《行政行为原理》，商务印书馆2019年版，第168页。

[4] 参见山东省济宁市中级人民法院行政裁定书，(2016)鲁08行终430号。

用于城镇建设。2012年11月7日，鱼台县人民政府印发了搬迁安置实施方案的通知，对王鲁镇七所楼新村搬迁安置方案予以公布。12月21日，上诉人代表其家庭成员，以乙方身份与甲方七所楼村村委会签订了搬迁补偿安置协议。该协议载明了被搬迁土地房屋现状、房屋腾空和验收、搬迁补偿方式、搬迁补助费和奖金、临时安置补助费、安置房建设标准、注销登记、违约责任等相关事项。上诉人以涉诉搬迁补偿安置协议无效为由，诉至原审法院。二审法院认为，被诉搬迁补偿安置协议的签订主体系上诉人与被上诉人鱼台县王鲁镇七所楼村村委会，协议的内容系被上诉人对上诉人位于王鲁镇七所楼村的房屋进行拆迁安置补偿。但是，鱼台县王鲁镇七所楼村村委会系基层群众性自治组织，其主体性质不是行政协议中所确定的行政机关，没有法律法规、规章授予村委会征收集体土地或房屋的行政职权。因此，被上诉人与上诉人所签订搬迁补偿安置协议不具有行政法上的权利义务内容，不是行政协议，不属于行政诉讼的受案范围，依法应予驳回。本案裁判的错误之处在于，法院仅关注行政协议双方当事人本身，是典型的民事合同审判思维。在行政协议案件的审理过程中，还应审查无行政主体资格的实施主体是否有法律的授权或有关机关的委托。另外，法院的功能是定分止争，而该案驳回起诉的裁定显然不能解决当事人之间的争议。另一方面，在实践中，有权签订行政协议的行政机关为逃避责任，往往指派无行政主体资格的主体如村委会与民事主体签订行政协议，特别是在土地、房屋征收补偿协议中，当民事主体对该协议不满提起诉讼时，被告无行政主体资格且无明确的授权或委托，法院在此种情况下简单认定该行政协议无效会极大损害民事主体的合法权益。根据《行政诉讼法》第75条的规定，不具备行政主体资格的主体作出的行政行为自始无效。但根据上述分析，将不具备行政主体资格的主体与民事当事人签订协议直接认定为无效是不妥当的。笔者认为，对无行政主体资格的主体与民事主体签订的行政协议的效力进行认定时，首先应当审查有关机关是否对无行政主体资格的主体进行了委托，且应采用实质性标准，不以书面委托为必要。如果无行政主体资格的主体实际上是在有关机关的指示下与民事主体签订行政协议，就不能简单以行政主体无资格为由认定该协议无效。如果无行政主体资格的主体并未实际上接受有关机关的委托，此时就要审查该协议签订的目的是不是维护社会公共利益以及履行的结果是否可以维护社会公共利益，如果签订该协议的目的是要维护社会公共利益且履行的结果可以维护社会公共利益，有关行政机关可以通过委托或变更行政一方当事人等手段使该协议变成真正的行政协议且继续发生效力。反之,该协议无效或按照其真正的协议类型如民事合同继续履行。

第四节 行政协议的撤销

一、行政协议的撤销审查规则

行政协议的撤销,是指行政协议的有效要件存在特定瑕疵,当事人有权以此为由请求人民法院撤销该行政协议。可撤销法律行为有效成立,并在撤销权人表示撤销之前持续有效。可撤销法律行为被撤销后,被视为自始无效,并适用关于无效法律行为之规则。[1]《行政诉讼法》第70条共列举了六项具体行政行为的可撤销事由,包括主要证据不足,适用法律、法规错误,违反法定程序等,但其显然不能适用于行政协议,行政行为的违法性是撤销判决适用条件的核心。[2]而行政协议的可撤销情形不同于具体行政行为,行政协议是双方当事人合意的产物,具有较强的协议性,行政协议的可撤销事由应参照民事合同的可撤销事由,即意思表示发生瑕疵。《行政协议诉讼司法解释》第14条规定:"原告认为行政协议存在胁迫、欺诈、重大误解、显失公平等情形而请求撤销,人民法院经审理认为符合法律规定可撤销情形的,可以依法判决撤销该协议。"由上述条文可知,行政协议的可撤销事由包括胁迫、欺诈、重大误解、显失公平等情形,且只能由民事主体向法院提起撤销之诉。如果行政机关认为其与民事主体签订的行政协议存在以上撤销情形,可以通过行使其行政优益权单方变更或解除合同。该项规定系明确,在意思表示不真实、行政协议生效要件不完整的情况下,协议效力的确定问题,旨在保证合同当事人作出真实的意思表示。但为保护交易安全,维护行政协议效力的稳定性,可撤销协议应与当事人在行政协议的订立过程中,因行政机关的强势地位或行为而作出妥协让步,达成合意后又反悔的情况区分开,后者虽一定程度上也受到了胁迫,但最终作出的决定系当事人对自己权利的处分,因符合意思自治原则而为有效的法律行为,不可撤销。

前文已述,行政协议不同于民事合同,其具有自己的特性。民事合同效力

---

〔1〕 参见朱庆育:《民法总论》(第2版),北京大学出版社2016年版,第235页。

〔2〕 参见李广宇:《新行政诉讼法逐条解释》,法律出版社2015年版,第569页。

的判断主要着眼于当事人意思表示的真实性、合同主体的行为能力以及整体内容的合法性。行政协议的有效性判断则更应注重行政协议行为的合法性、当事人意思表示的真实性以及对他人利益和公共利益的影响。因此，如民事合同一般，仅以意思表示发生瑕疵作为行政协议的可撤销事由是不妥当的。行政协议是行政机关履行行政管理职责的一种方式，属于行政法律关系范畴，行政协议行为是否合法也会对行政协议的效力产生影响。

为深入了解理论、实务一线人员对行政协议效力与具体行政行为效力关系以及《行政诉讼法》关于撤销判决的理由能否适用于行政协议的看法，笔者设计了如下问题并进行了深度访谈。（见表4-4）

问题：具体行政行为的效力，如公定力、拘束力等适用于行政协议吗？同时，行政诉讼法规定的撤销行政行为的理由适用于行政协议吗？为什么？

表4-4　访谈内容汇总

<table>
<tr><th>被访对象</th><th>原始访谈话语</th><th>总结</th></tr>
<tr><td>1号法官</td><td>从维护行政机关管理权威的角度讲，行政协议也是行政机关代表公权力行使行政管理职责的一种方式，效力应当适用。《行政诉讼法》规定的撤销行政行为理由可以适用行政协议案件。撤销行政协议，不仅可以适用《行政诉讼法》，还可以适用合同法关于撤销的法定理由，加大了对行政机关签订行政协议的监督力度</td><td rowspan="3">在四位法官中，1号、2号法官认为行政行为的公定力、拘束力以及《行政诉讼法》规定的理由可以适用于行政协议。其中1号法官指出也可以同时适用合同法，2号法官认为《行政诉讼法》规定的撤销理由和合同法规定的撤销理由指向类似，3号、4号法官认为行政行为的公定力等不适用于行政协议，但3号法官认为撤销的理由可以暂时适用，4号法官认为应适用合同法</td></tr>
<tr><td>2号法官</td><td>具体行政行为的效力如公定力、拘束力也应当适用于行政协议，且缔约方信守承诺、忠实履约本身就是合同的精要，非经法定程序或协商一致不得违约。《行政诉讼法》规定的撤销行政行为的理由，表面上看并不能全部适用于行政协议的撤销，但实质上异曲同工，如“主要证据不足”与合同法规定的“重大误解”（对基础事实、权利义务内容弄错了或理解错误导致错误或违背真意而签约）；“明显不当”，类似于合同法规定的“显失公平”；而“超越职权”会导致协议无效。但是因《行政诉讼法》和合同法区分的专业术语、特定含义、规则等已经约定俗称，不建议混用或通用，否则会在法院内外部造成混乱</td></tr>
<tr><td>3号法官</td><td>行政协议是行政行为的替代方式，是当事人之间意思一致的合意结果，如果沿用单方具体行政行为的效力理论，将破坏协议的平等协商基础，因此不建议适用其效力理论。撤销行政行为的规定，目前暂时可以作为撤销行政协议的理由。理由是：(1)行政程序法缺失。缺少对行政协议订立程</td></tr>
</table>

续表

被访对象	原始访谈话语	总结
	序、磋商程序、履行程序的实体法律规范,司法审查难有实体法标准。(2)《行政诉讼法》第70条的撤销理由中超越职权、违反法定程序、滥用职权、明显不当等表述,赋予法官一定的裁量空间,实践中用起来顺手	
4号法官	行政协议不是具体行政行为,公定力、拘束力等不适用行政协议;《行政诉讼法》规定的撤销行政行为的理由不适用于行政协议,应当比照合同法的相关规定	
1号教师	行政行为效力理论不适用于行政协议。传统行政行为的效力产生于行政权的单方性,但是行政契约有自己的效力理论,合意是产生约束力的基础	三位教师认为行政行为的公定力、拘束力等不适用于行政协议,且不能适用《行政诉讼法》的规定撤销行政协议,应适用合同法的规定。4号教师认为公定力等效力理论不适用,但可用《行政诉讼法》的规定撤销行政协议
2号教师	行政行为效力内容有多种学说理论,就具体效力而言,其载体有行政行为形式(外表)或内容之分,如公定力即属依行为形式而产生的推定效力。行政协议外在形式更倾向于"合同",因此即不会产生如同传统意义上的行政行为的形式效力	
3号教师	行政协议不同于具体行政行为,其法律效力是双方约定的;而公定力理论是单方行为的法律效力,二者法律基础完全不同。应基于合同法涉及意思表示是否真实原理撤销行政协议,不能适用传统具体行政行为合法性的标准撤销行政协议	
4号教师	不适用公定力、拘束力理论。《行政诉讼法》规定的撤销行政行为的理由适用于行政协议。行政协议更应与私人之间的协议一样具有司法撤销的法律授权	
1号律师	均不适用。公定力、拘束力等是具体行政行为的分类框架下的概念,在行政行为分类模式已经发生巨大改变的范畴内,不能简单适用。同样,对行政协议行为的撤销,还应考虑民事法律规范的适用,不能单一以《行政诉讼法》规定的撤销理由撤销行政协议	1号、4号律师认为行政行为效力理论不适用于行政协议,其中1号律师认为撤销行政协议适用合同法,但4号律师认为撤销行政行为的理由适用于行政协议。2号、3号律师认为可以适用,但3号
2号律师	行政协议本质上仍然是行政管理的一种形式。行政管理具有强制性。如果行政协议的内容具备《行政诉讼法》关于可撤销的内容,法院有权撤销	
3号律师	行政协议一方面具有双方意思自治的成分,另一方面也存在行政法的规定,应该区分。因此,《行政诉讼法》的撤销行政行为不能完全适用行政协议的全部内容	

续表

被访对象	原始访谈话语	总结
4号律师	不适用。行政行为的公定力、拘束力具有一定的强制约束力，撤销行政行为的理由适用于行政协议	律师认为不能完全适用

从访谈结果看，虽然绝大部分受访者认为行政行为的公定力等效力内容不能适用于行政协议，且赞成《行政诉讼法》规定的撤销判决不能适用于行政协议。但也有两位法官认为行政行为的公定力等效力内容可以适用于行政协议，并认为《行政诉讼法》规定的撤销判决能够适用于行政协议。从《行政协议诉讼司法解释》以及法院生效判决的裁判理由看，司法实务界的主流观点是行政协议属于行政行为，并认为对行政协议的合法性审查与行政行为大致相同。笔者认为，这种重行政法、轻合同法的观念严重阻碍了行政协议诉讼制度的建构，也不符合行政协议的契约性特征。

就《行政诉讼法》第70条规定的可撤销事由而言，其是专门针对具有单方性、强制性的具体行政行为建构的。当具体行政行为出现这些违法事由时，就可能会对行政相对人的权利造成损害。但应当注意的是，即便行政行为出现《行政诉讼法》第70条规定的效力瑕疵事由，行政行为也不是当然无效。行政行为是否会被撤销取决于行政相对人的诉求。也就是说，即便法律对行政行为的作出进行了严格的合法性规制，但一般违法的行政行为仍存在继续保持有效性的空间，如果行政相对人基于各种理由未提起撤销之诉，那么违法的行政行为仍然有效。而在行政协议中，其同样可能会存在上述一般违法事由，但正如前文对依法行政原理的阐述，法律在非侵害领域的功能主要在于“规范”，行政协议即便违法，可能大多数情况下不会对民事一方当事人的合法权益造成侵害，更多情况下可能仅仅影响行政机关履行行政职责的效能，达不到《行政诉讼法》第70条规定行政行为可撤销事由的目的，因而上述事由不宜成为行政协议的撤销事由。

但需要说明的是，因行政协议仍需遵循依法行政原则，《行政诉讼法》第70条规定的一般违法事由并非在行政协议中不会存在，也并非不会影响协议的效力。一方面，《行政诉讼法》第70条的违法事由部分转化为其他行政协议效力瑕疵事由，如上文所述的“滥用职权”转化为“以合法形式掩盖非法目的”；另一方面，有些违法事由成为行政协议的无效事由，如行政协议违反法定程序可能会导致协议无效,只不过因为行政协议具有一定的协商空间,法律并不会对行政协议加以过多程序上的约束。不难发现,行政协议的违法事由一般是协议的无效事由,行政协议的可撤销情形则主要是当事人的意思表示瑕疵事由。

二、行政协议可撤销的情形

(一)以欺诈、胁迫手段订立行政协议

上文已述,以欺诈、胁迫等手段订立行政协议且损害国家利益的,该行政协议无效。但是,以欺诈、胁迫等手段订立的行政协议也有不损害国家利益的情况,此时行政协议可以撤销,但撤销之前继续保持有效状态。欺诈、胁迫之所以可撤销,并非因为损害他人经济利益,而是因为侵扰他人意志自由,相应地,其并不以损害之故意、受欺诈人或受胁迫人遭受经济损害为要件。[1]协议是双方基于真诚意愿建立的法律关系,自然不应当允许以欺诈、胁迫方式订立的协议存在。[2]在行政协议案件中,受欺诈、胁迫之人虽往往确实会受到经济损害,但也有未受到经济损害的情况,甚至欺诈人、胁迫人反倒经济受损,因此,对以欺诈、胁迫手段订立行政协议的受损害方,不应奉行经济标准,而应解释为意志自由受到侵扰之人,即行政协议一方当事人因欺诈、胁迫而使其意志遭受损害,该协议就是可撤销的。但是,行政协议的签订一般具有公共目的,如果撤销行政协议会极大地损害国家利益或社会公共利益,即使该协议存在欺诈、胁迫情形,也不能撤销,但行政机关需要对民事主体因此遭受的损失予以赔偿,此亦为行政协议与民事合同的不同之处。

(二)因重大误解订立行政协议

重大误解,是指当事人因自己的过错而对法律行为的内容等产生误解而从事的某种法律行为。据此,行为人由于自己的过错使得自己对法律行为的内容认识错误,从而致使自己的意思表示与内心真意出现不一致。[3]原《民法总则》

---

〔1〕 参见朱庆育:《民法总论》(第2版),北京大学出版社2016年版,第318页。

〔2〕 Trakman, Leon E. & Kunal Sharma, *The Binding Force of Agreements to Negotiate in Good Faith*, Cambridge Law Journal, Vol. 73, No. 3, November 2014, p. 598 – 628.

〔3〕 参见陈小君:《民事法律行为效力之立法研究》,载《法学家》2016年第5期,第104页。

第147条虽对基于重大误解实施的民事法律行为的效力作出了规定,但却未规定其具体构成要件。[1]通说认为,重大误解的构成要件包括:(1)法律行为业已成立;(2)须有一方或者双方对于情况的重大误解;(3)因重大误解而成立民事法律行为;(4)相对人的参与。其中重大误解的内涵包括对行为性质的错误、对对方当事人的错误、对标的物的错误、法律错误、表示错误等。[2]一般情况下,基于重大误解实施的法律行为,误解方可以请求人民法院予以撤销,以保护作出法律行为的当事人的意思表示的真实性。

在行政协议中,重大误解是司法解释明文规定的可撤销事由。特别是在当前某些类型的行政协议的签订及履行不规范的情况下,重大误解时有发生。例如,在顾某梁诉南通市崇川区住房和城乡建设局房屋搬迁补偿安置协议案[3]中,原告顾某梁在案涉房屋搬迁补偿安置协议上签名时系空白合同,空白处内容系2017年9月16日由被告崇川区住房和城乡建设局根据之后作出的评估报告补充完善,而从房屋搬迁补偿安置协议的内容来看,后续补充完善的内容恰恰最能体现原告顾某梁获得的补偿安置相关权益,这些内容在原告顾某梁签字时并未列明,签订《房屋搬迁补偿安置协议》时,也没有委托评估机构对于房屋补偿价值进行评估。因此,法院认为,原告顾某梁签订协议时对于补偿安置的内容显然无法作出符合实际的准确判断,在此情况下签订的合同,当属于因重大误解订立的合同。又如,在保定市盛泰房地产开发有限公司诉保定自然资源和规划局行政协议纠纷案[4]中,原告保定市盛泰房地产开发有限公司和被告保定自然资源和规划局签订的国有土地使用权出让合同并未约定容积率,该出让卷宗内的土地估价报告第二部分第3条估价目的部分规定,该评估是对保定市机电设备总公司委托评估的土地进行价格评估,其目的是为其办理土地抵押贷款手续提供价格依据。法院认为,该评估报告对评估对象即本案案涉土地现状描述为容积率为0.61%,该容积率应为评估时的现状容积率,而

---

[1] 立法机关以此问题"本质上是一个司法问题"为由,不作具体规定;同时认为随着民事法律行为理论以及实践类型的不断发展,重大误解制度的涵摄范围会有变化;并认为最高人民法院从法律适用的角度对原《民法通则》中"重大误解"的认定加以规定是可行的。参见李适时主编:《中华人民共和国民法总则释义》,法律出版社2017年版,第461页。

[2] 参见韩世远:《重大误解解释论纲》,载《中外法学》2017年第3期,第679页。

[3] 参见江苏省南通市港闸区人民法院行政判决书,(2017)苏0611行初300号。

[4] 参见河北省高碑店市人民法院行政判决书,(2019)冀0684行初3号。

非出让时的设定容积率。本案原告在与被告签订补充协议时对此情况并不知情,因此,双方签订补充协议时,原告存在重大误解,原告请求撤销的请求应予支持。

行政协议与民事合同的撤销事由虽然大致相同,但二者对因重大误解予以撤销的审查过程与结果又有所不同。因存在重大误解而可以请求法院撤销的行政协议与民事合同均存在利益冲突,但民事合同中的利益冲突仅存在于作为平等主体的双方当事人之间,即误解方意思自治与相对方交易安全之间的冲突;而衡量标准为一般情况下予以撤销,但不会无原则、无底线地迁就误解方的真意保护要求。其结果便是,在某些情形下允许误解方主张撤销民事法律行为。〔1〕与民事合同中的双方当事人均为平等主体不同,行政协议的一方当事人为行政机关,且签订该协议是在行使其法定行政权能,目的在于维护社会公共利益。因此,行政协议一旦因重大误解发生利益冲突,就是社会公共利益和民事主体利益之间的冲突,而这又分为两种情况:第一,如果行政机关在签订行政协议时存在重大误解,就涉及社会公共利益与民事主体信赖利益保护之间的冲突。一般情况下,行政机关可以行使其行政优益权单方变更或解除该行政协议,但如果通过利益衡量判定,相较于社会会公共利益,民事主体的信赖利益更值得保护,此时行政机关就不能行使行政优益权,如果行政机关已经作出单方变更或解除行为,法院应予以撤销。第二,如果民事主体在签订行政协议时存在重大误解,就涉及民事主体的意思自治与维护社会公共利益之间的冲突。笔者认为,此种情况虽然也涉及利益衡量,但如果民事主体的重大误解是自己的原因造成的,为了维护社会公共利益,就不能简单地撤销该行政协议。相较于原《民法通则》,原《民法总则》删除了存在重大误解或显失公平的民事行为的可变更规定。〔2〕但在此种情况下,为了维护行政协议的有效性,亦为了维护社会公共利益,对于因民事主体存在重大误解而可撤销的行政协议,法院也可以判决予以变更,以兼顾行政协议的行政性与协议性。

---

〔1〕 参见韩世远:《重大误解解释论纲》,载《中外法学》2017年第3期,第668页。

〔2〕 原《民法通则》第59条规定:“下列民事行为,一方有权请求人民法院或者仲裁机关予以变更或者撤销:(一)行为人对行为内容有重大误解的;(二)显失公平的。被撤销的民事行为从行为开始时无效。”原《民法总则》将重大误解和显失公平分别作出规定,其第147条规定:“基于重大误解实施的民事法律行为,行为人有权请求人民法院或者仲裁机构予以撤销。”

（三）在订立行政协议时显失公平

原《民法总则》第 151 条对显失公平作出了规定，即“一方利用对方处于危困状态、缺乏判断能力等情形，致使民事法律行为成立时显失公平的，受损害方有权请求人民法院或者仲裁机构予以撤销”。由该条规定可知，相较于之前法律对显失公平的规定，原《民法总则》将显失公平的主客观内容方面均予以扩展，而其中最重要的扩展在于主观内容“利用对方处于困境”的表达，这一内容以前被包含在另一个具有中国特色的规范之中，即乘人之危。〔1〕最高人民法院曾在其裁判文书中指出，通常情况下，显失公平的协议具有以下法律特征：(1)协议对当事人明显不公平；(2)一方所获得的利益超过了法律所允许的限度；(3)受害的一方在缺乏经验或者紧迫的情况下实施了民事行为。〔2〕显失公平又须具有一定的主客观要件。客观要件是指当事人在给付与对待给付之间失衡或造成利益不平衡，这种利益的不平衡是在协议订立时形成的，而不是在协议订立以后形成的。主观要件则是指在订立协议时，一方具有利用优势或利用对方轻率、无经验等而与对方订立显失公平协议的故意。

行政机关作为行政协议一方当事人，具备强大的公权力，因而行政协议出现显失公平情形时，受害的一方往往是民事主体。例如，在福建卡朱米时装有限公司诉莆田市荔城区人民政府行政协议案〔3〕中，上诉人莆田市荔城区人民政府与被上诉人卡朱米时装有限公司签订的拆迁补偿行政协议虽然确定了被上诉人的企业搬迁补贴额为人民币 27,173,083 元，但在企业搬迁补贴款的支付程序中约定：预留 12,104,576 元作为履约保证金，将被上诉人完成兼并重组且兼并重组投资额需大于征迁补偿额 36,182,713 元，作为取得上述履约保证金的条件。因此，就该条款的设定来看，被上诉人要想获得上述条款中约定的全部企业搬迁补贴款，必须满足以下几个条件：一是完成企业兼并重组；二是兼并重组投资额必须大于征迁补偿额。在实践中，实现企业的兼并重组需要有合适的被兼并对象且兼并双方要能达成合意，因此，被上诉人实现上述条款首要条件就是必须依赖第三方的参与及其意思表示，而非被上诉人依其独立意志可

---

〔1〕　参见陈小君：《民事法律行为效力之立法研究》，载《法学家》2016 年第 5 期，第 111 页。
〔2〕　参见最高人民法院行政裁定书，(2018)最高法行申 3480 号。
〔3〕　参见福建省高级人民法院行政判决书，(2018)闽行终 130 号。

以成就的,这样的条件设定对于被上诉人权利的实现显然带来了困难。一方面,这样的条件设定没有考虑到被上诉人投资的实际状况以及投资额到位的各种可能性,不能对投资额到位作出合理的安排,简单规定一旦小于投资额就取消履约保证金,对于被上诉人而言显然也过于苛刻。另一方面,该协议中约定的履约保证金数额约占约定的企业搬迁补贴额的45%,如此巨额的履约保证金对于被上诉人的权利实现显然也是极为不公平的。因此,法院经审理后认为,被诉协议中关于企业搬迁补贴款支付程序的约定明显为被上诉人获得合法合理的搬迁补贴额附加了不平等的条件,违反了合同所应遵循的公平、平等的基本原则,行政协议存在显失公平的情形,应依法撤销被诉补偿协议,上诉人可在与被上诉人充分协商的基础上,遵循公平原则重新就补偿安置达成协议。

当前,订立行政协议时显失公平的情形多发生于土地、房屋等征收征用补偿协议之中,原因在于:第一,行政机关在与民事主体签订征收征用补偿协议时较不规范;第二,征收征用补偿协议中的民事主体往往缺乏足够的判断能力。另外,在因涉及补偿标准而认定是否显失公平的案件中,法院不能仅仅因补偿协议的形式或内容不规范就简单断定该协议在订立时显失公平。如即便行政机关对集体土地上的房屋参照《国有土地上房屋征收与补偿条例》予以补偿,也并不违反法律法规的强制性规定;而且通常情况下,国有土地上房屋征收补偿比集体土地上房屋征收补偿的标准相对要高,只要没有禁止性的法律法规规定,当然不能据此否定协议的效力。

(四)违反法律、法规的非强制性规定

为使行政协议得以签订和履行,行政机关会在行政协议法律关系形成前作出一系列行政协议行为。如在特许经营协议中,行政机关在与民事主体签订行政协议前作出的事项提出、公开招标、审核投标人资格、评审委员会的评估及公布中标结果等行为应当视作公法行为,要受到行政法律关系的调整。[1]行政协议法律关系形成前作出的行政行为出现效力瑕疵,对行政协议本身的效力会产生何种影响,需要根据上文论述的行政协议的效力规则进行判断。行政协议行

---

〔1〕 参见李霞:《论特许经营合同的法律性质——以公私合作为背景》,载《行政法学研究》2015年第1期,第22页;苏海雨:《论行政协议的双阶审查》,载《理论月刊》2018年第8期,第93页。

为作为行政机关的一种行政行为，需遵循依法行政原则，因而需要进行合法性审查。但是，并非任何状况下的违法均能导致行政协议被撤销，违法行政协议行为除具有前文所述的三种特定事由外，均处于无效或可撤销状态，而对行政协议无效的认定又应极为谨慎，仅在行政协议行为违反法律、法规的强制性规定时，才能认定行政协议无效。因此，当违法行政协议行为足以影响行政协议发生效力、不能补正或可补正未补正、不具有行政法基本原则、社会公共利益等阻却事由且违反的不是法律、法规的强制性规定时，行政协议也应处于可撤销状态。

政府机关与相对人签订合同后拟以行政合同违法为由撤销合同，但相对人认为政府应诚实守信，受访人是否赞成撤销该协议这个问题进行调查，关于行政合同签订后是否赞成行政机关以合同违法为由撤销合同，从受访者反馈的情况看，59.41%的受访者的答案是否定的，但也有39.23%的受访者支持撤销合同。从分类调查的结果看，59%的法官、66%的律师、56%的公务员、69%的法学教师、62%的其他非法律工作者都认为不应当允许行政机关以合同违法为由撤销合同。可见，大部分受访者认为应当保持合同的稳定性，撤销合同不能像撤销行政行为那样依照依法行政原则随时作出。（见图4－3、图4－4）

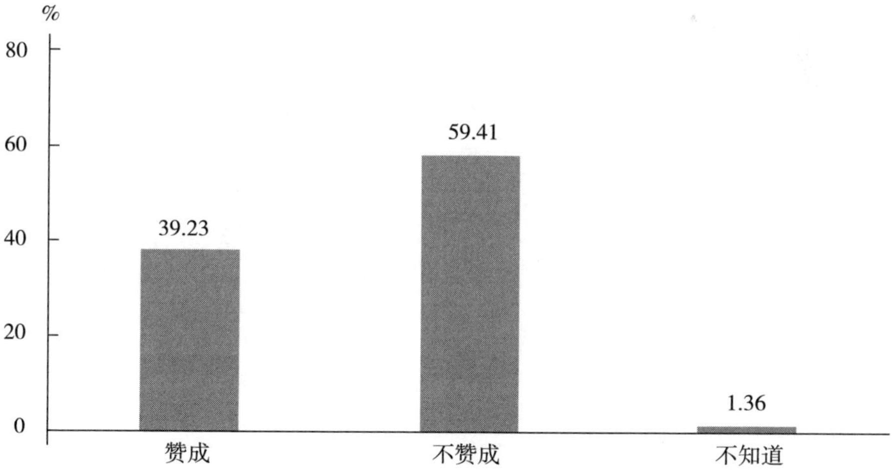

图4－3　受访者是否赞成行政机关以合同违法为由撤销合同

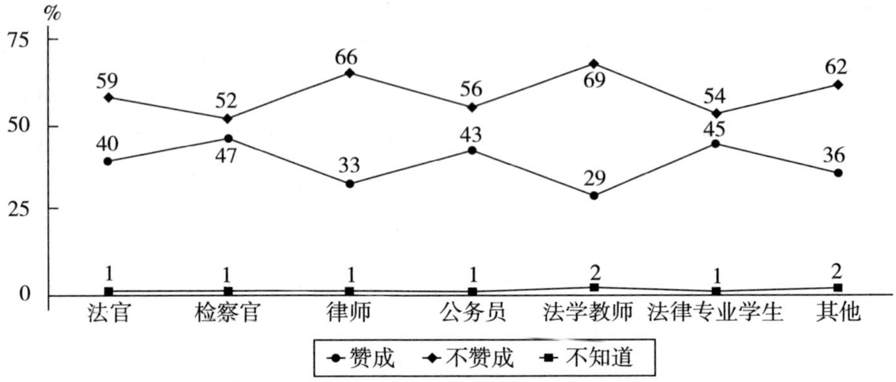

图 4－4　不同职业群体的观点

第五章　行政协议裁判依据的审查与适用

第一节　法律适用实践考察及适用规则解读

2014年《行政诉讼法》把行政协议案件纳入行政诉讼受案范围后，法院通过行政审判受理了大量的行政案件。从法律适用看，基本逻辑是把行政协议作为行政行为对待，既进行合法性审查，也进行合约性审查。2019年出台的《行政协议诉讼司法解释》在行政协议审理法律适用方面，只是对实践规则进行了确认，并没有大的创新。《行政协议诉讼司法解释》第27条规定："人民法院审理行政协议案件，应当适用行政诉讼法的规定；行政诉讼法没有规定的，参照适用民事诉讼法的规定。人民法院审理行政协议案件，可以参照适用民事法律规范关于民事合同的相关规定。"从上述规定看，民事诉讼法和民事合同的相关规定在行政协议案件中的地位是不同的。对于民事诉讼法律规范，是在《行政诉讼法》没有规定时才可以适用，而民事合同法律规范的适用并没有强调行政法或者《行政诉讼法》没有规定为前提。因此，在具体案件的审理中，有些问题本身就是协议性的，应当直接适用民事法律规范；有些问题是行政性的，应直接适用行政法律规范；有些问题是交叉性的，应综合适用民事和行政法律规范。

一、行政协议效力的审查

（一）优先适用行政法律规范

审理合同是否无效，优先适用行政法律规范，只有在行政法律规范没有规定的情况下，才适用民事法律规范。

在2019年《行政协议诉讼司法解释》制定以前，行政法实务界通说认为，行政协议是行政行为，审理行政协议案件，优先适用行政法律规范，只有在找不到合适的行政法律规范时，才适用与行政法律规范不抵触的民事法律规范，这一法律适用规则曾被最高人民法院2015年《行政诉讼法司法解释》所确认。[1]在夏某英、戴某香、何某成、何某诉邵阳市大祥区人民政府房屋征收协议案[2]中，法院认为，审理行政协议案件应当优先适用行政法律规范，只有在没有行政法律规范规定的情况下，才适用与行政法基本原则不相抵触的民事法律规范。该案中，被诉的行为是指挥部与何某成、何某签订的《征收协议》与《补充协议》。法院认为，两份行政协议的签订符合《土地管理法》及邵阳市有关集体土地上房屋征收补偿规范性文件的规定，内容合法有效。对两份协议合法性的审查判断，尚不需要适用原《合同法》的相关规定。该案中，法院首先直接适用行政法律规范判定行政协议合法有效，进而认为不需要适用民事法律规范，并得出在没有行政法律规范的情况下才能适用民事法律规范的结论。从裁判用语看，判决书只提到对行政协议进行合法性审查，并没有考虑到行政协议的效力性审查。从裁判思路看，对于行政协议效力的审查，法院依然遵循行政行为合法性审查的进路，合法即有效，并明确表明没有必要适用原《合同法》关于合同效力的规定。

同样，在再审申请人东至县大青湖生态渔业专业合作社诉被申请人东至县人民政府、东至县水产局行政协议案[3]中，法院认为，2013年安置细则不存在违反上位法规定的情形，属于合法有效的行政规范性文件，应当作为判断被诉的海棠区人民政府与翟某志等人签订2015年补偿协议行为以及不履行依法安置法定职责行为是否合法的根据。通过对2015年补偿协议内容与2013年安置细则规定的比较可以看出，2015年补偿协议有关翟某志等人安置房屋的约定，明显与2013年安置细则规定不符，严重损害翟某志等人依照细则应当获得的补偿安置权利，海棠区人民政府负有按照2013年安置细则规定依法对于翟某志等人进行安置的职责和义务。最高人民法院专门指出，一审、二审判决在行政诉讼法和行政法律规范有相应的判断标准的情况下，援引原《合同法》第52条规定判决确认2015年补偿协议无效不妥，最高人民法院予以指正。在该案中，一审、二审法院同时适用行政规范性文件和原《合同法》第52条的规定认

---

〔1〕 2015年《行政诉讼法司法解释》第14条。

〔2〕 参见最高人民法院行政裁定书，(2017)最高法行申6853号。

〔3〕 参见最高人民法院行政裁定书，(2017)最高法行申8386号。

定行政协议无效，但最高人民法院对于同时适用行政法律规范和合同法的裁判思路进行了纠正。从最高人民法院的上述判决来看，认为行政性才是行政协议的本质特征，在审查行政协议效力时，合同法只能作为补充。

事实上，对于行政协议效力的审查，虽然行政法有规定，但并不排除合同法的适用。行政协议效力审查时优先适用行政法的思路，只适合于实体法、程序法对行政协议相关制度规定比较全面的国家。但对于行政协议实体和程序法制缺失的国家来说，优先适用行政法的理念会导致行政协议中协议性的部分行政化，不能公平地解决协议类纠纷。2019 年《行政协议诉讼司法解释》颁布后，由于这种法律适用规则与新的规定不一致，不再适用。

（二）同时适用《行政诉讼法》和合同法判断行政协议无效

从收集到的最高人民法院关于行政协议的裁判文书看，判定行政协议无效法律适用的主流观点是同时适用《行政诉讼法》和原《合同法》的规定进行双重审查。在位某斌诉宜阳县人民政府协议无效案[1]中，法院认为，基于行政协议既属行政行为又具合同特征的双重属性，人民法院对于行政协议无效的判断，既应适用《行政诉讼法》关于无效行政行为的规定，同时也需适用民事法律规范中关于合同无效的规定。位某斌所提及的被申请人未尽到举证责任证明储备用地征地是合法行为，行政协议签订前未依法取得省政府批复、未依法取得村民会议同意、未依法安排足额补偿资金和社保费用等申请再审理由，均不足以证实被诉征地补偿协议存在《行政诉讼法》规定的行政行为无效和《合同法》规定的合同无效情形，其诉求确认被诉征地补偿协议无效没有法律和事实依据。该案的裁判思路是对行政协议的效力进行双重审查，同时适用公法和私法的规定。同样，在范某诉太和县城关镇人民政府、太和县人民政府行政协议案[2]中，法院认为，对于行政协议无效的判断，应同时适用《行政诉讼法》和《合同法》的规定。从本案看，即使再审被申请人采取停电等方式给再审申请人造成了压力，在此情形下签订的协议亦不可能导致损害国家利益，因此并不符合《合同法》第 52 条第 1 项规定的无效情形。此外，根据原审查明的事实，涉案土地系经省人民政府批准被依法征收，征地补偿安置方案经太和县人民政

---

〔1〕　参见最高人民法院行政裁定书，(2018)最高法行申 2130 号。
〔2〕　参见最高人民法院行政裁定书，(2017)最高法行申 2289 号。

府批准、太和县国土资源局公告，在此情况下被诉协议的签订亦不存在《行政诉讼法》第75条规定的行政行为构成无效的“重大且明显违法”的情形。该案中，法院结合具体案情以及申请人的申请理由，分别从行政诉讼法和合同法的角度分析了不能认定行政协议无效的理由。尤其是审理法院认为虽然存在评估程序违法等情形，但也不能认定该协议无效，体现了追求行政协议效力稳定性的价值理念。

在上述两个案件中，法院对于合同是否无效进行了双重审查，并明确认为审查行政协议的效力，应同时适用《行政诉讼法》和原《合同法》关于协议效力的规定。需要指出的是，从现有最高人民法院有关行政协议效力方面的生效判决看，虽然司法判决在说理部分强调对行政协议效力审查时要适用行政法律规范，但直接引用行政法律规范确认行政协议无效的案件却极为少见。相反，大部分裁决都是引用原《合同法》第52条的规定确认行政协议无效。事实上，对行政协议无效认定适用《行政诉讼法》关于行政行为无效的规定只是行政法官们的一种情怀，该裁判思路在具体案件中很难实施，但法官们又不愿意放弃这种能体现行政诉讼色彩的裁判思路。《行政协议诉讼司法解释》明确行政协议存在《行政诉讼法》第75条规定的重大且明显违法情形的，人民法院应当确认行政协议无效。同时人民法院可以适用民事法律规范确认行政协议无效，是对协议效力稳定性的一种抑制。

二、变更、解除合同等行为的审查

（一）行使行政优益权的行为是单方行政行为

行政优益权被认为是行政协议的主要特征，甚至被认为是区分行政协议和民事合同的关键。在行政协议中，行政机关具有双重身份，既是一方协议主体，也是管理者。行政机关作为管理者行使行政优益权的行为是行政行为，在司法审查中应当将其作为典型的行政行为进行审查。在周某跃、张某林、江某、张某红、薛某萍诉太原市杏花岭区人民政府回迁安置方案[1]中，法院认为，虽然《行政诉讼法》将违法变更、解除行政协议的行为纳入行政诉讼的受案范围，但法律并未对行政机关如何行使行政优益权作出明确规定。既然行政优益权是行政

---

〔1〕 参见最高人民法院行政裁定书，(2018)最高法行申3005号。

机关的单方行为，而且《行政诉讼法》第12条第1款第11项的规定中也使用了“违法变更、解除”的表述，那么人民法院对行政机关行使行政优益权的审查就是合法性审查。行政机关行使行政优益权就要具备为了公共利益或者存在其他法定事由的前提条件，具备事实根据，履行正当程序，保障相对人的陈述、申辩等程序权利。在该案中，法院认为单方变更行政协议的行为是具体行政行为，应当对其按照行政行为进行合法性审查。对此，也有观点认为，应当把行政协议和行政行为分离开来适用不同的审查标准，但问题并非如此简单。行政协议纠纷既有协议本身的有效、无效，也有是否应当解除、是否应当履行等，协议行为与行政行为交织在一起，具体的法律适用应当根据具体的审理对象确定。但有一点可以肯定，行政机关行使行政优益权作出单方变更或者解除行政协议的决定，系与协议相关的具体行政行为，与普通行政行为的合法性审查并无二致。

行政协议签订后，行政机关可与行政协议相对方协商变更或者按照协议约定及合同法的规定解除合同，此类行为视为私法上的活动，适用合同法。但行政机关为了公共利益需要单方变更或者解除合同属于公法上的行为，应符合行政行为合法性的要求。对此，《行政协议诉讼司法解释》第16条第1款规定：“在履行行政协议过程中，可能出现严重损害国家利益、社会公共利益的情形，被告作出变更、解除协议的行政行为后，原告请求撤销该行为，人民法院经审理认为该行为合法的，判决驳回原告诉讼请求；给原告造成损失的，判决被告予以补偿。”如果单方变更行为违法的，人民法院判决撤销或者部分撤销，并可以责令被告重新作出行政行为。另外，被告变更、解除行政协议的行政行为违法，人民法院可以判决被告继续履行协议、采取补救措施；给原告造成损失的，判决被告予以赔偿。

（二）依据合同约定或者法定解除或者撤销行政协议应适用合同法

解除合同了除依据约定解除、法定解除外，还包括行政机关行使行政优益权解除。如前所述，如果行政机关为了公共利益的需要行使单方解除权解除合同，应当作为具体行政行为进行审查。对于依据合同约定解除以及依据合同法的规定解除合同，解除行为是否有效，应当适用合同法的规定。《行政协议诉讼司法解释》第17条规定：“原告请求解除行政协议，人民法院认为符合约定或者法定解除情形且不损害国家利益、社会公共利益和他人合法权益的，可以判决解除该协议。”

在再审申请人湖北草本工房饮料有限公司诉荆州经济技术开发区管理委员会、荆州市人民政府行政协议纠纷案〔1〕中，法院认为，一审和二审法院一方面认定草本工房饮料有限公司的行为已符合合同约定解除条件，另一方面又以行政优益权肯认荆州开发区管委会作出的单方终止行为，既无必要，一定程度上也存在对于行政优益权的不当理解。行政优益权的行使必须是为了防止或除去对于公共利益的重大危害且须符合比例原则，同时应当遵循正当法律程序。从该案的裁判理念看，法院认为既然行政机关选择签订行政协议的方式履行职责，能够依照合同法解决纠纷的，就不应当动用行政权，否则就破坏了契约应秉持的平等理念。同时，该裁判文书较为深入地分析了行政优益权行使的条件、限制、程序和责任，是一份难得的好判决。

从比例原则看，行政协议签订后，如果能够依据合同法上的私法手段实现行政管理目的，就不应当动用对当事人影响过大的行政优益权。如果协议签订后，行政机关随意动用行政权，必然会给协议相对人带来难以预判的风险，违背了协议的平等性。因此，行政机关依照协议约定解除行政协议应依据合同法规定的程序，同时应当依据合同法承担法律责任。

在行政诉讼中，撤销行政行为的理由是行政行为违法，具体包括行政机关超越职权、滥用职权、证据不足、程序违法等。而撤销行政协议的理由无法适用《行政诉讼法》第 70 条的规定。撤销行政协议的理由应适用合同法的规定。为此，《行政协议诉讼司法解释》第 14 条规定：“原告认为行政协议存在胁迫、欺诈、重大误解、显失公平等情形而请求撤销，人民法院经审理认为符合法律规定可撤销情形的，可以依法判决撤销该协议。”

（三）行政机关只能为了公共利益需要行使单方变更权

行政优益权是一把“双刃剑”，既能发挥维护公共利益的目的，但也存在行政遁入私法的风险。行政机关在行政协议履行过程中有权行使优益权单方变更行政协议内容，但必须基于公共利益的需要。但公共利益又是一个不确定的法律概念，难以把握。在公与私的对抗中，司法要做到公正地认定公共利益，也并非易事。

---

〔1〕 参见最高人民法院行政裁定书，(2017)最高法行申 3564 号。

在司法审判中,对特定行政协议案件中公共利益的界定往往依赖于法官的自由裁量。当前,大多数法官并不会对公共利益进行具体认定,只要行政机关变更协议的目的在于完成行政管理目标,大都会认定为公共利益的需要,公共利益与行政管理目的直接挂钩。例如,在童某清诉贵州省铜仁市碧江区人民政府、贵州省铜仁市碧江区灯塔街道办事处、第三人铜仁市九龙房屋拆迁安置有限公司房屋征收补偿协议案[1]中,法院认为,与民事合同主体签订合同是为了自身利益不同,行政机关签订行政协议是为实现公共利益或者行政管理目标。在履行协议过程中,行政机关可以根据实现公共利益或者行政管理目标的需要单方变更、解除协议,由此造成公民、法人或者其他组织合法权益损失的,亦应依法予以补偿。案涉《房屋搬迁补偿安置协议书》涉及的安置宅基地的土地规划已变更,该市规划区范围内禁止私人建房。碧江区人民政府据此对原协议的安置方式进行变更,取消用宅基地进行安置的方式,实行参与式开发建设安置。该变更行为系为了公共利益的需要,该单方变更行为合法,并无不当。在本案中,法院依据土地规划的变更而认定行政机关变更协议中的安置方式属于公共利益的需要。值得注意的是,土地规划的变更仅是行政机关行政管理活动发生了变化,是否直接关涉公共利益还需要进行具体的考量。

行政协议本身就是为了实现行政管理的目标,维护公共利益,因此为了公共利益的需要,行政机关有权行使单方变更权。但如果允许行政机关随意动用行政优益权,将会导致行政协议的契约性丧失殆尽。例如,有地方政府以土地价格上涨为由解除招商引资合同,导致协议相对人利益严重受损。以情势变更为例,民法学界对于情势变更有着非常严格的限制并最终在合同法中将其删除。但在行政协议中,该原则往往与公共利益绑定在一起,成为行政机关行使行政优益权的理由,损害了行政协议的契约性。有观点认为,公共利益不应当成为行政协议中的霸王条款,更不应成为行政机关逃避合同风险、破坏交易安全的借口。[2]

---

〔1〕 参见最高人民法院行政裁定书,(2017)最高法行申4594号。

〔2〕 参见严益州:《论行政合同上的情势变更基于控权论立场》,载《中外法学》2019年第6期,第1511－1530页。

(四)基于纠正错误行使单方变更权

在行政活动中,依据依法行政原则和有错必纠的思路,对于违法或者错误的行政行为,行政机关可以通过程序纠正。但纠正违法或者错误也需按照正当程序且有法律依据方可为之。例如,在王某伏、李某凡诉郑州市金水区人民政府解除协议决定案[1]中,法院认为,依法行政原则要求行政行为保持合法的状态,该原则在行政协议领域也应得到遵守。通过恶意欺诈、胁迫或者通过对重要问题的不正确、不完整的陈述而订立的协议违法。金水区连片改造项目指挥部与再审申请人签订了《连片改造项目搬迁补偿安置协议书》,但在金水区连片改造项目指挥部调查核实时,再审申请人刻意隐瞒了与他人合作建房的事实,若此协议继续履行必将损害其他22户居民的合法权益,再审被申请人金水区人民政府乃作出决定解除协议书。法院认为协议相对人存在隐瞒行为导致协议损害他人利益,认为指挥部为了维护他人利益解除协议合法。该案中,法院允许行政机关适用行政法上的纠错程序解除行政协议并以行政行为的方式作出。同样,在再审申请人贵州省关岭布依族苗族自治县人民政府与唐某国变更房屋征收补偿协议一案中,法院认为,依据《行政诉讼法》第12条第11项规定,可以赋予行政机关非因行政优益权而在极个别情况下对案涉协议的变更权。为防止行政机关滥用上述权力,侵害当事人的合法权益,一般来说,应仅限于行政相对人存在欺诈、胁迫等主要归责于行政相对人,或者权利义务存在极度无正当理由的显失公平而损害国家利益和社会公共利益等情形。[2]本案阐述了行政机关在行政相对人存在欺诈等不值得信赖情形时,行政机关单方面解除行政合同的权力,但又指出行政机关不能滥用这种权力,只有在有证据证明行政机关存在上述情形时才有权作出单方变更或者解除协议的决定。

"有错必纠"是一项政治原则。在法学领域,有错必纠基于实质正义的范畴。在行政行为领域,有错必究与行政行为的撤销相通,在《行政许可法》中有集中的体现。但基于行政行为确定力规则和法的稳定性价值追求,错误行政行为的效力也应得到认可。原则上,对于授益行政行为,基于信赖利益保护,行政

---

〔1〕 参见最高人民法院行政裁定书,(2018)最高法行申9010号。
〔2〕 参见最高人民法院行政裁定书,(2018)行申8980号。

机关不得撤销授益性决定，而负担性行为不受此限。[1]行政协议非行政行为，如果存在欺诈或者错误，能否依照纠错程序撤销存在重大争议。依据合同法的规定，重大误解和欺诈符合撤销情形，行政机关可以依法诉请撤销行政协议。由于当前行政机关无法提起行政协议之诉，无奈之下允许行政机关通过行政决定的方式撤销合同，但必须遵循正当程序。应当注意的是，在兼具"行政性"与"协议性"的行政协议中，行政机关享有的并非仅是基于管理权的行政优益权，还包括行政机关相对于另一方当事人的协议权利，因此，行政协议诉讼不宜拘泥于传统行政诉讼的"被告恒定"原则。在未来系统建构行政协议诉讼制度时，应当考虑建构行政协议双向诉讼制度，允许行政机关为维护自身的协议权利向法院提起诉讼。行政协议双向诉讼制度的建构，不仅能大量降低行政机关行使行政优益权的频率，使私主体一方履行协议更具有可接受性，更为重要的是，其更符合行政协议中的"协议性"特征。在行政协议实体和诉讼制度建构过程中，应当保持一种理念，即能运用私法理念解决行政协议争议的，不能赋予行政机关行政优益权，否则行政协议最终仍会向行政行为靠拢，无法发挥行政协议应有的作用。

（五）关于行政协议依法解除以及解除后责任承担适用法律的规定

根据《民法典》的规定，合同不能履行是解除合同的法定情形之一，这种法定解除事由对于行政协议同样适用。例如，在刘某兵诉定远县人民政府、定远县定城镇人民政府行政协议案[2]中，最高人民法院认为，根据原《合同法》第94条第4项（《民法典》第563条第1款第3项）的规定，当事人一方迟延履行债务或者有其他违约行为致使不能实现合同目的的，当事人可以解除合同。本案再审被申请人与再审申请人签订的涉案《企业补偿协议》约定，定城镇人民政府从幸福路双塘安置点门面给予刘某兵门面房土地用于建安置房。但该土地已于2013年3月7日由定远县国土资源局拍卖出让给案外人。因此，《企业补偿协议》的上述约定显已无法履行，致使合同目的不能实现，再审申请人刘某兵关于解除《企业补偿协议》的主张应予支持。法律不强人所难，如果合同目的无法实现，允许当事人解除合同。法院认可在合同因规划变更不能履行的情况下

---

〔1〕参见章剑生：《"有错必纠"的界限》，载《中国法学》2013年第2期，第164－179页。

〔2〕参见最高人民法院行政裁定书，(2017)行申7069号。

相对人有权要求解除合同。关于《企业补偿协议》解除后，再审被申请人应当如何承担违约和赔偿责任的问题，法院认为，根据《合同法》第97条(《民法典》第566条第1款)的规定，合同解除后，尚未履行的，终止履行；已经履行的，根据履行情况和合同性质，当事人可以要求恢复原状、采取其他补救措施，并有权要求赔偿损失。上述案件中，在该土地使用权被拍卖出让致《企业补偿协议》无法履行的情况下，再审被申请人应当及时根据该土地的市场价值赔偿刘某兵的损失。关于合同解除后的责任承担方式，《民法典》有明确的规定，行政协议解除后的法律后果承担，也应当适用《民法典》的规定。

根据《民法典》的规定，合同解除可以分为协议解除、约定解除和法定解除。其中，《民法典》第563条规定了合同法定解除的四种情形，分别为不可抗力解除、预期违约解除、迟延履行解除和违约解除。此外，该条还规定了法律规定的其他可以解除的情形。关于行政协议的解除，如果出现《民法典》第563条规定的情形，协议主体可依法主张解除合同。根据《民法典》第566条的规定，合同解除后不再履行，并会产生损害赔偿责任。行政协议依法解除后，责任承担与民事合同并无二致，应适用《民法典》的规定。

三、合同不能履行的审查

这里所说的合同不能履行，是指行政机关基于法律或者事实上的原因不能履行，不包括行政机关为了公共利益需要变更或者解除行政协议的情形。

关于合同应否履行，适用原《民法典》上的“法律上不能履行条款”。合同签订后，若不能履行且有法定事由的，可以不再履行合同。例如，在张某荣诉山东省梁山县人民政府、山东省梁山县农业局、山东省梁山县拳铺镇人民政府不履行行政协议案[1]中，法院认为，该协议虽约定梁山县人民政府具有为张某荣在一定期限内颁发涉案农村土地承包经营权证的合同义务，但因在案证据不能证明张某荣已实际分得涉案土地并与后张庄村委会就涉案土地签订土地承包合同，其不符合《农村土地承包法》《农村土地承包经营权证管理办法》规定的发放土地承包经营权证的前提条件，因此该协议存在原《合同法》第110条第1项(《民法典》第580条第1款第1项)规定的“法律上不能履行”的情形，一审、二审法院据此判决驳回其诉讼请求和上诉，亦无不当。

---

〔1〕 参见最高人民法院行政裁定书，(2017)法行申4954号。

履行不能是一种普遍存在且经常发生的现象。其中,法律上不能履行与事实上不能履行是一对相对的概念。法律上不能履行是指合同签订后,履行变得不合法的情形,所以拒绝法律所禁止从事的行为并不构成违约。事实上不能履行即实际上不能履行,如标的灭失等〔1〕。根据《民法典》的规定,履行不能免除给付义务。行政协议中的法律履行不能和事实履行不能与民事合同无异,同样可以适用《民法典》的规定。

四、当事人适格

在大陆法系,基于意思自治理论,合同对缔约当事人双方具有约束力,意思之外的第三人当然被排除在合同效力之外,为合同相对性的确立提供了理论基础。英美法系基于对价理论,认为没有支付对价的第三人当然被排除在合同效力之外,建立了合同相对性的理论基础。〔2〕所谓合同的相对性,是指合同仅对缔约方产生效力,除合同当事人以外,任何其他人不得享有合同上的权利,也不承担合同上的责任。〔3〕在私法合同中,第三人介入合同关系也只是在信托、保险等特定的领域发生。受合同相对性原则的限制,在合同诉讼中,原则上原告、被告双方系合同主体,第三人一般不具有诉讼主体资格。

在行政协议诉讼中,原告、被告的确立要突破合同相对性的限制,通过行政法的利害关系理论和行政主体理论确立行政协议诉讼的原告、被告资格。例如,根据《行政协议诉讼司法解释》第 4 条规定,行政协议诉讼的被告恒定为行政机关且不得为原告,原告恒定为公民、法人或者其他组织且不得被反诉为被告。《行政协议诉讼司法解释》规定的行政机关为被告与《行政诉讼法》规定的行政诉讼中行政机关为被告的指向是一致的,如内部机构、派出机构等不具有行政主体资格的机构不能为被告。此外,《行政协议诉讼司法解释》第 4 条第 2 款专门规定因行政机关委托的组织订立的行政协议发生纠纷的,委托的行政机

〔1〕 参见时明涛:《论履行不能》,载《安徽警官职业学院学报》2017 年第 3 期,第 9 页。

〔2〕 参见王智慧:《试论合同相对性的理论基础》,载《当代经济》2016 年第 35 期,第 93 页。

〔3〕 参见陈璟:《试论合同相对性原则例外的涵义》,载《当代法学》2002 年第 5 期,第 45 页。

关是被告。关于行政协议的原告资格，根据《行政协议诉讼司法解释》的规定[1]，行政协议诉讼原告资格的确立不受合同相对性的限制，适用法律上的利害关系标准。一般而言，行政协议的相对一方与行政协议具有法律上的利害关系，具有行政协议诉讼的原告资格。但是，行政协议的原告不限于协议相对方，还包括其他利害关系人。例如，《行政协议诉讼司法解释》第5条规定的各类利害关系人。

（一）结合行政主体理论，适用合同相对性原则确定行政协议被告

行政协议也是协议，行政协议案件被告的确定，首先应当根据合同相对性的原则。例如，在陈某生、张某平诉安徽省金寨县人民政府房屋征收补偿协议案[2]中，法院认为，行政协议在主体、标的以及目标等方面与民事合同有很大差别，它是一种“最少公法色彩、最多私法色彩”的新型行政行为。与民事合同类似，行政协议同样是一种合同。基于合同相对性原则，只有合同当事人才能基于合同向合同的相对方提出请求或者提起诉讼，而不能向合同相对方以外的其他主体主张。在本案中，金寨县征补办系依据《国有土地上房屋征收与补偿条例》第25条与再审申请人订立房屋征收补偿协议。所以，再审申请人只能以协议的相对方金寨县征补办为被告，如果其以合同相对方以外的其他主体，如金寨县人民政府为被告提起诉讼，是对合同相对性原则的违反。当然，这种依据合同相对性确定行政协议案件被告的前提是协议中作为被告的行政机关具有行政主体资格，否则对被告的认定应突破合同的相对性。对此，前文已有详细论证，在此不再赘述。

（二）适用行政法上的委托理论，确定行政协议的被告

行政委托最早出现在行政处罚中，后来《行政许可法》也规定了行政委托制

---

〔1〕《行政协议诉讼司法解释》第5条规定：“下列与行政协议有利害关系的公民、法人或者其他组织提起行政诉讼的，人民法院应当依法受理：（一）参与招标、拍卖、挂牌等竞争性活动，认为行政机关应当依法与其订立行政协议但行政机关拒绝订立，或者认为行政机关与他人订立行政协议损害其合法权益的公民、法人或者其他组织；（二）认为征收征用补偿协议损害其合法权益的被征收征用土地、房屋等不动产的用益物权人、公房承租人；（三）其他认为行政协议的订立、履行、变更、终止等行为损害其合法权益的公民、法人或者其他组织。”

〔2〕参见最高人民法院行政裁定书，(2016)行申2719号。

度。行政委托，是指行政机关为了完成行政管理活动，将自己承担的管理事务委托有关的机关或者组织负责实施，但委托机关应当就委托事项负责。在行政协议签订过程中，有时也会出现上级政府委托下级政府签订协议的情形。例如，在大英县永佳纸业有限公司与四川省大英县回马镇人民政府不履行行政协议纠纷案〔1〕中，法院认为，依据《环境保护法》的相关规定，大英县人民政府作为其行政区域环境保护的责任主体，具有实施其行政区域环境保护治理工作的行政职责。《会议纪要》系在大英县委主要领导、县政府常务副县长及下属各主要行政机关负责人参与的情况下，为实现节能减排目标而作出的关于关闭永佳纸业有限公司的专题纪要。《资产转让协议书》的签订方虽为回马镇人民政府，但该协议是依照《会议纪要》通过永佳纸业有限公司的资产转让实现产业发展要求和环境治理的目标。回马镇人民政府系履行上级机关的决定，应视为大英县人民政府委托回马镇人民政府与永佳纸业有限公司通过案涉《资产转让协议书》设定了相应的权利义务关系。故原审法院认定大英县人民政府系本案的适格被告，并无不当。同样，关于行政委托中协议类案件被告确定规则，前文已有详细论证，在此不再作进一步分析。

（三）运用行政法上的利害关系分析协议案件的原告资格

一般的民事合同案件，是根据合同相对性确定合同的原告资格。但对行政协议来说，原告资格的确定规则是“合同主体 + 利害关系人”。也就是说，即使不是行政协议的主体，如果与合同的签订和履行有法律上的利害关系，也具有原告资格。例如，在西充县实验驾校诉四川省西充县人民政府行政协议案〔2〕中，法院认为，《行政诉讼法》第 25 条第 1 款规定：“行政行为的相对人以及其他与行政行为有利害关系的公民、法人或者其他组织，有权提起诉讼。”从该条规定可以看出，除行政相对人外，公民、法人或者其他组织提起行政诉讼，应当与被诉行政行为之间具有“利害关系”。行政协议案件亦不例外，行政协议的签订和履行不仅涉及协议当事人的权利义务，也可能影响行政协议当事人之外的利害关系人的权利义务。因行政协议发生争议提起诉讼时，仍应当按照前述规定考察原告资格。换言之，除协议各方当事人外，协议之外的第三人针对行政协

〔1〕 参见最高人民法院行政裁定书，(2017)行申 195 号。
〔2〕 参见最高人民法院行政裁定书，(2019)最高法行申 119 号。

议提起诉讼时，应当考察该第三人的合法权益是否因行政协议的签订和履行受到了法律意义上的实际影响。

五、关于起诉期限或者诉讼时效

（一）撤销单方变更、解除行政协议决定适用行政诉讼起诉期限

行政机关单方变更解除协议的决定系行使行政优益权的行政行为，对该行为不服提起撤销之诉，适用行政法规定的起诉期限。基于行政协议具“行政性”与“协议性”双重属性之特征，在行政协议的订立、履行的过程中，既存在行政机关行使行政优益权的行为，也存在与民事合同无异的私法行为。因此，行政协议之诉既有关系之诉的新特点，又有行为之诉的旧传统，应区分处理。行政协议虽然仍属于一种行政活动方式，但它却借用了民法合同的方式；行政机关与协议相对人之间虽然本质上不属于平等的民事主体，但却是以平等协商的方式订立并履行协议。正是基于这种平等性和双方性，当因为行政协议的订立和履行产生争议时，可以适用不违反行政法和行政诉讼法强制性规定的民事法律规范。行政机关因公共利益需要或者其他法定理由，可以单方变更、解除协议，这种行政优益权的行使，与传统的单方行政行为并无不同。因此，针对行政机关单方变更、解除协议的行为提起诉讼的，仍然适用《行政诉讼法》及其司法解释关于起诉期限的规定。

（二）撤销协议诉讼适用民法诉讼时效的规定

我国《行政诉讼法》上仅有确认协议无效的规定，并无协议撤销的规定。当然，符合法定条件的，当事人可以行使撤销权。当事人要求撤销协议必须符合《民法典》的规定，不能依据《行政诉讼法》的规定撤销。因此，撤销合同的诉讼时效应当适用民事法律规范的规定。例如，在再审申请人张某红诉山东省五莲县住房和城乡规划建设局、山东省五莲县人民政府房屋征收行政协议案[1]中，法院认为，根据最高人民法院《关于审理民事案件适用诉讼时效制度若干问题的规定》第3条规定，当事人未提出诉讼时效抗辩，法院不应对诉讼时效问题进行释明及主动适用诉讼时效的规定进行裁判。根据上述规定，诉讼时效的抗辩

---

〔1〕 参见最高人民法院行政裁定书，(2018)最高法行申3414号。

只能由当事人在诉讼过程中援引,法院不得依职权主动审查。所谓除斥期间,是指法律对某种权利规定的存续期间,主要适用对象为形成权,如撤销权、追认权等,其制度目的在于督促权利人尽快行使权利,以维护交易秩序和合同的稳定性。除斥期间与诉讼时效在制度设计上虽具有一定的共性,但也存在不同之处,如人民法院可依职权主动审查以确定除斥期间是否届满。根据当时的《合同法》第55条(《民法典》第541条)之规定,权利人行使撤销权应自知道或应当知道撤销事由之日起1年内行使,该期间系除斥期间,不存在中止、中断或延长情形,超出该期限即丧失撤销权的行使权利。在本案中,原审法院依职权主动审查再审申请人张某红行使被诉补偿协议撤销权是否超过期限,符合法律规定。

(三)要求行政机关履行协议,适用民事诉讼时效规定

行政相对人要求行政机关履行协议,行政机关不履行的,行政相对人提起诉讼时适用《行政诉讼法》中有关起诉期限的规定,还是适用民法诉讼时效的规定,理论上存在争议。有观点认为,行政机关不履行合同约定的义务属于不履行法定职责,应当按照《行政诉讼法》规定的不履行法定职责确定起诉期限。也有观点认为,这种不履行行为属于典型的合同违约案件,应适用民法关于诉讼时效的规定。在时某强诉郑州市二七区人民政府不履行行政协议法定职责案[1]中,法院认为,行政协议作为一种行政手段,既有行政性又有协议性,应具体根据争议及诉讼的性质来确定相关的规则适用,在与行政法律规范不相冲突的情况下可以参照适用民事法律规范。故本案系要求履行行政协议的案件,应参照民事法律规范关于诉讼时效的规定。笔者赞同本案判决的观点,因为行政协议的履行是协议当事人在完成协议的规定,属于典型的私法行为。在行政协议的履行过程中,行政机关完成其协议义务并不涉及公权力的行使,因而应当适用民法中有关诉讼时效的规定。

此外,《行政协议诉讼司法解释》还就行政协议案件管辖、举证责任、抗辩权等进行了规定,在此不再一一讲述。

---

〔1〕　参见最高人民法院行政裁定书,(2019)行申6818号。

第二节 各种法律适用模式评析

所谓法律适用，是指将抽象的法律规范适用于具体法律事实进行一种法律上的评价。本章所述的法律适用是广义的，不仅指对协议效力审查的法律适用，还包括行政协议诉讼相关法律问题的法律适用，如原告、被告资格确定、起诉期限或诉讼时效、举证责任等。法律适用是审判活动中最为关键的环节。我国的法律传统与大陆法系极为相似，有着公、私法的划分。一般而言，审理民商事案件适用私法，审理行政案件适用公法，在理论上基本没有争议。然而，在行政协议的审理上，问题却显得极为复杂。按照学界通说，行政协议既具有行政性，也具有协议性，即既应当适用行政法律规定，也应当适用民事法律规范。但究竟采用何种法律适用模式，至今尚无一致意见。

一、私法优先模式

在英美法系国家，没有公、私法的划分，政府合同与私人之间缔结的合同适用同样的法律规范。该种学说的主要理由是："既然行政机关旨在利用合同实现行政管理职能，它就应该遵守一般合同法的规则。行政机关如果因为公共利益的需要，要在合同中享有特别权利的话，必须在合同条款中明确规定。"[1]英国著名法学家戴雪认为，法治意味着每一个人受一个普通法律和一个普通法院治理，不允许任何人在法律之上。戴雪甚至还指出，法国的行政官吏立于普通法律之外，受制于特别法，是一种非法治的表现。[2]事实上，20 世纪初期，英美学者一直反对将行政法作为独立的法律部门。

因此，从理论上讲，在英美法系，无论是行政合同还是民事合同，都适用同样的法律规则。美国法院通常认为，一份政府合同和其他合同没有什么不同。[3]但随着福利国家、给付行政的出现，行政管理领域不断扩大，公共服务方式也发生变化。行政合同作为实现政策目标的手段被广泛应用。在英国，利用

---

〔1〕 参见余凌云：《论行政契约的救济制度》，载《法学研究》1998 年第 2 期，第 127－132 页。转引自韩津和、杨西虎：《行政合同的法律适用模式之选择》，载《法律适用》2014 年第 3 期，第86 页。

〔2〕 参见龚祥瑞：《宪法与法律——读戴雪〈英宪之法的研究导论〉》，载《比较法研究》1995 年第 3 期，第 321 页。

〔3〕 Lynch v. United States, 292 U. S. 571, 579(1934).

合同推行政策成为常见手段,如执行工资政策、社会政策和发展计划等。在美国,政府合同成为公共福利行政的主要方式。[1]

随着行政合同作为一种新型行政手段得到大量应用,私法规则已经无法满足规范合同的需要。一位美国教授认为,如果刻板地遵循私人合同规则处理具有公共属性的合同,或许会陷入极大的危险之中。[2]笔者甚为赞同。行政协议作为公私法融合的产物,如果仅适用私法规则,便证明其与民事合同在本质上并无不同之处。但是,因行政协议是行政机关"行政"的手段,其目的是履行行政管理和公共服务职能。正如前文所述,行政法不仅会对具有单方性、强制性的具体行政行为进行严格的控制,"行政"本身亦处于行政法的规制范围之中,因而作为"行政"手段的行政协议亦非例外。相较于民事合同,行政协议的协商空间更为狭窄,在行政主体的职权、行政协议的签订程序和行政协议的内容等方面会受到法律更为严密的约束。因此,在实践中,单一的私法模式实与行政协议的特征不相适应。对于行政合同来说,原则上适用私法规则,但也不排斥公法的适用。

二、单一行政法模式

法国系行政法的母国,其有着独特的法律规制体系,这一直是法国行政法的一大特色。法国的行政合同起源于行政机关以合同方式与私人合作开展公共服务的实践。经典的行政合同围绕保障公务服务的目标展开。但随着自由竞争理念的确立,法国行政机关的角色从公共服务转向营造良好的市场竞争环境,推动行政合同朝向竞争化、市场化发展,以承诺保障为指向的行政合同的安定性受到更多关注。[3]法国主要由判例和立法确立了一套与私法合同平行的较为完整的行政合同法体系。传统理论认为,行政合同是主客观内容混合体,与纯粹主观意义上的合同不同。早期,因行政合同引起的诉讼无法通过客观诉讼解决,行政法院没有管辖权。行政法院对行政合同的管辖,是通过判例逐步确立起来的。早期在公共服务理念的指引下,强调公共服务目标的实现,给行

---

〔1〕 参见高松元:《论法治行政与行政契约的亲和性》,载《当代法学》2002年第3期,第40页。

〔2〕 Donald Frenzen, *The Administrative Contact in the Uniated States*, 37 Georage Washington Law Review, 270 – 292(1968).

〔3〕 参见陈天昊:《在公共服务与市场竞争之间——法国行政合同制度的起源与流变》,载《中外法学》2015年第6期,第1676页。

政优益权的行使以极大的空间。在市场竞争理念的推动下，行政合同的合同性逐渐增加，行政色彩一步步减弱。为了维护合同的稳定性，法官在处理行政合同争议时更加注重平衡合法性与合同承诺的安定性。在合同有效性和合同履行之诉中，改变了公共利益至上的观点，注重二者之间的平衡。〔1〕尽管有这种转向，但从整体上看，法国行政合同主要适用自成体系的行政法模式。

从法国行政合同的法律适用状况来看，其因依靠判例和立法确立了一套与私法合同平行的行政合同法体系，所以可以适用单一的行政法模式。笔者认为，这应当是未来各国行政协议法律适用的发展方向。当前，我国虽已初步形成了一套较为完整的行政法律体系，但该体系是以具体行政行为为中心建构起来的，并未针对行政协议建构专门、系统的法律制度。因此，当事人间协商订立且互负权利义务的行政协议，目前在我国并不适用单一的行政法模式。从《行政协议诉讼司法解释》的发布可以看出，享有立法权的国家机关已经认识到行政协议相较于行政行为的不同之处，行政协议诉讼制度也已初步建构。但无法否认的是，《行政协议诉讼司法解释》仅是在现有行政诉讼框架内作出了些许突破，距形成系统完善的行政协议诉讼制度仍有较大差距。未来，我国应直视行政活动方式的多元化和行政协议自身的特点，尽快建构专门的行政协议实体与诉讼法律制度，从而同法国一样，适用单一的行政法模式。

三、行政法优先模式

1966 年德国联邦行政法院作出一项关于建设费用的判决，承认了行政合同的合法性。《联邦德国行政程序法》第 54 ~ 62 条专章规定了公法合同，行政合同在立法上得到承认。根据该法典的规定，公法上的法律关系可通过合同确立，且只要无禁止性规定，可通过合同代替行政行为。在合同效力判定方面，该法规定可准用民法典的规定。通过合同方式代替行政行为的，如具备行政行为无效内容的，合同无效。至于其他问题，该法规定，第 54 ~ 61 条没有规定的，适用该法的其他条款。另补充适用民法典的规定。

不难发现，德国审理行政合同案件以行政法为主，由于《联邦德国行政程序法》第 54 ~ 62 条对行政合同涉及的重要问题作出了规定，基本上可以解决

〔1〕 参见陈天昊：《在公共服务与市场竞争之间——法国行政合同制度的起源与流变》，载《中外法学》2015 年第 6 期，第 1676 页。

行政合同的法律适用问题。因此,《联邦德国行政程序法》没有规定的,适用民法作为补充。

值得注意的是,德国的行政法优先模式与我国行政协议案件审理过程中的行政法优先模式存在较大的不同,其是依靠《联邦德国行政程序法》在一定程度上建构了专门的行政合同制度,当这些制度中没有相应的规定时,可以适用民法的规定。众所周知,我国所谓的行政法优先,是以规制行政行为的行政法规则优先,而不是专门的行政协议制度优先。从德、法等国的法律适用模式来看,建构专门的行政协议法律制度实属必要,只不过在立法模式上,需要结合我国现行行政法律体系和规划进行确定。不过,即便通过专门立法的形式对行政协议法律制度加以规定,也有规定可以补充适用民法规则的必要。

关于审理行政合同案件是否优先适用行政法,问卷(见图5-1)中有78.21%的受访者认为应当优先适用行政法。从分类统计的情况看(见图5-2),有90%的法官、83%的检察官、85%的法律专业学生、67%的律师、65%的法学教师认为优先适用行政法。可见,审理行政案件应当优先适用行政法的观念还是比较强烈的。这也正是行政法学界需要改变的观念,否则,将会使行政协议案件的审理限于困境。

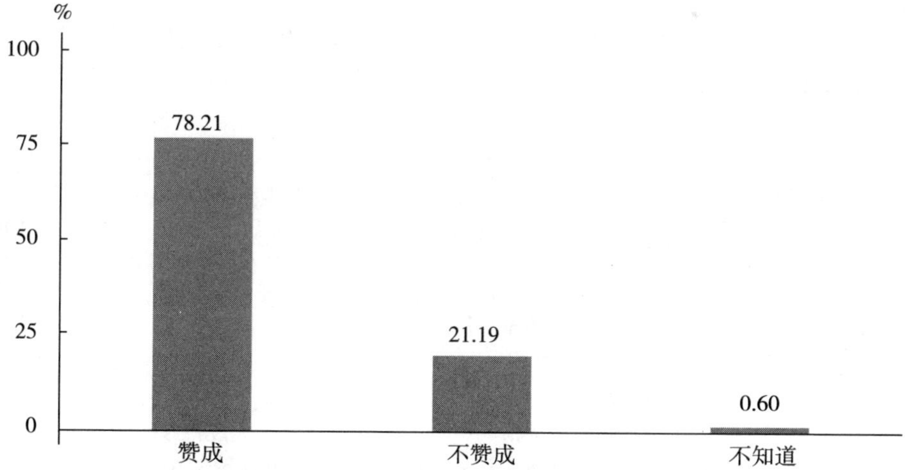

图5-1　受访者是否赞成审理行政合同案件优先适用行政法律规范

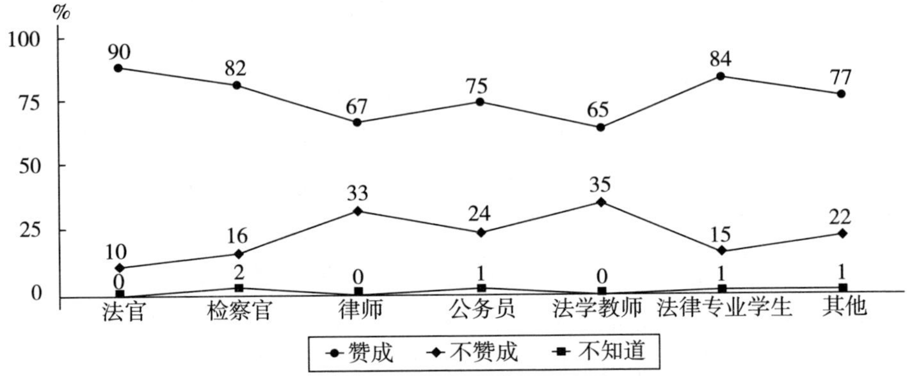

图5－2　不同职业群体的观点

从选取的典型案例看（见表5－1），最高人民法院基本认为审理行政协议案件既应当适用行政法，也应适用民法，但优先适用行政法的观点并不具有代表性。可以看出，即使是在最高人民法院，民事法律规范依然被认为是审理行政协议案件的参考，并非主要的法律依据。笔者认为，审理行政协议案件，应当民法与行政法并重。关于行政协议效力的审查，应当以民法为主，而非行政法为主。

表5－1　最高人民法院关于协议效力审查法律适用的代表性裁判要旨

案件名称	文号	裁判要旨
范某诉太和县城关镇政府、太和县政府行政协议案	（2017）最高法行申2289号	行政协议具有两面性，既有作为行政管理方式“行政性”的一面，也有作为公私合意产物“合同性”的一面。故行政协议既是一种行政行为，具有行政行为的属性，又是一种合同，体现合同制度的一般特征。对行政协议无效的判断，既适用《行政诉讼法》关于无效行政行为的规定，同时也适用民事法律规范中关于合同无效的规定
潍坊讯驰置业发展有限公司诉安丘市人民政府行政协议案	（2017）最高法行申7679号	行政协议作为一类特殊类型的行政行为，对行政协议效力的判断首先应当适用行政诉讼法关于无效行政行为的规定……脱离行政协议的行政行为属性，单纯援用民事法律合同无效事由条款否认行政行为的效力，动辄将双方经磋商达成合意的行政协议退回原点，既阻碍行政协议功能的发挥，又悖于协议订立之初的目的实现，也不利于协议相对人信赖利益的保护

续表

案件名称	文号	裁判要旨
李某会诉徐州市鼓楼区政府、鼓楼区琵琶街道办事处履行拆迁补偿协议案	(2018)最高法行申3123号	本案中,在琵琶街道办无证据证明该承诺存在《中华人民共和国合同法》第54条所规定的重大误解或违背一方真实意思表示等合同可撤销情形,抑或存在《中华人民共和国合同法》第52条所规定的损害国家利益、社会公共利益等可构成合同无效的情形,其所签订的拆迁安置补偿协议及承诺书即真实有效。琵琶街道办应按照承诺书内容继续履行安置补偿义务

四、民法与行政法并重模式

行政协议是双方协商一致的结果,也是履行行政管理职责的结果,具有行政性和协议性,不能仅强调私法自治,也不宜仅强调依法行政,要妥善嫁接公私法规则。〔1〕

将行政协议纳入行政诉讼的受案范围,必将引发对行政诉讼目的、功能、价值和理念的重新思考。行政协议类案件审查,既不能简单强调行政法优先,还是民法优先,更不是民法与行政法的机械相加,而是民法与行政法的有效衔接。目前,无论是法律规定、司法解释,还是法官的审理理念,都有“重行政、轻协议的倾向”。审理行政协议案件,我们必须清醒地认识到,行政协议的审理绕不开民法,行政协议的审判绝非行政法的内部事宜。〔2〕

因此,行政协议案件的审理应当坚持民法与行政法并重的模式,实现行政性与协议的双重关照。当然,即便今后民法与行政法并重的模式被法院在审理行政协议案件时广泛适用,我们也应清醒地认识到,行政协议作为一种新型行政手段,其与单方行政行为和民事合同均有所不同,民法中有关合同的规定是对民事合同的专门规定,行政法中的相关规定目前则主要围绕单方行政行为进行设计。因此,未来审理行政协议案件时,至关重要的还是建构专门的行政协议制度,只不过在当前,相较于其他模式,民法与行政法并重的模式更符合行政协议的特征。

〔1〕 参见耿宝建、殷勤:《行政协议的判定与协议类行政案件的审理理念》,载《法律适用》2018年第17期,第124页。

〔2〕 参见韩宁:《行政协议研究之现状与转向》,载《法治研究》2019年第6期,第137页。

第三节 并重模式下法律适用规则构想

一、决定行政协议诉讼法律适用的要素

(一)行政协议的性质:协议性和行政性的融合

“行政协议”是2015年修正生效的《行政诉讼法》确立的具有法律意义的概念,原本一直被称为“行政合同”或者“行政契约”。有观点认为,此次修法之所以采用“行政协议”一词,是由于学界对“行政合同”的概念尚未达成一致的认识,因而换个称呼,以凝聚共识,减少争议。[1]事实上,行政(合同)协议自产生以来,一直面临着违反意思自治和依法行政原则的双重诘难。可以说,直到现在,学界也没有解决行政协议的行政性与契约性的冲突。[2]如何阐释行政协议的行政性、审理行政协议案件时应如何考虑协议的行政性等问题的厘清是行政协议案件审理法律适用的关键之一。

首先,不能基于行政协议的行政性把行政协议定性为具体行政行为。行政行为的分类方式之一是把行政行为分为单方行政行为和双方行政行为。从现状看,行政法学界基本上认为行政协议的行政性是本质,且认为行政协议系行政行为的一种,契约性是其表面特征。还有观点认为,行政协议的主要矛盾在于行政行为,合同性是次要方面。[3]例如,王学辉教授提出,行政协议本质上属于行政行为中的双方行政行为,其准确的概念应为“协议性行政行为”或“行政协议行为”。[4]沈福俊教授提出,行政合同具有协议性,但整体上属于行政行

---

〔1〕 参见陈无风:《行政协议诉讼:现状与展望》,载《清华法学》2015年第4期,第95页。

〔2〕 参见张启江:《“行政”与“协议”的融合与冲突——行政协议制度研究三十年》,载《时代法学》2016年第5期,第36页。

〔3〕 参见龙凤钊:《行政合同的法律属性——从行政合同行为的双重特征分析》,载《武汉科技大学学报(社会科学版)》2013年第5期,第558页。

〔4〕 参见王学辉、邓稀文:《也谈行政协议族的边界及其判断标准》,载《学习论坛》2019年第1期,第82页。

为。[1]黄学贤教授提出，行政协议是一种特殊的行政行为。[2]也就是说，行政法学界一直认为行政协议是行政行为，把行政协议的行政性理解为行政行为。由此可见，无论是在行政法理论界，还是在实务界，行政协议属于行政行为的主张始终占据主流。如果把行政行为理解为广义的行政活动方式，把行政协议定位为行政行为也不会产生什么影响。事实上，行政法学界都是从《行政诉讼法》上界定行政行为的。如此一来，如果按照具体行政行为的效力和行政诉讼法规定的有关具体行政行为的审查规则对行政协议进行司法审查，就会带来灾难性的后果。

从具体行政行为的定义和构成看，行政协议不具有具体行政行为的公定力、确定力、拘束力和执行力，与具体行政行为存在重大差别，对此，前文已有所述。的确，行政协议具有行政性特征，但其行政性特征并不意味着行政协议是具体行政行为。为此，有观点指出，行政行为论已经成为行政协议理论发展的主要"瓶颈"。[3]行政协议行政性的特征主要在于行政任务或者行政目的的实现以及其行政优益权的存在。行政协议本身是一种契约，而非具体行政行为。[4] 有学者指出，行政协议与行政行为的关系本应由实体法律规定，但从我国的情况看，却是由行政诉讼法沿着诉讼制度的路径构建的。因此，定位行政协议和行政行为之间的关系，应从两种行政活动方式的思路进行解答。[5]

其次，行政协议的行政性并不意味着行政协议受法律保留原则的约束。行政法上法律保留原则的适用范围是有限的，并不像法律优先原则适用于所有的行政活动。从其他国家的情况看，一般认为行政协议不受法律保留原则的约束。例如，《联邦德国行政程序法》规定，只要没有相反的规定，行政机关可以以行政协议的方式替代行政行为。但在我国，行政活动受依法行政原则的限制是主流观点，既然法律保留是依法行政的内容，行政协议自然受法律保留原则的限制。麻锦亮认为，考虑到我国的实际情况，有必要坚持法律保留原则，强调行

---

〔1〕 参见沈福俊：《司法解释中行政协议定义论析——以改造"法定职责范围内"的表述为中心》，载《法学》2017年第10期，第91页。

〔2〕 参见黄学贤：《行政协议司法审查的理论研究与实践发展》，载《上海政法学院学报》2018年第5期，第102页。

〔3〕 参见韩宁：《行政协议研究之现状与转向》，载《法治研究》2019年第6期，第134页。

〔4〕 正因如此，修法之前，旧行政诉讼法中的具体行政行为一直不包括行政协议，但实践中法院审理行政协议的案件也普遍存在。

〔5〕 参见刘飞：《行政协议诉讼的制度构建》，载《法学研究》2019年第3期，第36页。

政机关订立行政协议要于法有据，对于行政机关无职权、超越职权订立的协议，应当认定无效。但同时，麻锦亮也指出，不能完全照搬行政行为的规定，否则就会出现体系混乱。[1]笔者认为，行政协议作为一种新型活动方式，是克服传统高权行政行为的缺陷，充分彰显民主、平等、协商价值的契约性行为。如果法律没有禁止性规定，行政机关就可以以行政协议的方式作出，不受法律保留原则的限制。

最后，行政协议的行政性主要体现在协议的目的和内容方面。行政法的母国法国区分行政合同与民事合同的标准主要是合同是不是为了实现公务目标。但有学者指出，法国的标准并不适合我国，并进而提出行政性是指行政机关所处分、所交易资源的公共性，而不在于这些合同是不是为了直接服务于公众，是否属于公务执行。[2]行政协议是一种柔性行政活动方式，是基于协商订立的。虽然协议上权利义务不完全对等，但协议主体双方的法律地位是平等的。行政协议与行政行为最大的区别就是去除了命令性和强制性。镶嵌了行政优益权的协议，本质上是合同和行政活动方式的融合，但并非行政行为。例如，国有土地使用权出让合同通过行政协议的规范解释，能够实现土地资源价值最大化、效益最大化，并且能更好地规范行政权力，保护私人利益。因此，既然是一种行政活动方式，就存在不同于民事合同的特殊规则，就应当遵循行政法的基本原则。尤其是在具体行政协议规则缺失的情况下，行政法的基本原则在行政协议案件审理中就显得非常重要。

因此，行政协议的审理绝非行政法学界的内部事宜，必须展开行政法学科与民法学科的对话，实现行政性与协议性的融合，否则就无法理顺行政协议案件的审理机制。

（二）民事审判还是行政审判之争

行政协议纠纷究竟是通过民事诉讼解决，还是通过行政诉讼解决，理论上和实践中一直存在争议。《行政诉讼法》于 2014 年修改之前，基本上是行政审

[1] 参见麻锦亮：《纠缠在行政性与协议性之间的行政协议》，载《中国法律评论》2017 年第 1 期，第 59 页。

[2] 参见陈国栋：《行政合同行政性新论——兼与崔建远教授商榷》，载《学术界》2018 年第 9 期，第 104 页。

判庭审理与协议相关的行政行为纠纷，民事审判庭审理民事性争议，被称为民事诉讼与行政诉讼并行的模式。[1]2014年《行政诉讼法》修正明确了行政协议属于行政诉讼的受案范围并列举了典型的行政协议类型。尤其是2019年最高人民法院专门通过的《行政协议诉讼司法解释》明确了行政协议的概念并增加列举了常见或者有争议的行政协议的类型，似乎解决了行政协议审理途径的争议。但事实上，理论界和实务界并未停止应通过民事审判还是行政审判解决行政协议争议的争论。

民法学界认为，如果把有些协议认定为行政协议并通过行政诉讼解决，首先会置行政相对人于非常不利的境地，如无法适用民事法律。其次，无处不在的行政优益权会使行政相对人的权利无法得到有效的保障，也无法得到充分的救济。[2]行政法学界则认为，行政协议是世界各国广泛采用的行政活动方式，否定行政协议的存在是不现实的，也是不可能的。虽民事诉讼能解决协议性纠纷，但民事法庭无法对行政行为的合法性进行审查，难以解决因行政性内容引发的争议。相反，通过行政诉讼解决行政协议纠纷，并不排斥民事法律规范的适用，同时还能利用行政法对行政权进行限制，有着民事审判不可比拟的优势。

耿宝建认为，现行立法把行政协议纳入行政诉讼的受案范围，有以下优势：第一，通过对行政协议的合法性审查实现保护公共利益的目标。第二，通过行政诉讼已经形成的对法规命令的多级审查适用机制，更有利于法律、法规、规章的统一实施。第三，行政诉讼除关注主观权利实现外，还关注行政机关的组织、权限和程序，关注与协议缔结、履行、变更、解除等相关联的行政行为作出的条件，以及协议与行政目的是否不当联结等。因而，通过行政诉讼解决行政协议争议能较全面监督制约行政机关的缔约和履行行为，更有效地防止权力寻租、内幕交易和不正当竞争。第四，民事诉讼通常不会依据《行政诉讼法》的规定审查行政行为的合法性；行政诉讼程序则既可以依据《行政诉讼法》的规定审查行政行为的合法性，也可以依据《民事诉讼法》等民事法律规范一并审理相关的民事争议。通过行政诉讼方式审理行政协议纠纷，更有利于一并解决相应的其他行政、民事争议，也能够防止不同审判程序的不统一问题，并减少行政管理的成本。第五，行政诉讼在诉讼权能承认、审级救济、诉讼费用、诉讼类型、举证责任

---

〔1〕 参见刘飞：《行政协议诉讼的制度构建》，载《法学研究》2019年第3期，第41页。

〔2〕 参见崔建远：《行政合同族的边界及其确定根据》，载《环球法律评论》2017年第4期，第28页。

等方面，都更便利相对人、利害关系人的权利救济。[1]应当说，上述分析是客观的、全面的。

当然，事物都有两面性。行政审判的确具有监督行政机关依法行使职权的目的，但如果把行政协议当成行政行为进行审理，忽视其契约性的内涵，也是极其危险的。为了解一线实务人员和理论界对于通过行政诉讼审理行政协议案件利弊的具体观点，笔者设计了如下问题并进行了深度访谈。

有观点认为，将合同认定为行政协议并纳入行政审判的范围，破坏了协议的平等性，会导致行政机关滥用行政优益权，不利于保护相对人的合法权益。

从访谈结果看（见表5－2），大多数受访者认为通过行政诉讼审理行政协议案件，不会导致行政机关过度行使行政优益权，相反可以对行政优益权的行使进行有效的规范和限制。但也有个别受访者认为，如果将合同认定为行政协议，就给了行政机关行使行政优益权的空间，司法的控制也会失灵。但也有法官认为，无论是行政协议，还是民事合同，都无法避免行政机关行使行政优益权；相反，通过行政诉讼能更好地限制行政机关行政优益权的行使。

表5－2　访谈内容汇总

<table>
<tr><th>被访对象</th><th>原始访谈话语</th><th>总结</th></tr>
<tr><td>1号法官</td><td>不赞同。有规则约束，尤其是近三十多年的行政审判实践取得了长足发展，在已经起到了制度性保障作用的情况下，行政机关滥用行政优益权的可能性很小，即使存在，也可以通过行政诉讼得到矫正</td><td rowspan="4">在四位法官中，只有4号法官认为行政协议破坏平等性且行政机关可能会滥用行政优益权，其他三位法官认为可以通过行政审判约束行政优益权或者认为行政优益权的存在是正当的</td></tr>
<tr><td>2号法官</td><td>不赞成。无论是按照民事合同还是按行政协议审理，行政机关的行政优益权自始至终都是存在的，审查行政优益权行使是否适当的核心标准是否为了社会公共利益。且行政协议天生就是“不平等”的，行政相对人在与行政机关签订协议时就明白这一点，只不过是在合同中把双方的条件、权力义务约定清楚罢了</td></tr>
<tr><td>3号法官</td><td>这种说法只考虑了消极的后果。积极的后果是，使行政协议更有利于公共利益的维护和最大化实现</td></tr>
<tr><td>4号法官</td><td>有这个可能性，可能不利于保护相对人的权益，可以慢慢探索，借鉴域外经验</td></tr>
</table>

〔1〕参见耿宝建、殷勤：《行政协议的判定与协议类行政案件的审理理念》，载《法律适用》2018年第17期，第124页。

续表

被访对象	原始访谈话语	总结
1号教师	不赞成。行政协议中行政机关的行政优益权和民事合同中单方变更权的基本逻辑是一致的。行政优益权不是司法解释的授权,也是要看实体法、看合同条款。如优益权中的指导监督权、处罚权,都是来自法律、行政法规的授权,它本身不依赖合同的约定而存在。至于优益权中的单方变更权、单方解除权,它虽不需要法律、法规授权,以公共利益的需要为前提行使,但它必须和补偿、赔偿挂钩。例如,单方解约权的行使前提无疑是财务平衡。只有在补偿相对人因解约而遭受的损失的情况下,方能行使单方解除权	四位教师基本上都不赞成行政协议破坏协议的平等性,但认为行政优益权的行使是有条件的,且通过行政审判能够有效规范行政优益权的行使;相反,通过民事诉讼则无法达到这样的效果。其中,2号教师认为将合同认定为行政协议,有行政机关滥用行政优益权的风险
2号教师	有这种风险,但不能成为排除行政审判的关键事由。行政协议的出现是行政方式由强制向协商的发展结果,其与民事合同有平等性最大公约数,这也是司法能适用于行政协议的基础,但其本质还是行政活动形式之一,这就涉及行政职权运用的合法性审查,自属行政诉讼法的范畴	
3号教师	不赞成。行政协议的双方当事人在法律上是平等的,不应将其理解为不平等关系。将行政协议纳入行政诉讼属于立法上的诉讼途径选择问题,与实体权利义务的分配无必然关系。行政机关是否有可能滥用行政优益权,属于实践中司法适用问题,取决于法院在审查时是否能够严格限定解释适用"公共利益"标准,行政机关提交的支持其行使优益权的证据是否充分等	
4号教师	不赞成。行政机关滥用优益权要承担相应的行政法律责任。这本就是将其纳入司法审查的重要原因,不能颠倒因果;相反,如果把本应当纳入司法审查的行政协议纳入民事救济,行政机关滥用优益权及施加对国家审判权的不当干扰,才会真正损害行政相对人的合法权益	
1号律师	不赞成。行政优益权只是行政协议案件审理的一个对象。恰恰是因为行政机关自带优益权,所以将行政协议案件纳入行政审判范围,有利于通过行政法律规范规制行政机关优益权的行使。行政协议双方在订立协议时就处于天然的不平等地位,但是二者通过签订协议建立起协议关系,因协议对双方约束力的平等性而形成平等关系,所以,协议的平等性不因协议中的某一方面(如行政机关优益权的行使)而改变	四位律师均不赞成将合同认定为行政协议将会破坏协议的平等性,不认为行政机关会滥用行政优益权,都认为通过行政诉讼有利于监督行政机关行使行政优益权,比民事诉讼有更好的维权效果

续表

被访对象	原始访谈话语	总结
2号律师	行政协议更多的是约束行政机关。在行政机关不履行或者怠于履行协议义务时,相对人通过诉讼程序保护自己的合同权益。因为司法审判是监督行政机关的,因而不会导致行政机关滥用行政优益权	
3号律师	不赞成,一方面,行政协议本身就是不平等的,行政机关基于公共利益的优益权客观存在;另一方面,如果认为其属于民事协议同样不利于民事主体权益的维护,民事协议诉讼费高,无法摆脱地方管辖,这都将造成维权困难	
4号律师	不赞成	

笔者认为,行政协议是行政机关履行行政管理和公共服务职责的一种行政手段,行政协议的目的决定了其应当属于行政诉讼受案范围。当然,即便从行政优益权的角度加以考虑,相较于民事诉讼,通过行政诉讼程序和合法性审查模式审理具有具体行政行为性质的行政机关行使行政优益权作出的行为更具优势。但正如前文所述,行政优益权不是将协议认定为行政协议的因素,也不是将其纳入行政诉讼受案范围的主要原因。

(三)行政协议效力审查与合法性审查的关系

在行政协议案件审查中,必然包含对行政协议效力的审查,而效力性审查与合法性审查存在重大差别。《行政诉讼法》上的合法性审查主要针对具体行政行为,无法直接适用于行政协议。最高人民法院江必新副院长指出,在形式法治主义观念之下,把合法性和效力做较简单的对应,认为合法即有效,违法即无效。实质上,上述观念由于过于呆板僵硬,不适应实践发展的需要,已经做出调整。合法、违法是以法律规范为参照的单一维度判断,而效力判断本质上属于价值判断。合法性判断属于效力判断过程中的一个步骤,效力判断还包括合目的性、效率等价值判断。因此,出于效率的考虑,存在小的程序瑕疵的行为仍然可以被视为有效。[1]当然,江必新副院长强调的效力与合法的区别既包括行

---

〔1〕 参见江必新:《行政协议的司法审查》,载《人民司法(应用)》2016年第34期,第10页。

政行为，也包括行政协议，甚至其认为行政协议就是行政行为。但笔者认为，行政协议的效力判断与行政行为的效力判断应适用不同的规则。像违法的民事合同并非无效的合同一样，违法的行政协议也并非无效。而且，从信赖保护原则角度出发，行政协议的效力应当比民事合同更加稳定。

行政协议的效力不同于行政行为的效力，行政协议的合法性与民事合同的合法性有一定重合。行政协议的效力审查与合同的效力审查的方向和标准基本上应当一致。如上章所述，行政协议的有效要件、撤销理由、无效理由和民事合同的审查标准基本一致，主要适用《民法典》的规定，但并不排斥行政法的适用。事实上，《行政协议诉讼司法解释》撤销行政协议的理由与《民法典》也基本一致。如何理解《行政协议诉讼司法解释》同时适用《行政诉讼法》行政行为无效和《民法典》合同无效的规定，不但重要，而且复杂。违法的行政协议是否应当撤销，也是审查行政协议纠纷需要厘清的重要问题。按照《行政诉讼法》的规定，依据行政行为的合法性审查原则，一般违法的行政行为应当撤销，重大明显违法的行政行为应当确认无效。但笔者认为，行政诉讼中的合法性审查原则不适用于行政协议案件的审理。如果像对待行政行为那样，违法的行政协议要么被撤销，要么被确认无效，正如有些学者所担心的，会带来极大的灾难。

从《行政协议诉讼司法解释》的规定看，虽然行政协议诉讼中要求行政机关证明行政协议的订立、履行等合法，但并没有规定不能证明行政协议合法的法律后果，也没有规定违法的协议应当被撤销。但如果行政诉讼中适用合法性审查原则，行政协议一旦违法就被撤销，将会大大破坏协议的稳定性。事实上，合法性也是民事合同的有效要件，但并非所有违法的合同都应被否定效力。对于行政协议来说，不能简单通过依法行政的原则去审视，认为违法的行政协议都可以撤销或者确认无效。否则，行政协议的稳定性会受到破坏，行政相对人轻易不敢与行政机关签订行政协议。如在时某某诉郑州市二七区人民政府不履行行政协议法定职责案[1]中，法院认为，在要求履行行政协议案件中，既要对行政协议的合法性进行审查，也要与保护相对人信赖利益、诚实信用、意思自治等基本原则进行利益衡量，只有在行政协议存在重大、明显违法，违反法律法规的强制性规定，损害国家利益、公共利益及他人合法权益时，相关条款才能确认

---

〔1〕 参见最高人民法院行政裁定书，(2019)行申6821号。

无效,否则应当认可行政协议的效力。在本案中,案涉安置补偿协议是双方的真实意思表示,符合原《合同法》的有关规定,且在协议签订过程中,二七区人民政府处于主导地位,应已了解时某某的房屋及宅基地情况,双方在协议中对宅基地实际使用面积已经进行了确认。现二七区人民政府以宅基地面积超过法定标准且未经确权为由,在未对该协议依法作出处理的情况下单方停止支付剩余的过渡费,违反了诚实信用原则,损害了行政相对人的信赖利益和协议约定的义务,原审法院判决二七区人民政府继续履行协议约定的义务,并无不当。该案,主审法官认为,虽然补偿协议可能存在错误,但基于信赖保护原则,应确认协议有效。但如果按照行政行为的审查思路,基于有错必纠的逻辑,撤销行政协议将会使民众对行政机关通过行政协议的方式进行管理活动极度失望,会使公众对协议这一方式丧失信心。

为深入了解一线人员和理论工作者对于行政协议效力审查的法律适用,笔者设计了如下问题并进行了深度访谈。(见表5-3)

受访者认为审查行政协议的效力问题,是否可以适用行政法或者行政诉讼法的相关规定?

表5-3 访谈内容汇总

<table>
<tr><th>被访对象</th><th>原始访谈话语</th><th>总结</th></tr>
<tr><td>1号法官</td><td>行政诉讼法或行政法中关于无效行政行为的情形可以适用</td><td rowspan="4">关于行政协议效力的审查,1号法官认为可以适用行政诉讼法无效的规定,3号法官认为可以适用行政法的基本原则,2号、4号法官提出了多处可以适用的规定</td></tr>
<tr><td>2号法官</td><td>(可以适用的情形包括:——作者注):(1)关于法定(缔约)程序的规定;(2)职权法定及不能超越职权和滥用职权的规定;(3)不得显失公正(明显不当);(4)保护行政相对人的信赖利益;(5)不得侵害国家利益、社会公共利益以及他人合法权益;(6)行政优益权;(7)政府应当守信践诺原则</td></tr>
<tr><td>3号法官</td><td>行政法的基本原则、具体部门法的实体规范(如职权依据、行为程序、法律责任等条款)、行政诉讼法中的判决条款都可以适用</td></tr>
<tr><td>4号法官</td><td>(可以适用的情形包括——作者注):(1)适用法律、法规是否错误的;(2)是否违反法定程序的;(3)是否超越职权的;(4)是否滥用职权;(5)是否明显不当的</td></tr>
</table>

续表

<table>
<tr><th>被访对象</th><th>原始访谈话语</th><th>总结</th></tr>
<tr><td>1号教师</td><td>可以适用给付之诉、确认之诉的规定（包括行政赔偿补偿之诉、确认无效和确认违法之诉的规定），一般不适用形成之诉（撤销行政行为的规定）</td><td rowspan="4">1号教师认为不能适用撤销的规定，其他关于确认、给付的规定均可适用；2号教师认为适用职权的规定；3号教师认为主要适用民事法律；4号教师认为主要看行政机关的意思表示</td></tr>
<tr><td>2号教师</td><td>涉及行政职权的事项均可适用</td></tr>
<tr><td>3号教师</td><td>应主要适用民事法律，行政诉讼法作为补充</td></tr>
<tr><td>4号教师</td><td>审查行政协议的效力问题主要看行政机关意思表示形成及行政法律效果意思表达的相关规定，行政机关的动机一般不属于审查范围</td></tr>
<tr><td>1号律师</td><td>不能因为现行行政法律规范在适用于行政协议案件时存在冲突就选择适用，这样违背法律适用的基本原则。存在冲突时，仍应遵循原则优先于规则的法理，根据案件具体情况，选择法律适用，但是不能预先设定法律选择</td><td rowspan="4">1号、2号律师认为应结合具体情况，2号律师特别指出适用行业实体法的规定；3号律师认为主要适用职权方面的规定；4号律师认可《行政协议诉讼司法解释》的规定、《行政诉讼法》关于行政行为无效的规定等</td></tr>
<tr><td>2号律师</td><td>行政实体法与行政机关的职权相联系。关于具体的行政实体法，不同行业有不同规定，不好具体明确，只能在实际的行政管理过程中把握。而《行政诉讼法》就比较具体地规定了行政效力的认定，如《行政诉讼法》第75条</td></tr>
<tr><td>3号律师</td><td>行政主体及职权的规定，上级机关批准的程序、行政许可的程序</td></tr>
<tr><td>4号律师</td><td>《行政协议诉讼司法解释》第12～16条，《行政诉讼法司法解释》第15条第2款，《行政诉讼法》第75条</td></tr>
</table>

从访谈结果看，有的受访者认为行政法的基本原则可以适用，有的受访者认为效力问题应适用民事法律的规定，也有受访者认为行政行为无效的规定可以适用。受访者对于该问题的回答凸显了行政协议效力审查的混乱与复杂，也揭示了深入研究该问题的重要性。

二、行政协议案件的审理理念及行政法基本原则的适用

（一）行政协议案件的审理理念

将行政协议纠纷纳入行政诉讼的受案范围，也将带来对行政诉讼功能、定位、

性质和未来发展的新的思考。王利明教授指出:"合同法与行政法、宪法之间具有内在的紧密联系,如果不了解合同法,那么就很难真正地理解行政法与宪法……法学本身就是一个完整、开放的体系,各个法学分支本身就是有机联系不可分割的。"〔1〕对此,笔者深以为然。例如,在美国,法院审查政府合同纠纷,适用普通合同规则是非常自然的做法。〔2〕耿宝建法官认为,行政审判在审理协议类行政案件时,应当扬弃对传统行政行为单向度的审查习惯和思路,在坚持合法性审查、维护公共利益的同时,还应当充分继受民法上诚实信用、意思自治等基本原则和理念,将行政法上的信赖利益保护原则与民法上的诚实信用原则相互嫁接,将行政法律规范与相应民事法律规范有效衔接,既坚持依法行政又诚实重约守信,既遵守法律法规规定又尊重双方意思自治,既维护公共利益又促进交易安全,以在行政管理目标的实现和私人权利保障之间求得平衡。〔3〕

行政协议是公法私法化的产物,是借用私法手段完成公法任务的活动方式。因此,审理行政协议案件,既不能把协议当成行政行为审查,也不能当成民事合同审查,既需要考虑其行政性,也应当考虑其契约性。尤其是在行政协议的签订与履行中,行政自由裁量权的司法控制显得尤为复杂。〔4〕在行政协议中,协议的效力原则上属于契约性决定的内容,应主要适用合同法进行审查。但行政优益权的行使、当事人资格的确定等又属于行政性或者行政性决定的事项,应当适用《行政诉讼法》的规定。尤为复杂的是,即使是契约性指引下的行政协议效力性问题,也并非和行政法无关,也应受行政法基本原则的约束。因此,在具体的司法审查中,哪些问题适用行政法,哪些问题适用合同法,哪些问题同时适用行政法和合同法,既需要深入研究,也需要实践检验。

2015 年《行政诉讼法司法解释》第 14 条规定:"人民法院审查行政机关是否依法履行、按照约定履行协议或者单方变更、解除协议是否合法,在适用行政法律规范的同时,可以适用不违反行政法和行政诉讼法强制性规定的民事法律

---

〔1〕 王利明:《"饭碗法学"当休矣》,载《法制资讯》2011 年第 6 期,第 8 页。

〔2〕 Michler, Carla, *Government by Contract – Who Is Accountable*, Queensland University of Technology Law Journal, 15, 1999, p. 135 – 154.

〔3〕 参见耿宝建、殷勤:《行政协议的判定与协议类行政案件的审理理念》,载《法律适用》2018 年第 17 期,第 133 页。

〔4〕 Schultz, Franklin M., *Wunderlich Revisited: New Limits on Judicial Review of Administrative Determination of Government Contract Disputes*, Law and Contemporary Problems, Vol. 29, No. 1, Winter 1964, p. 115 – 136.

规范。”该解释第一次规定了在行政审判中可以适用民事法律规范。

2019 年《行政协议诉讼司法解释》第 27 条第 2 款规定：“人民法院审理行政协议案件，可以参照适用民事法律规范关于民事合同的相关规定。”该解释明确了对民事法律规范关于合同相关规定的参照适用。事实上，就契约领域而言，行政法与民法无本质区别，因此这里规定合同法领域的法律规范参照适用。

如前所述，从世界各国行政协议领域民事法律规范的适用情况看，主要有以下模式：一是补充适用；二是直接适用；三是区别适用。[1]就我国的情况而言，由于我国没有行政程序法，关于行政协议实体和程序性法律规范除了一些地方性的规定外，全国层面的规定基本不存在。因此，在我国，无法采用补充适用模式。直接适用只能是个别情形，不能成为一种模式。笔者认为，在我国缺乏行政协议统一法律规范的背景下，审理行政协议案件应区别适用、并重适用，行政法问题归行政法，民法的问题归民法。同时，还应当考虑行政法与民法的融合适用。

在关于审理行政协议案件是否可以适用合同法的调查（见图 5－3）中，87.41% 的受访者的答案是肯定的。从分类统计的数据看（见图 5－4），除法学教师认为可以适用合同法的比例为 78% 外，其他赞成适用合同法的比例均在 83% 以上，其中律师达到 93% 以上。显然，受访者基本上赞成审理行政协议案件应当适用《民法典》的规定。

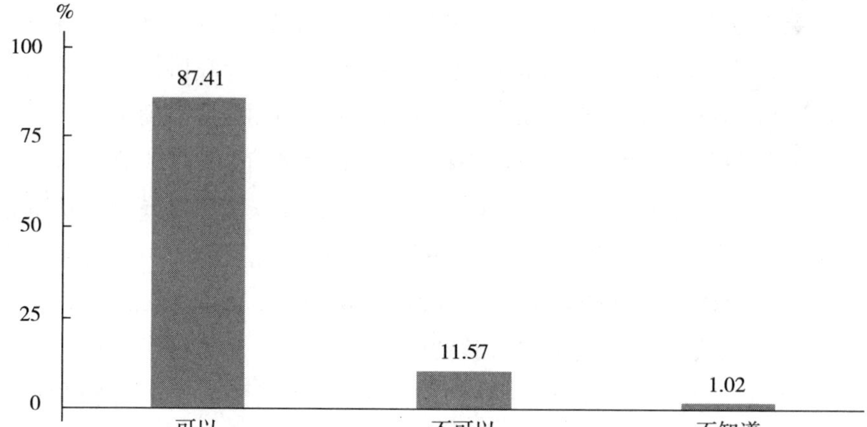

图 5－3　受访者认为审理行政合同案件是否可以适用《民法典》

---

〔1〕 参见李广宇：《审理行政协议案件对民事法律规范的适用》，载《中国法律评论》2016 年第 1 期，第 239－240 页。

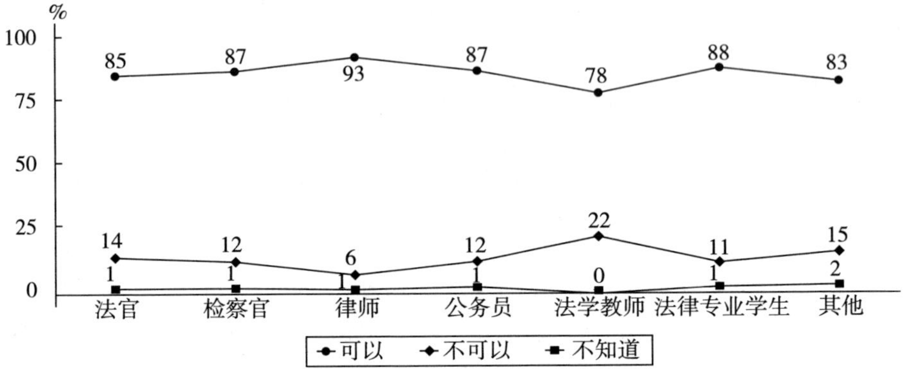

图 5－4 不同职业群体的观点

(二)行政法基本原则的适用

行政法的基本原则,是指其效力贯穿于全部行政法规范之中,体现行政法根本价值和主要矛盾,对行政法制定与实施具有指导意义的基础性准则。[1]行政法的基本原则是行政法的本源性规定,其射程触及行政法的方方面面、角角落落。行政协议作为行政活动方式,当然离不开基本原则的约束。正如学者指出的,行政法的基本原则承载着人权、民主、法治宪政的基本价值和精神[2],如果我们将行政法的基本原则作为规范和审理行政协议的准则,既可以体现行政机关所追求的管理目标,也能兼容行政协议的契约性。行政协议是行政机关与公民、法人或者其他组织协商一致达成的协议,具有民主性、协商性和规范性的特征。行政协议的这些特征与行政法程序正当、诚实守信、行政比例等指向有诸多共同之处。以比例原则为例,既然选择了契约的方式,如果行政机关能够通过合同法上的手段实现管理目的,就不能动用行政优益权单方变更或者解除合同。这与比例原则要求的若有必要采取行动,其手段尽可能柔弱,不能轻易动用严格手段一致。[3]尤其是在行政协议实体法律规范和程序法律规范缺失的情况下,行政法基本原则既能弥补法律漏洞,也能指引法律的解释和选择适

〔1〕 参见周佑勇:《行政法基本原则的反思与重构》,载《中国法学》2003 年第 4 期,第 174 页。
〔2〕 参见周佑勇:《行政法基本原则研究》,武汉大学出版社 2005 年版,第 146 页。
〔3〕 参见熊樟林:《行政法基本原则与软法互动刍议》,载《中南财经政法大学研究生学报》2009 年第 5 期,第 139－160 页。

用。在瑞典,有学者曾专门研究了审理政府合同案件时行政法基本原则的适用。〔1〕

首先,法律优先原则有限适用与信赖保护原则的补充限制。无论根据原《合同法》违反法律、法规强制性规定的合同无效条款,还是根据《行政诉讼法》重大明显违法的行政行为无效条款,法律优先原则在行政协议领域的适用都不同于行政行为领域。依据法律优先原则的要求,行政机关的行政行为必须与法律规范保持一致,不得抵触,否则有权机关会以行政行为违法撤销该行为。对于行政协议来说,该行为方式的选择不受法律保留原则的限制,只要法律没有禁止,行政机关即可采用行政协议的方式为之。但如果法律禁止采用协议的方式为之,行政机关依然采用行政协议的,即违反法律优先原则,则该协议无效。因此,法律优先原则在行政协议领域的适用是有限的。此外,即使在协议签订过程中,受托机关违法以自己的名义签订合同,甚至签订程序存在违法,也不必然导致协议被撤销。基于行政信赖保护原则的限制,协议相对人通过协议取得的利益值得保护的,行政机关不得撤销协议。在行政协议领域,行政信赖保护原则高于法律优先原则,信赖保护原则具有维护协议效力稳定性的补充作用。当然,在行政行为领域,行政信赖保护原则也能发挥稳定行政行为效力的作用,但其在行政协议领域中的价值更加凸显,该原则与合同法上的诚实守信一脉相承。

其次,比例原则在行政协议中的适用。比例原则在行政法中具有帝王条款之地位,在行政协议领域具有广泛的适用空间。根据比例原则的要求,行政机关与相对人签订协议,不得逾越行政协议目的,提出与目的无关的条件,更不得借助其优势地位压迫私人,攫取利益。〔2〕例如,在国有土地出让中,地方政府让土地受让人承担征收补偿安置义务、道路修建义务、强行服从土地现状出让等行为,皆违反了比例原则。此外,在协议变更或者解除时,行政机关也不能以公共利益为由径行启动行政优益权,也应当首先选择协商的方式为之。

---

〔1〕 Contracts as Public Law at the Intersection of Globalization and Privatization: A Vulnerability and the Human Condition Initiative Workshop. Atlanta, Emory University, Hein On line.

〔2〕 参见严益州:《论行政合同上的情势变更——基于控权论立场》,载《中外法学》2019 年第 6 期,第 1511 – 1530 页。

最后,正当程序原则的适用。如果行政协议涉及第三人的利益,或者行政机关基于公共利益需要变更或者解除行政协议,应当履行正当程序,向利害关系人说明理由并听取其意见。

此外,行政法中的平等原则、效能原则等对于行政协议的签订、履行皆具有规范作用,是审理行政协议案件的重要依据。

三、审理行政协议案件法律适用规则的具体构想

(一)行政协议的效力判断

行政协议的效力判断主要适用合同法,同时用行政法的基本原则限制协议被撤销或确认无效。

上章详尽探讨了行政协议效力审查的规则,并结合合同法以及行政协议的行政性进行了分析。这里需要强调两个方面的问题:第一个需要强调的问题是,违法行政协议的效力问题。对于民事合同来说,违法的并非必然无效,这一点也应当适用于行政协议。如果把行政协议视为行政行为,则违法的行政协议要么无效,要么可撤销,这将导致行政协议极不稳定。从最高人民法院发布的《行政协议诉讼司法解释》的规定看,其虽然规定了行政机关要对行政协议签订、履行等合法性承担举证责任,但并没有规定违法的就要撤销或者确认无效。换句话说,虽然《行政协议诉讼司法解释》强调了行政协议的合法性,但并没有认定违法的行政协议不生效或者应当撤销等。因此,人民法院审查行政协议不能像对行政行为进行合法性审查并作出裁判,否则行政协议的稳定性将大大降低,不利于交易安全,也不利于公共利益和相对人利益的保护。行政协议作为行政行为的替代方式,应该比行政行为更具有稳定性。有观点和判决明确指出,基于信赖保护原则的法律关系的稳定性大于依法行政。因此,不能从合法性审查的视角判断行政协议的效力。行政协议的合法性在一定程度上要让位于稳定性,以保障行政协议的效力。

第二个需要强调的问题是,行政行为无效的规定不能全部适用于行政协议。行政行为存在重大明显违法的应当无效,这是世界各国的共识并基本上都体现到了立法中。从理论上讲,认定重大明显违法的行政协议无效也无可厚非。正因如此,《行政协议诉讼司法解释》明确规定符合《行政诉讼法》第 75 条规定的,应当认定行政协议无效。但事实上,行政协议无效不应当简单地套用

行政行为无效的规定。例如,行政行为实施主体没有行政主体资格的,行政行为无效。但对于行政协议来说,行政主体委托不具有行政主体资格的临时机构、派出机构签订应当视为委托,视为行政主体的行为,不能认定行政行为无效。因此,行政行为无效的规定不能全部适用于行政协议。

某县拆迁指挥部与相对人签订了房屋征收补偿合同,按照法律规定拆迁指挥部没有签订协议的资格,该协议应由县政府或者县自然资源局与相对人签订。根据《行政诉讼法》的规定,合同实施主体没有行政主体资格的,合同无效,受访者是否赞成确认该合同无效。

在能否以拆迁指挥部无签订行政协议的主体资格为由确认行政协议无效的调查(见图5－5)中,61.87%的受访者认为不能确认协议无效。从分类统计结果看(见图5－6),70%左右的法官、检察官、律师不赞成确认协议无效。事实上,从最高人民法院的判决看,基本上都把不具有行政主体资格的主体签订的行政协议视为受委托签订,并不否认协议的效力。由此可以看出,不具有行政主体资格的主体实施的行为无效并不适用于行政协议案件。

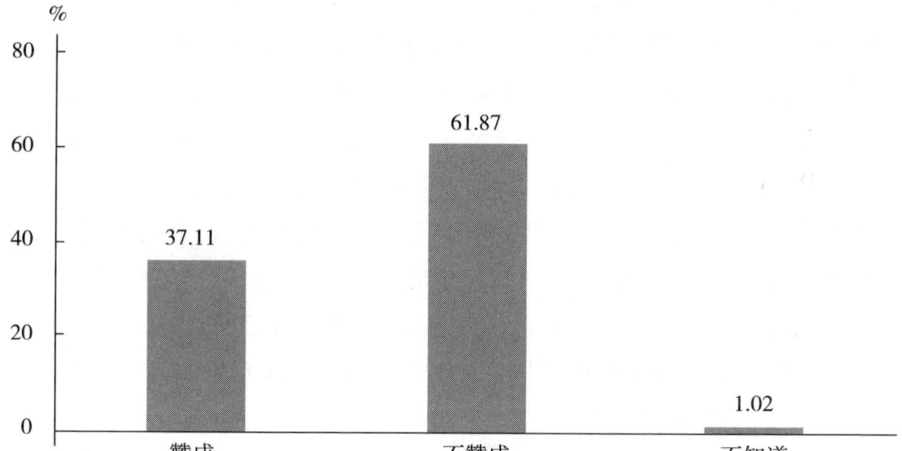

图5－5　受访者认为是否能以拆迁指挥部没有签订合同而确认行政协议无效

关于行政法基本原则如何保障协议的稳定性,控制行政机关滥用优益权变更解除协议,防止行政协议被随意撤销或者确认无效,前文已有详细论证,此处不再赘述。

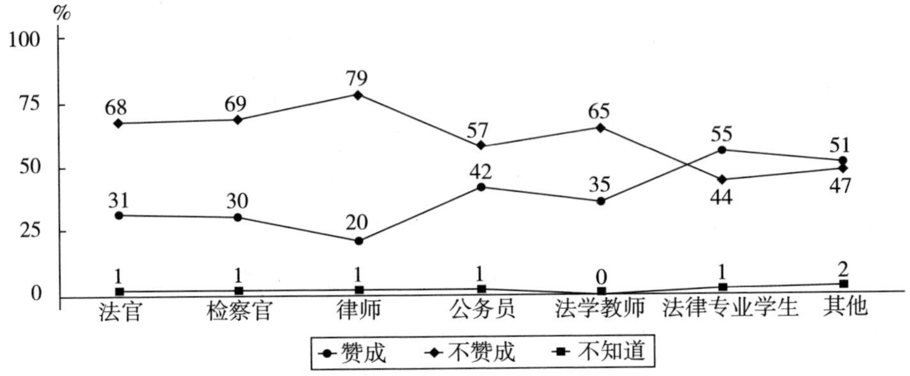

图5－6　不同职业群体的观点

（二）原告、被告适格和单方变更或者解除行政协议的决定适用《行政诉讼法》

在行政协议案件的审理中，有些问题基本上或者是纯行政性的，当然应当适用《行政诉讼法》。就行政诉讼诉讼当事人而言，前面已有专章讲述，应在合同相对性的基础上适用《行政诉讼法》规定的利害关系确定适格原告，结合行政法的主体理论，适用《行政诉讼法》的规定确定适格被告，在此不再赘述。

此外，行政机关为了公共利益需要，行使行政优益权，单方变更或者解除行政协议的决定系典型的具体行政行为，应依据《行政诉讼法》的规定对其进行合法性审查。需要指出的是，行政机关行使行政优益权的方式，有时是明示的，直接作出废止、撤销、变更、解除合同的决定和通知，有时是以自己的事实行为表明对合同的废止或者变更、解除等。无论行政机关是以明示的方式作出决定，还是以默示的方式废止或解除合同，都应当按照行政行为对其进行审查。对于默示行为来说，行政机关在没有解除合同的情形下，径行以自身的行为表示不再履行合同，合同相对方可诉请确认该行为违法并请求判决其继续履行或者承担相应的责任等。

（三）举证责任、期限与时效、合同履行、责任承担等分别适用民法与行政法

行政协议案件之所以纳入行政诉讼的受案范围，在于行政审判中需要适用行政法时就适用行政法，需要适用民法时就适用民法。但民事审判的法官适用

行政法就变得极其困难。尤其是在行政协议纠纷中,经常出现行政机关行使行政优益权的单方行政行为。对于这些行政行为,基于行政行为跨程序的效力,民事审判应当中止,待当事人专门提起行政诉讼后才可以继续民事审判。但在行政审判中就可以对相关的行政行为和行政协议一并审查并作出裁判,该适用民法的适用民法,该适用行政法的适用行政法。例如,行政机关以公共利益为目的单方作出解除行政协议的决定。对于民事审判来说,只有当事人先通过行政诉讼撤销行政机关的单方解除决定,才能提起要求行政机关履行协议的诉讼。但通过行政诉讼进行审理时,则可以同时提起上述两个诉讼请求一并解决。

因此,在行政协议案件审理中,法院可以根据审理的问题确定具体的法律适用规则。例如,对于期间的问题,是适用《行政诉讼法》规定的起诉期限,还是适用民法规定的诉讼时效,要根据具体的争议问题来确定。如果是对协议的履行问题进行审查,应当适应民法规定的诉讼时效;如果对行政机关行使优益权的行为进行审查,应当适用《行政诉讼法》规定的起诉期限。此外,关于举证责任、法律责任的承担等,基本上可以按照《行政协议诉讼司法解释》审理。

为了解一线实务人员和理论专家有关解除行政协议后责任承担的法律规则的观点,笔者设计了如下问题并进行了深度访谈。(见表5-4)

行政机关为了公共利益需要解除行政协议,由此给协议另一方造成的可期待利益损失(经营性损失),受访者认为是否应当赔偿?

表5-4　访谈内容汇总

<table>
<tr><th>被访对象</th><th>原始访谈话语</th><th>总结</th></tr>
<tr><td>1号法官</td><td>应当补偿部分损失而不是赔偿。理由:一是为了公共利益解除合同,行政机关无过错,或者违法,不存在违法赔偿的问题;二是可期待利益具有不确定性,很难界定具体数额,赔偿引发的不确定性因素太多,不好把握。补偿基于合法或者正当行为,损失数量酌定给予补偿,相对公平合理</td><td rowspan="3">1号、2号法官认为应当进行补偿而非赔偿,且标准不是市场化的;3号、4号法官认为应当按照《民法典》的规定予以赔偿</td></tr>
<tr><td>2号法官</td><td>不符合国家赔偿直接损失的原则,原则上不赔偿可期待利益;如果赔偿的话,也是象征性赔偿或适当赔偿,不能像民事合同一样全额赔偿</td></tr>
<tr><td>3号法官</td><td>应当按照《民法典》的规定,给予赔偿</td></tr>
</table>

续表

被访对象	原始访谈话语	总结
4号法官	比照《民法典》的规定，应当赔偿	
1号教师	应当赔偿。如果属于“必然可得利益”，则属于行政赔偿中的“直接损失”	四位教师均认为应当赔偿经营性损失，但2号教师认为如有约定就按照约定，没有约定使用私法实现赔偿公平是可行的
2号教师	若有约定从约定，没有就只能在《国家赔偿法》的框架内处理了。但鉴于行政协议的私法适用性及国家赔偿范围的限制性，对于协议主体在签订协议时能够预料到的经营性损失应该赔偿始为公平	
3号教师	应当予以赔偿。可依据《民法典》的相关规定，不能依据《国家赔偿法》所谓“直接损失”的赔偿范围	
4号教师	当然应当赔偿，且应当足额赔偿	
1号律师	应当赔偿。相对人在签订行政协议后，基于对行政机关的信任投入了成本，其中包括对于可期待利益的前期成本，根据公平原则，行政机关解除行政协议后，应当赔偿相对人的经营性损失	四位律师一致认为应当依据《民法典》的规定赔偿全部损失，不同于国家赔偿的范围
2号律师	应当赔偿。行政协议是合同，尽管有其特殊性，但同样受《民法典》的约束和调整。根据《民法典》的规定，一方违约就要承担责任，即使公共利益的需要也只能由政府承担责任，而不能由无过错的相对人承担责任	
3号律师	应该给予赔偿，赔偿范围有别于国家赔偿	
4号律师	应当赔偿。原因有以下两点：一是根据《民法典》中关于“当事人一方不履行合同义务或者履行合同义务不符合约定的，在履行义务或者采取补救措施后，对方还有其他损失的，应当赔偿损失”，以及第113条第1款关于“当事人一方不履行合同义务或者履行合同义务不符合约定，给对方造成损失的，损失赔偿额应当相当于因违约所造成的损失，包括合同履行后可以获得的利益，但不得超过违反合同一方订立合同时预见到或者应当预见到的因违反合同可能造成的损失”的规定，应该赔偿可期待利益的损失；二是行政协议的公益性质本身也不能免除行政机关应负有的违约赔偿责任，包括可期待利益	

从上述访谈内容可以发现，理论界和实务界对行政机关应当赔偿（或者说补偿）基于公共利益需要解除行政协议而给协议另一方造成的可期待利益损失没有争议，但对应当是赔偿还是补偿以及相应的标准存在争议。笔者认为，我们仍需要从行政协议的特征出发明确上述问题。行政协议虽然是行政机关履行行政职责的一种手段，但其采用的却是私法上的方式。在签订、履行行政协议的过程中，行政机关基于行政优益权而采取的行为需要适用行政法上规定的期间，但协议本身的问题则应适用民事法律规范对合同的相关规定。具体而言，行政机关因维护公共利益的需要而基于行政优益权解除行政协议的行为是一个具体行政行为，针对该行为的起诉期限等应当适用行政法上的规定，但该行为产生了解除行政协议的效果，行政机关需要为行政协议的解除负相应的补偿责任，而不是行政法中规定的行政机关违法后的赔偿责任。同样，补偿标准也应当适用民事法律规范中规定的合同解除后的补偿标准。

此外，在行政协议法律制度的建构过程中，行政协议虽然不同于行政行为与民事合同，但其制度绝对不是全部重新建构的，很多制度实际上是对民法和行政法中适用于行政协议制度的整合。比如，举证责任、诉讼期限和时效等问题，就是要根据行政协议中不同行为的性质确定到底该适用行政法上的规定还是民法上的规定。因此，在行政协议法律制度未能系统建构之前，法官在审理行政案件遇到上述问题时分别适用民法和行政法上的规定也并非权宜之计。当然，行政协议在举证责任等方面是否需要作特殊规定，在期限和时效等方面是否需要加以延长或缩短等问题，还要在立法过程中进行更为精细的考量。

第六章 “诉判同一”视角下诉求确定规则和判决方式完善

第一节 “诉判同一”对诉求种类和判决方式的影响

诉讼请求，也称“行政诉讼的标的”或者“审理对象”，是原告提起诉讼所欲实现的目的。在诉讼中，人民法院应当围绕原告的诉讼请求进行审理和裁判。从制度设计看，诉讼请求与判决方式是相互对应的关系，判决方式是根据诉讼请求确定的。

一、“诉判同一”原则对行政审判诉判关系的影响

不告不理是一项基本的司法原则。根据不告不理原则的要求，如果没有原告的起诉，禁止法官启动审判程序。此外，在审理范围上，法官对案件的审理不能超出原告的诉讼请求。受不告不理原则的限制，法院只能根据原告的诉讼请求确定需要判明的权利义务内容。如果超出原告的诉讼请求进行审理和裁判，法官就偏离了中立的裁判者角色，充当了事实上的起诉人。受诉判同一原则的影响，在有些国家的刑事诉讼中，甚至不允许法院变更起诉的罪名进行裁判。

在行政诉讼中，基于诉判同一理念，应当把行政诉讼的标的定位为原告的诉讼请求，法院应当围绕原告的诉讼请求进行审理和裁判。因此，行政诉讼裁判方式的不断丰富是回应诉讼请求的现实需要。

我国 1989 年《行政诉讼法》仅仅规定了维持判决、撤销判决、履行判决和变更判决等，无法有效回应原告的诉讼请求。2000 年《行政诉讼法司法解释》增加了驳回诉讼请求和确认判决。在我国行政审判实践中，受监督行政权目的的限制，有观点错误地认为行政诉讼不受诉求的影响，甚至超出原告的诉求进行审理和裁判，违背了不告不理的司法规律。虽然行政诉讼监督权的目的决定了

对行政行为合法性全面审查的审理模式,却不能得出不受诉判同一原则限制的结论。

二、诉讼请求对法院裁判方式的确定具有约束力

诉讼法理论认为,法院的裁判应当受到原告诉讼请求的严格限制,以诉请裁判,诉判一致,该原则贯穿司法裁判活动的全过程。[1]在民事诉讼中,法院只能基于当事人对于实体权利的请求进行裁判,不允许干预原告对自身实体权利的处分。行政诉讼是否有不同于民事诉讼的特殊性呢?我国台湾地区的行政诉讼理论认为,涉及公共利益的诉讼,法院有义务依职权查明事实,不受诉状文本之限制。[2]可见,处分原则在行政诉讼中受到一定的限制。

在我国行政诉讼中,诉讼请求是启动诉讼程序的要件之一,也是行政诉讼的标的。虽然在行政诉讼合法性审查原则指引下,法院审理可以突破诉讼理由及其请求的限制,但诉讼请求仍然是法院裁判的基础,是诉之目的的载体。[3]虽然有观点提出,行政诉讼的诉判关系不同于民事诉讼,基于行政诉讼的性质、目的、功能等因素,诉判不一致具有客观必然性和现实需求基础[4],但作为起诉条件的诉讼请求对于法院具有形式上的约束力,法院的审理应聚焦于原告提出的诉讼请求,并终结于对原告诉讼请求的回应。[5]

受诉判同一性的限制,法院往往会以缺乏相应的判决形式作出不予受理的决定。例如,在行政协议诉讼中,对于原告提出变更协议的诉讼请求,法院会以缺乏裁判形式为由不予受理。

三、诉讼请求的具体性与裁判方式的完善

对于法院来说,只有含义清晰、指向明确、可裁判的诉讼请求才能启动诉讼程序,才能实现正当程序意义上的公正。对于诉讼请求的具体性,首先要求用

---

〔1〕 参见陈光中主编:《中国法学大辞典》(诉讼法学卷),中国检察出版社1995年版,第40页。

〔2〕 参见陈清秀:《行政诉讼法》,台北,翰芦图书出版有限公司2001年版,第359页。

〔3〕 参见张晋红:《民事之诉研究》,法律出版社1996年版,第116页。

〔4〕 参见田勇军:《中国行政诉讼之诉判关系及其发展趋势探讨——诉判关系不一致的一个分析框架》,载《甘肃行政学院学报》2010年第2期,第117页。

〔5〕 参见张松波:《论行政诉讼原告诉讼请求对法院的拘束力》,载《行政法学研究》2019年第1期,第43页。

语准确,通过可理解的文章表达自己的主张,且诉讼标的唯一。笔者接触过一个协议类诉讼,原告提出了 8 项诉讼请求,既有要求解除协议的,也有要求发放许可证的,还有要求赔偿损失和补偿损失的。面对如此杂乱的诉讼请求,法院无法厘清其中的法律关系,无法通过一项诉讼进行审理和裁判。其次,具体的诉讼请求要求指向明确、对象固定。原告的诉讼请求应当明确指出被诉的行政行为或者不作为,不能笼统地提出要求履行法定职责或者履行协议。例如,在协议类诉讼中,应当明确履行协议的名称,如果涉及具体赔偿或补偿责任,还应当明确具体的数额。

就判决方式而言,应当建立回应诉讼请求的判决方式。例如,在行政协议诉讼中,应当增加紧急情形下的禁令判决。对于政府招投标诉讼,利害关系人提起诉讼并不停止中标结果的执行,如果没有紧急情况下的禁令判决,即使最终拿到胜诉判决,也没有实际意义。

第二节　行政协议案件诉讼请求的确定规则

一、法律规定解读

(一)《行政诉讼法司法解释》规定的诉讼请求

《行政诉讼法》第 49 条规定了提起诉讼应当有具体的诉讼请求,并没有进一步规定诉讼请求的具体种类。2018 年最高人民法院《行政诉讼法司法解释》第 68 条第 1 款规定了九类“具体的诉讼请求”,其中关于行政协议案件的诉讼请求是“请求解决行政协议争议”。《行政诉讼法司法解释》规定的其他“具体诉讼请求”原则上不能适用于行政协议诉讼案件,如请求撤销或者变更行政行为、请求确认行政行为违法等。如前所述,行政协议不同于具体行政行为,其效力判定原则上无法适用《行政诉讼法》的规定,但行政协议争议中行政机关行使行政优益权的行政行为审理规则与具体行政行为诉讼并无二致。因此,《行政诉讼法司法解释》规定的诉讼请求并非绝对不能适用于行政协议争议。对于行政机关行使行政优益权作出单方具体行政行为引起的诉讼,诉讼请求完全可以适用《行政诉讼法司法解释》。总体来看,行政协议争议引起的纠纷,无法依据《行政诉讼法司法解释》的规定提出具体的诉讼请求。

从行政协议诉讼实践看,2019 年《行政协议诉讼司法解释》出台前,由于无法可依，再加上行政协议行政行为化的审理倾向，公民、法人或者其他组织提起行政协议诉讼基本上参照《行政诉讼法》及其司法解释的规定。如有些案件中，原告提出要求人民法院确认行政协议行为违法或者要求确认被告履行行政协议的行为违法之类的诉讼请求，实质上导致法院无法审理和裁判，最终只能驳回原告的诉讼请求。此外，有些诉讼中，也有公民、法人或者其他组织参照民事法律规范和民事诉讼提出诉讼请求。总体来看，由于缺乏对行政协议诉讼的正确认识，行政协议诉讼类案件诉讼请求种类混乱，不利于纠纷的审理和裁决，也不利于实现权利救济的目的。

（二）《行政协议诉讼司法解释》规定的诉讼请求

2020 年 1 月 1 日，《行政协议诉讼司法解释》正式实施，关于行政协议的认定和审理有了权威性的法律依据。《行政协议诉讼司法解释》对行政协议案件的诉讼请求也作了专门性规定。

如前所述，《行政诉讼法》及其司法解释对行政协议案件的诉讼请求规定过于笼统，不能满足司法实践的发展需求。因此，《行政协议诉讼司法解释》在原有法律规定的基础上，对行政协议案件的诉讼请求规定进行了扩充性的延伸。《行政协议诉讼司法解释》采取“总—分—总”的结构，运用“概括性 + 列举”的立法语言，对行政协议案件的诉讼请求作了规定，详见表 6 - 1。

表 6 - 1 《行政协议诉讼司法解释》关于诉讼请求的规定

诉讼请求	因行政协议的订立、履行、变更、终止等发生纠纷，公民、法人或者其他组织作为原告，以行政机关为被告提起行政诉讼的，人民法院应当依法受理
	（一）请求判决撤销行政机关变更、解除行政协议的行政行为，或者确认该行政行为违法； （二）请求判决行政机关依法履行或者按照行政协议约定履行义务； （三）请求判决确认行政协议的效力； （四）请求判决行政机关依法或者按照约定订立行政协议； （五）请求判决撤销、解除行政协议； （六）请求判决行政机关赔偿或者补偿
	其他有关行政协议的订立、履行、变更、终止等诉讼请求

从《行政协议诉讼司法解释》的规定看，行政协议案件诉讼请求分别围绕行政协议自身以及与行政协议有关的行政行为确定。围绕行政协议可以提出确

认行政协议的效力，要求行政机关签订协议、要求行政机关履行协议、要求撤销行政协议、要求解除行政协议及其要求赔偿损失。围绕与行政协议有关的行政机关行使行政优益权的行政行为，可以提出要求撤销行政行为或者确认行政行为违法以及赔偿或者补偿损失的诉讼。

从《行政协议诉讼司法解释》的规定看，行政协议诉讼的诉讼请求既有与具体行政行为诉讼相同的诉讼请求，也有与民事合同诉讼类似和不同的诉讼请求。行政协议案件诉讼请求的类型既体现了行政协议的合同性，也体现了行政协议争议的行政性。

二、行政协议案件诉讼请求的具体类型

（一）行政协议案件中的诉讼请求概览——以十大参考案例为标本

早在《行政协议诉讼司法解释》出台之前，2014 年修正的《行政诉讼法》就把行政协议纳入行政诉讼受案范围。司法实践对行政协议案件的认定与审理早已初步形成机制，为《行政协议诉讼司法解释》的出台积累了大量宝贵的经验。尽管《行政协议诉讼司法解释》在篇幅、内容上对行政协议作了详尽的规定，但是这些规定是否符合实践发展规律，是否能够满足实践需求，都有待时间的检验。在此基础上，笔者认为行政协议案件的实务研究对于未来如何适用《行政协议诉讼司法解释》以及如何正确把握行政协议案件的认定与审理尤为重要。关于行政协议案件中诉讼请求的研究，必须扎根于具体案例，因为我国行政协议案件的发展始于司法实践，诉讼请求是行政协议案件中最具体、最直接的内容，也只有在具体的案例中，才能体现诉讼请求的价值。

2019 年 12 月 10 日，最高人民法院举行新闻发布会，发布了《行政协议诉讼司法解释》文本，同时发布了 10 个相关参考案例。最高人民法院发布这 10 个参考案例，以期为同类型行政协议案件提供可借鉴的审判思路，这对维护人民群众在行政协议中的合法权益，推进法治政府诚信政府建设、优化法治化营商环境、提高政府行政治理能力、推进人民法院行政审判工作，必将产生积极而深远的影响。鉴于此，笔者将首先从这 10 个参考案例入手，分析司法实践中行政协议案件的诉讼请求。（见表 6 - 2）

表 6－2 10 个行政协议参考案例的诉讼请求内容汇总

诉讼请求类型	案件名称	具体诉讼请求
继续履行	大英县永佳纸业有限公司诉四川省大英县人民政府不履行行政协议案	大英县人民政府、回马镇人民政府支付永佳公司转让费人民币 894.6 万元及利息（从 2014 年 4 月 4 日起至实际付清之日止按月息 1.5% 计算，其中 2014 年 2 月 10 日至 4 月 4 日按本金 1017 万元计息）
	英德中油燃气有限公司诉英德市人民政府、英德市英红工业园管理委员会、英德华润燃气有限公司特许经营协议纠纷案	（1）判令政府继续履行 2010 年 8 月 24 日签订的《投资天然气站项目合同书》及补充合同，继续授予英德中油燃气有限公司在清远华侨工业园英德英红工业园规划红线范围内的管道燃气特许经营权；并维护特许经营权的完整性，不得在已授予英德中油燃气有限公司特许经营权地域范围内再将特许经营权授权第三方。 （2）判令政府立即终止英德华润燃气有限公司在清远华侨工业园英德英红工业园规划红线范围内所有的管道燃气建设及经营活动
	崔某书诉徐州市丰县人民政府招商引资案	（1）确认丰县人民政府于 2017 年 9 月 15 日作出的奖励原告 5 万元的决定违法；（2）判令丰县人民政府参照丰委发〔2001〕23 号《关于印发丰县招商引资优惠政策的通知》第 25 条将奖励金额变更为 200 万元
	徐某勋诉安丘市人民政府房屋补偿安置协议案	判令被告履行《产权调换协议书》
撤销或解除行政协议（一并要求赔偿）	蒋某玉诉重庆高新区管理委员会、重庆高新技术产业开发区征地服务中心行政协议纠纷案	撤销《征地拆迁补偿安置协议》
	王某某诉江苏省仪征枣林湾旅游度假区管理办公室房屋搬迁协议案	撤销《铜山体育建设特色镇项目房屋搬迁协议》
	成都亿嘉利科技有限公司、乐山沙湾亿嘉利科技有限公司诉四川省乐山市沙湾区人民政府解除投资协议并赔偿经济损失案	解除成都亿嘉利科技有限公司与沙湾区人民政府于 2011 年 8 月 29 日签署的《投资协议》，判令沙湾区人民政府赔偿经济损失 400 万元

续表

诉讼请求类型	案件名称	具体诉讼请求
签订行政协议	安吉展鹏金属精密铸造厂诉安吉县人民政府搬迁行政协议案	判令被告作出《企业搬迁补偿协议书》的具体行政行为违法,应予以撤销,并责令被告依法与原告重新签订拆迁补偿协议
确认行政协议无效	金华市光跃商贸有限公司诉金华市金东区人民政府拆迁行政合同案	(1)确认《多湖中央商务区金华市光跃商贸有限公司房屋与土地收购货币补偿协议》无效;(2)请求被告恢复原状并赔偿损失或按现行同类附近房地产价格赔偿原告损失
确认政府解除行政协议的行为违法并撤销其解除行为	寿光中石油昆仑燃气有限公司诉寿光市人民政府解除特许经营协议案	请求确认寿光市人民政府收回其天然气特许经营权的行为违法并撤销该行政行为

此十大参考案例中的诉讼请求有:责令行政机关继续履行行政协议、撤销行政协议、解除行政协议并赔偿、确认行政协议无效、确认行政机关解除行政协议的行为违法、责令另行签订行政协议。十大参考案例中囊括了《行政协议诉讼司法解释》第9条列举的六种诉讼请求,其中,因为行政机关不履行或不正确履行行政协议而要求行政机关继续履行的案例就有四件,可谓行政协议案件中的典型。除此之外,在具体的案件中,因为情况纷繁复杂,当事人也会提出各种各样的在《行政协议诉讼司法解释》列举之外的诉讼请求。“行政协议是一个系列行为,包括行政协议的邀约、协议的签订、协议的履行、协议的解除、协议的无效、违约责任、补偿与赔偿责任等。”〔1〕行政协议从签订到履行的整个过程都有可能涉诉,行政协议案件类型的广泛性也就决定了行政协议案件判决方式类型的多样性。总体来讲,当事人的诉求主要包括以下几类:与协议效力有关的,如诉请法院确认合同违法或无效;与解除协议有关的,如要求解约或要求不解约;与协议履行相关的,如要求继续履行;与解除协议后损害赔偿有关的,如要求赔偿损失。〔2〕接下来,笔者将在十大参考案例的基础上,结合司法实践中的具体案例,分别对行政协议中的诉讼请求进行分析。

---

〔1〕 江必新:《中华人民共和国行政诉讼法理解适用与实务指南》,中国法制出版社2015年版,第71页。

〔2〕 参见陈无风:《行政协议诉讼:现状与展望》,载《清华法学》2015年第4期,第94页。

(二)诉讼请求的具体解析

1. 请求判决撤销行政机关变更、解除行政协议的行政行为,或者确认该行为违法

该项诉讼请求的前提是,已经存在行政机关变更、解除行政协议的行为,当事人出于维护行政协议的效力与对行政机关继续履行行政协议的期望,请求撤销行政机关变更、解除行政协议的行为,或者确认该行为违法。这类案件往往因行政机关单方行使变更权或者解除权而引起,法院审理的焦点也在于行政机关的单方变更、解除是否合法有据。我国当前行政协议单方变更权的司法审查方向呈现以下特点:“对于实体法明确规定单方变更的情形,主要形式审查变更是否符合行政法律规范,附带审查是否符合正当程序原则;对于基于公共利益需要或者其他法定理由单方变更的情形,主要实体审查公共利益或其他法定理由是否存在。”〔1〕在寿光中石油昆仑燃气有限公司诉寿光市人民政府解除特许经营协议案中,寿光市人民政府授权寿光市住房和城乡建设局与昆仑燃气有限公司签订《天然气综合利用项目合作协议》,约定由昆仑燃气有限公司在寿光市从事城市天然气特许经营,特许经营期限为30年。协议签订后,昆仑燃气有限公司办理了一部分开工手续,并对项目进行了开工建设,但一直未能完工。2014年7月10日,寿光市住房和城乡建设局发出催告通知,告知昆仑燃气有限公司在收到通知后两个月内抓紧办理天然气经营许可手续,否则将收回燃气授权经营区域。2015年6月29日,昆仑燃气有限公司向寿光市人民政府出具项目建设保证书,承诺在办理完相关手续后三个月内完成项目建设,否则自动退出授权经营区域。2016年4月6日,寿光市人民政府决定按违约责任解除特许经营协议并收回昆仑燃气有限公司的特许经营权。昆仑燃气有限公司不服,经复议未果,遂起诉请求确认寿光市人民政府收回其天然气特许经营权的行为违法并撤销该行政行为。在本案中,虽然原告的诉讼请求是确认寿光市人民政府收回其天然气特许经营权的行为违法并撤销该行政行为,但政府收回天然气特许经营权只是解除特许经营协议的表现形式与必然后果,原告、被告的争议焦点仍然是政府解除特许经营协议的行为是否合法。

---

〔1〕 许鹏、乐巍:《行政协议单方变更权的司法审查》,载《人民司法(应用)》2016年第22期,第102页。

很明显，只有在存在行政机关单方变更、解除行政协议的行政行为时，原告才能选择该项诉讼请求。但是不可否认，在行政机关依法行政水平落后的地域和领域，行政机关出于逃避责任的故意或者消极行政的懈怠，往往不会作出明确的单方解除、单方变更的行政行为。在这种情况下，原告不能通过请求撤销行政机关解除、变更行政协议的单方行政行为或者确认其违法而达到诉讼目的，只能主张行政机关继续履行或者按照约定履行行政协议。但行政机关因自身的事实行为导致协议无法完全履行时，是允许原告请求确认行政机关事实变更协议的行为违法、赔偿损失并要求行政机关部分履行协议，还是直接请求被告承担违约赔偿责任并要求部分履行协议，实践中争议较大。笔者认为，如果行政机关没有作出单方解除或变更行为，不需要提出确认违法诉讼，可直接请求违约赔偿；如果可以部分履行协议，请求部分履行即可。

2. 请求判决行政机关依法履行或者按照行政协议约定履行义务

在行政机关不履行或者未按照约定履行行政协议时，原告可以诉请行政机关继续履行或者按照约定继续履行行政协议。当然，行政机关通过作出行政决定等形式明确表示不履行行政协议的情形应另当别论。根据《行政诉讼法》及其司法解释的规定，立法者认为行政机关的单方变更、解除权显现了强烈的行政性。结合我国行政协议案件中行政机关单方变更、解除权的司法审查方向，不难发现，行政机关的变更、解除决定是单方的、强制性的行政行为，一经作出即具有行政效力。在未经法定程序予以撤销或确认违法之前，人民法院一般都会尊重该行为的效力。此时原告不宜直接诉请行政机关履行行政协议，而应围绕行政机关的变更、解除行为，请求撤销行政机关变更、解除行政协议的行政行为或确认其违法，并同时提出履行协议的诉讼请求。

十大参考案例中的四项履行协议诉讼请求，又分为两种情形。第一种，在大英县永佳纸业有限公司诉四川省大英县人民政府不履行行政协议案和英德中油燃气有限公司诉英德市人民政府、英德市英红工业园管理委员会、英德华润燃气有限公司特许经营协议纠纷案，以及崔某书诉徐州市丰县人民政府招商引资案中，原告的诉讼请求非常具体、明确，甚至包括利息如何计算的问题。而在徐某勋诉安丘市人民政府房屋补偿安置协议案中，又呈现了另一种履行行政协议的诉讼请求模式，即只概括性地要求行政机关履行行政协议，却没有明确履行的具体内容。分析这四个案件的具体情况，我们可以得到原告在选择诉讼请求时区别语言应用的原因。（见表6－3）

表6-3 十大参考案例履行诉讼请求的区别

案件名称	被告不履行的内容	原告的诉讼目的
大英县永佳纸业有限公司诉四川省大英县人民政府不履行行政协议案	未支付原告资产转让费	索要资产转让费
英德中油燃气有限公司诉英德市人民政府、英德市英红工业园管理委员会、英德华润燃气有限公司特许经营协议纠纷案	关于特许经营协议约定的特许地域范围约定	保护特许经营权的完整性
崔某书诉徐州市丰县人民政府招商引资案	承诺中确定的奖励金额	促使政府按照承诺金额支付奖励金
徐某勋诉安丘市人民政府房屋补偿安置协议案	被告否定房屋补偿安置协议的真实性，不按照协议约定进行补偿	督促政府承认房屋补偿安置协议的有效性并按照协议约定进行补偿

分析案件的具体情况可以发现，在行政机关不履行、不按照约定履行行政协议案件中，原告诉讼请求的明确性主要视原告诉讼目的不同而定。在崔某书诉徐州市丰县人民政府招商引资案中，原告、被告唯一的争议仅仅是原告是否符合政府规定的200万元奖励条件，而这也是原告关心的政府承诺兑现与否的主要内容。因此，原告在确定诉讼请求时可以选择将请求明确到具体的履行内容上。但是在徐某勋诉安丘市人民政府房屋补偿安置协议案中，因为被告不承认安置协议的真实性，或者主张履行不能，故而其不履行的是整个协议。在原告无法辨别协议的主要履行内容时，往往选择将诉讼请求确定为“履行行政协议”这样笼统的表述。

除以上两种诉讼请求之外，在行政机关不履行行政协议的司法救济中，原告还可以选择主张被告未按约定履行协议，请求支付违约金。例如，在董某风诉白水县人民政府未按照约定履行土地房屋征收补偿协议案[1]中，因被告未按协议约定履行补偿义务，且协议中明确约定了违约金条款，故原告请求判令被告支付违约金15,292元。法院经审理认为，双方约定的违约金明显高于被告逾期支付补偿款给原告所造成的损失，被告主张约定的违约金过高，请求予以调整，应予采纳。根据公平原则，兼顾公共利益和个人利益之间相互平衡及

[1] 参见陕西省渭南市中级人民法院行政判决书，(2017)陕05行初字第121号。

被告因违约给原告所造成的损失,法院对双方约定的违约金予以适当调整,以不超过逾期期间银行贷款利率的1.3倍确定违约金为宜。法院最终判决:被告白水县人民政府于判决生效之日起10日内,以房屋拆迁补偿金总额152,920元为基数,按照中国人民银行公布同期同类贷款利率的1.3倍向原告董某某支付违约金(从2017年5月15日起计算至6月16日止)。

当然,诉讼请求是原告的主观心理预期,学术界与理论界不应该从科学角度对其规范性作过于苛刻的要求。但是,在现有的法律规定框架内,结合已有的实践经验,笔者建议原告以诉讼目的为基础,按照行政机关不履行行政协议的程度与内容,合理确定诉讼请求。

3. 请求判决确认行政协议的效力

确认行政协议效力分为确认行政协议有效、违法和无效三种情形,因为协议的效力在法院主动审查的范围内,所以不管原告是否主张,法院都会首先对行政协议的效力作出判断。正因如此,确认行政协议效力的诉讼请求很少单独出现,而更多是以一种辅助形式与其他诉讼请求一起提出,比较常见的如确认效力与继续履行、确认违法与赔偿、确认无效与赔偿损失这种几组合。

关于确认行政协议有效的诉讼请求。原告之所以主张确认行政协议有效,在于行政机关的行为(包括明示或暗示)已经达到了否定行政协议效力的程度并对原告产生了一定影响。在这种情况下,原告最急迫的诉讼请求往往不体现为确认行政协议有效,而是对行政机关的行为作出直接回应。撤销行政机关变更、解除行政协议的行政行为或者确认其违法,以及请求判令行政机关继续履行行政协议都能达到确认行政协议有效的目的,而且更有利于解决行政协议争议。所以,确认行政协议有效的诉讼请求多与其他类型的诉讼请求组合出现。在章祥寿诉武汉市武昌区城区改造更新局行政协议纠纷案〔1〕中,为支持武昌区人民政府紫金村片旧城改造需要,原告经与原区征收办、武昌区紫金村片旧城改造项目房屋征收指挥部(武昌区滨江商务区管理委员会、武汉市佳欣房屋拆迁事务所)协商,以被征收人名义与被告签订《武昌区国有土地上房屋征收补偿协议书》(以下简称被诉征收补偿协议)进行产权置换。在原告按照合同约定搬迁完毕后,被告仅向原告履行合同项下之临时安置费、搬迁奖励支付义务,从未通知原告办理交房手续的条件和程序。故原告诉请:(1)判令确认原、

〔1〕 参见武汉市武昌区人民法院行政判决书,(2019)鄂0106行初39号。

被告签订的被诉征收补偿协议合法有效;(2)判令被告继续履行被诉征收补偿协议,并判令被告协助原告办理雄楚春天房屋的购买、交付手续;(3)判令被告自2018年11月1日起按照2250元/月的标准向原告支付超期安置补偿费直到实际交房之日止。笔者在“无讼”案例检索系统输入“确认”“行政协议”“有效”的关键字,将范围收缩到行政诉讼一审程序内,检索结果出现的前二十件案例中,没有一例是原告单独起诉请求确认行政协议有效的。

相较之下,确认行政协议违法与确认行政协议无效的诉讼请求具有尤其明显的独立价值。可以说,确认行政协议有效的诉讼请求只是行政协议案件中的一块垫脚石,它既不是原告的诉讼目的,也不是法官关注的核心。行政协议有效是常态,没有人去特别关注,只有在常态被打乱,有效的对立面凸显出来时,行政协议的效力问题才真正成为问题。原告提出确认行政协议违法或无效的诉讼请求,即对争议行政协议的违法性程度有了预判。

4. 请求判决行政机关依法或者按照约定订立行政协议

这项诉讼请求是《行政协议诉讼司法解释》新增的,这也是在实务界争议最大的一项诉讼请求。毫无疑问,行政协议应当由行政机关与行政相对人协商签订,这也是行政协议“平等自愿协商”的民事合同性质的根本体现。虽然《行政协议诉讼司法解释》没有针对该项诉讼请求的判决作出规定,但是允许原告提出请求判决行政机关依法或者按约订立行政协议,必然意味着法院有权支持原告的诉请,即判令被告与原告(依法或者按照约定)签订行政协议。由此可见,《行政协议诉讼司法解释》第4条第1款所指“因行政协议的订立、履行、变更、终止等发生纠纷……”中关于“订立类的纠纷”不仅包括订立行政协议的程序与主体方面的纠纷,还包括“是否应当订立行政协议的纠纷”。但是,究竟如何判断“依法或者按照约定”,法院判决中签订行政协议的明确性界限在哪里,法院支持原告诉请后行政机关不履行的,原告该如何救济,由法院判决订立行政协议是否影响行政协议的“民事合同”性质,以上都是学术界与实务界关于这项诉讼请求可能引起的相关问题的困扰。因此,订立行政协议的诉讼请求在司法实践中并不常见,相应的判决更是少之又少。

在安吉展鹏金属精密铸造厂诉安吉县人民政府搬迁行政协议案中,临港管委会与展鹏金属精密铸造厂就企业搬迁安置达成《企业搬迁补偿协议书》,约定临港管委会按货币形式安置,搬迁补偿总额合计1,131,650元。协议签订后,合同双方均依约履行各自义务。2017年7月12日,展鹏金属精密铸造厂以安吉县人民政府为被告提起诉讼,请求判令被告作出的《企业搬迁补偿协议书》的具体行政行为违法应予以撤销,并责令依法与其重新签订拆迁补偿协议。生效裁判认为,虽然安吉县人民政府追认该协议的效力,并不能改变临港管委会签订涉案补偿协议行为违法的事实。但是,涉案补偿协议系双方基于真实意思表示自愿达成的,且已经实际履行完毕,补偿协议的内容未并损害展鹏金属精密铸造厂的合法补偿权益,在安吉县人民政府对涉案补偿协议予以追认的情况下,协议效力应予保留。故判决确认安吉县人民政府等设立的临港管委会与展鹏金属精密铸造厂签订案涉协议的行为违法;驳回展鹏金属精密铸造厂要求撤销案涉协议并依法与其重新签订拆迁补偿协议的诉讼请求。在本案中,法院的审理重点并没有围绕原告要求重新签订行政协议展开,尽管判决中已经确认原有的行政协议违法,但并未支持原告重新订立行政协议的诉请,更未对此进行论述。不支持的理由是原协议虽然违法但并未撤销且已经履行?还是原告要求订立行政协议的诉请不符合"依法或者按照约定"的条件?抑或法院有别的考量?这些问题恐怕有待司法实践的发展对《行政协议诉讼司法解释》作进一步解读后才能得到答案。所以,尽管《行政协议诉讼司法解释》列举了判决行政机关依法或者按照约定订立行政协议的诉讼请求,但是诸多不确定因素仍然为原告选择使用该项诉讼请求增加了风险。

对于行政机关拒不履行签订合同的义务情形,是起诉请求其履行签订合同义务,还是追究其不签订合同的法律责任的调查(见图6-1)中,52.68%的受访者认为应当要求其履行继续签订合同的义务,但也有46.13%的受访者认为追究其法律责任。从分类统计的结果看(见图6-2),61%的法官、55%的检察官和律师认为应当请求行政机关履行签订合同的义务。

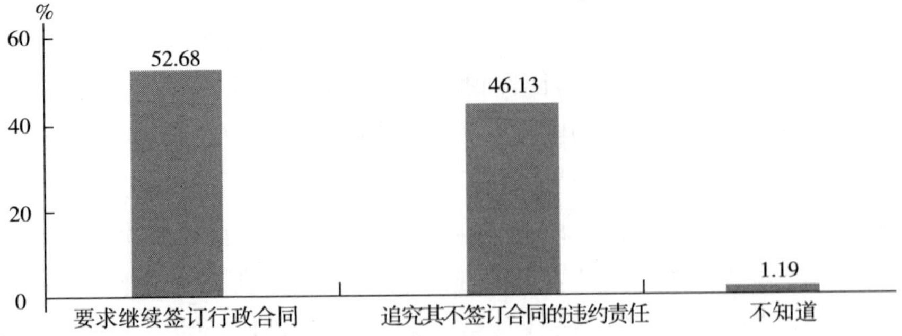

图6-1 对行政机关拒不履行签订合同的义务受访者认为应如何做

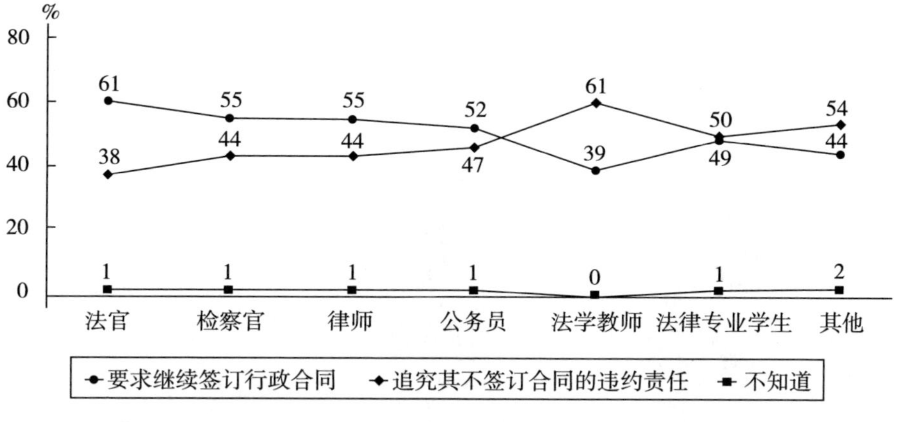

图 6－2　不同职业群体的观点

5. 请求判决撤销、解除行政协议

原告请求判决撤销行政协议，是对行政协议本身合法性的质疑，其诉讼目的非常明确，所以法院审理时的焦点是行政协议的合法性。在蒋某玉诉重庆高新区管理委员会、重庆高新技术产业开发区征地服务中心行政协议纠纷案中，蒋某玉与开发区征地服务中心签订了《征地拆迁补偿安置协议》，后蒋某玉以《征地拆迁补偿安置协议》主体不适格，实体内容及程序均属违法，请求法院判决撤销《征地拆迁补偿安置协议》。

原告请求解除行政协议，其认为在履行行政协议过程中达到了法定解除或者约定解除行政协议的条件，故而主张解除行政协议，不再继续履行。在成都亿嘉利科技有限公司、乐山沙湾亿嘉利科技有限公司诉四川省乐山市沙湾区人民政府解除投资协议并赔偿经济损失案中，因被告一直未履行行政协议，导致行政协议目的无法实现，故而原告提出解除行政协议的请求。

从调查结果（见图 6－3）可以看出，58.30% 的受访者认为行政相对方没有单方的解除权，40.85% 的受访者认为行政相对方有解除权。分类统计的情况与总体情况基本一致。（见图 6－4）

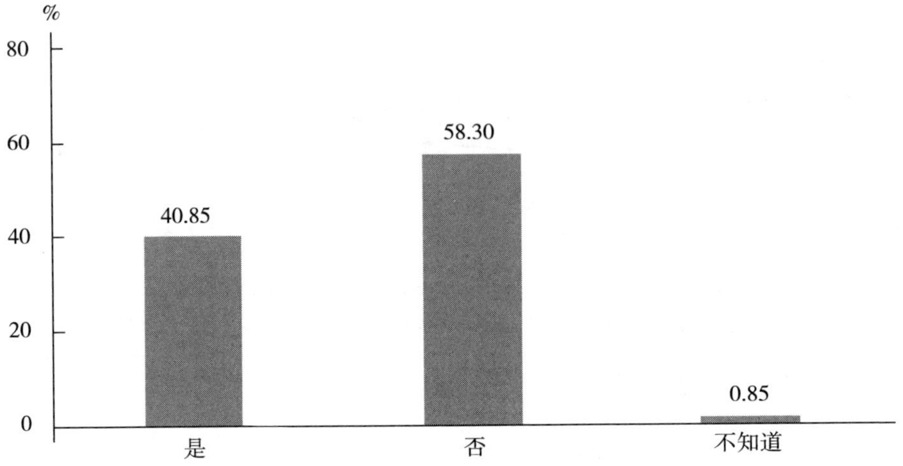

图 6－3　在行政协议没有明确约定的情况下，受访者认为相对人一方是否享有单方解除权

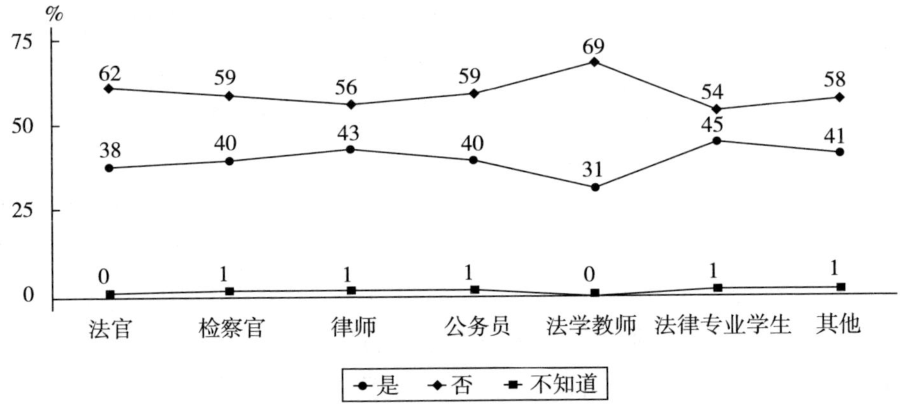

图 6－4　不同职业群体的观点

6. 请求判决行政机关赔偿或者补偿

赔偿或补偿的诉讼请求是行政协议案件中较为常见的诉讼请求，行政机关的行政协议行为侵害原告的合法权益的，原告可以提出赔偿或补偿请求。在司法实践中，赔偿和补偿请求往往与撤销、解除、确认违法等请求一并出现。在十大参考案例之一的成都亿嘉利科技有限公司、乐山沙湾亿嘉利科技有限公司诉四川省乐山市沙湾区人民政府解除投资协议并赔偿经济损失案中，原告在请求解除行政协议时，一并提出了赔偿的请求。在金华市光跃商贸有限公司诉金华市金东区人民政府拆迁行政合同案中，原告在请求确认行政协议无效的同时，一并提出了赔偿请求。

在行政机关违约造成行政相对人经营性损失是否应当赔偿的调查中，受访者答案几乎一致，96.26% 的受访者赞成行政机关应当对相对人的经营性损失承担赔偿责任。（见图6－5、图6－6）

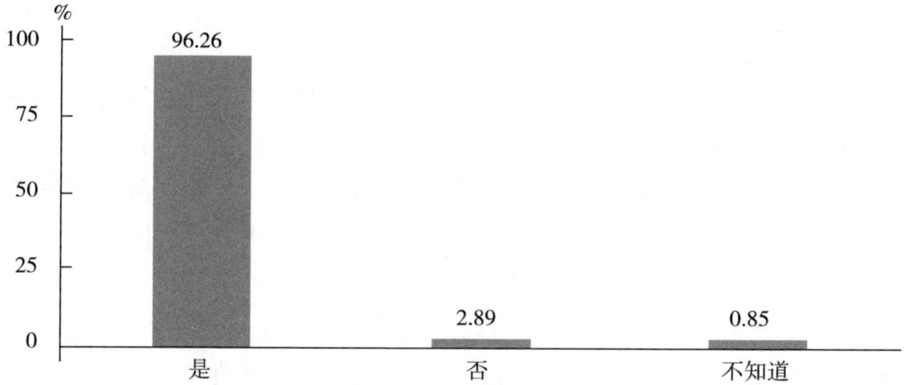

图6－5 在行政合同履行过程中，受访者认为因行政机关违约造成的相对人一方经营性损失，行政机关是否应当赔偿？

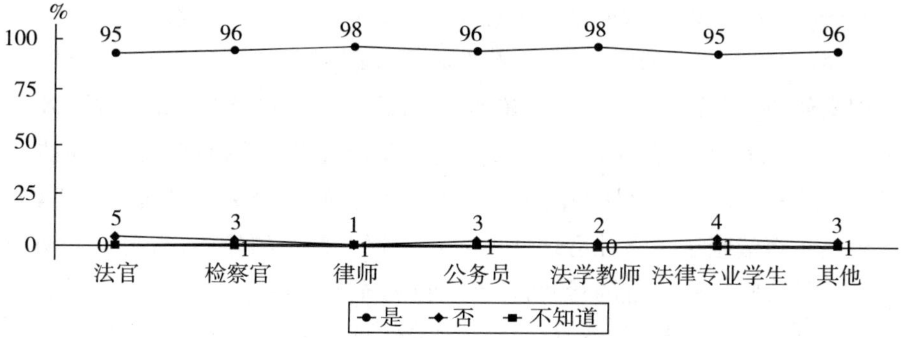

图6－6 不同职业群体的观点

7. 请求判决变更行政协议

《行政协议诉讼司法解释》并没有在第9条第1款列举请求判决变更行政协议，但是在司法实践中，这项诉讼请求十分普遍，也符合《行政协议诉讼司法解释》概括规定的行政协议案件具体诉讼请求的要求。例如，在陈某前诉杭州市余杭区人民政府良渚街道办事处征迁行政协议纠纷案中，原告因不满被告的补偿条件，起诉请求将安置补偿协议中确定的安置人口 6 人变更为 7 人，同时增加安置面积。法院审理的焦点是原告是否符合拆迁安置补偿条件。经审理，法院认为原告符合安置条件，故判决将杭州市余杭区人民政府良渚街道办事处与王某明户于 2015 年 6 月 25 日签订《集体所有土地、房屋征迁补偿安置协议书》第 6 条第 1 项中确定的安置人口 6 人变更为 7 人，安置面积 480 平方米相应变更为 560 平方米。

变更行政协议的诉请一般都很明确，原因在于变更请求往往针对行政协议的部分内容提出，在不否认行政协议效力及其他内容合法性的同时，以司法形式改变原被告的行政协议关系。这种诉讼请求简单明确，易于法院归纳争议焦点，有利于实现原告的诉讼目的。但是，从陈某前诉杭州市余杭区人民政府良渚街道办事处征迁行政协议纠纷案中也可以看到，法院判决变更行政协议内容的理由，在于变更后的行政协议有明确的法律依据。除此之外，法院对已有的行政协议的合法性保持基本尊重的态度。所以，原告选择直接变更行政协议的诉讼请求须有明确的法律依据或约定依据。

三、行政协议案件诉讼请求的特殊性

原告有具体的诉讼请求是传统意义上行政诉讼的启动要素之一，也是行政诉讼程序的开端。一般认为，诉讼请求是原告权利主张的核心体现，决定着法院审理案件争议的内容和边界，只有原告的诉讼请求足够具体，才对法院具有拘束力。[1]从司法实践的角度看，对于诉讼请求是否具体的判断，主要体现在以下几个方面：语言表达是否清晰；指向是否明确；诉讼标的是否唯一。其中，语言表达是否清晰于正常社会理性人而言不存在判断的障碍，指向是否明确与诉讼目的是否唯一在传统的行政行为之诉中，主要取决于行政行为背后的法律关系是否唯一。也就是说，通常一个行政案件只解决一个行政行为的合法性问题。因此，如果起诉人请求法院在一个案件中审理两个或者更多行政行为，就违反了“具体诉讼请求”原则。但是，对于行政协议诉讼而言，《行政协议诉讼司

---

〔1〕 参见张松波：《论行政诉讼原告诉讼请求对法院的拘束力》，载《行政法学研究》2019 年第 1 期，第 40 页。

法解释》与司法实践已经充分表明了淡化“具体诉讼请求”标准的态度。传统行政案件以行政行为为审理对象,是“行为之诉”;行政协议案件以协议所形成、变更或者消灭的法律关系为审理对象,是“关系之诉”。因此,行政协议案件中的诉讼请求作为传统意义上划分诉讼类型的依据的功能就大大削弱,而其作为启动案件审理、一并解决行政协议争议的开端这一功能就尤其明显。行政协议案件正式纳入行政诉讼受案范围后,冲击了传统意义上的行政诉讼类型划分。甚至有学者主张,借鉴法国的诉讼类型划分经验,在我国行政协议诉讼法定化之后,可以考虑将其单独列为一种诉讼种类(或者称为“完全管辖权之诉”,或者称为“法关系诉讼”),笼统地概括为行政协议诉讼。[1]

与行政许可、行政处罚等传统意义上行政案件中的诉讼请求相比,行政协议案件的诉讼请求总体呈现以下特殊性:

第一,诉讼请求囊括行政协议全过程,数量繁多。仅《行政协议诉讼司法解释》明文规定的诉讼请求就多达六项,尤其是《行政协议诉讼司法解释》两次用兜底性条款强调了行政协议案件诉讼请求的宽泛化。很明显,立法者对待行政协议案件的诉讼请求态度极为宽容,只要当事人的主张涉及行政协议的订立、履行、变更、终止,都可以视为有具体的诉讼请求,从而将案件纳入行政诉讼受案范围。

第二,诉讼请求不再是诉讼类型化划分的依据,而仅是以行政协议为焦点的延伸。在传统的行政案件中,依据诉讼请求不同对诉讼类型进行划分是普遍做法。具体而言,学术研究者与司法实践中大多数人倾向于依据诉讼请求将诉讼分为确认之诉、撤销之诉与给付之诉等类型。例如,原告请求撤销一项行政处罚,那么对该行政处罚合法性审查而引起的诉讼就是撤销之诉。尽管诉讼类型在审理过程中有可能视具体情况发生转变而与诉讼请求不再是一一对应的关系,但是毫无疑问,诉讼请求仍是判断诉讼类型的起点与主要依据之一。但是,行政协议案件中的诉讼请求并不具备划分诉讼类型的功能,行政协议案件的审理以整体解决行政协议争议为原则,诉讼请求作为启动一并审理行政协议争议诉讼程序的要件,其确定原告诉讼目的的功能性更强。

第三,行政协议诉讼不受“一案一诉”的限制。行政协议争议既包括协议性法律关系争议,也包括行政性法律关系争议,还有可能同时包括协议性和行政

---

〔1〕 参见闫尔宝:《论行政协议诉讼的特殊性》,载《法理研究》2019 年第 2 期,第 119 页。

性法律关系争议。例如,对于行政机关违法单方解除行政协议的行为,只有同时提起撤销单方解除行为和履行协议的诉讼请求,才能实现权利保护目的。从现有行政协议诉讼看,原告可以提出确认违法或者撤销的诉讼请求、履行协议的诉讼请求以及赔偿损失的诉讼请求。笔者认为,允许原告围绕协议及其相关纠纷提出多项诉讼请求,同时适用行政法律规范和民事法律规范审理,才能发挥行政诉讼解决行政协议纠纷的优势。

第四,在行政协议诉讼中,变更诉讼请求原则上不受限制。在传统行政诉讼中,起诉状副本送达被告后,原则上不允许变更诉讼请求。但鉴于行政协议案件的复杂性,为了实质性解决争议,应当允许变更诉讼请求。例如,在邓某华诉乐山市国土资源局五通桥区分局行政协议纠纷案中,原告一开始的诉讼请求是确认案涉行政协议无效。但是在审理过程中,法院认为案涉行政协议不存在无效情形,遂向原告释明,原告同意将诉讼请求变更为请求撤销案涉行政协议,本案以撤销案涉行政协议终结。与邓某华诉被告乐山市国土资源局五通桥区分局行政协议纠纷案形成对比的是,在何某诉长沙经济技术开发区管理委员会、长沙县自然资源局行政协议纠纷案中,原告的诉讼请求同样是确认案涉行政协议无效,法院审查后认为该行政协议不存在无效情形,遂向原告释明是否变更诉讼请求,但原告坚持原诉讼请求。该案以案涉行政协议不存在无效情形为由,判决原告败诉。由此可见,原告诉讼请求不当极有可能引发败诉风险。

第五,行政协议案件诉讼请求的具体性要求具有灵活性。行政协议案件诉讼请求的特殊性,要求原告在确定诉讼请求时格外谨慎。不同于普通的行政诉讼,行政协议案件不仅包括行政协议本身的效力和合法性问题,还包括订立、履行行政协议等行政协议行为。加之行政协议案件以整体解决行政协议争议为审理目的,当事人在纷繁复杂的行政协议案件中很难精准确定诉讼请求。

所以,原告在确定诉讼请求时应当以诉讼目的为核心,对行政协议与行政协议行为的合法性进行初步的判断,在此基础上选择诉讼请求。具体而言,原告应当审视纠纷中有没有行政协议的存在,如果纠纷还处在需要签订行政协议的阶段,原告可以诉请被告与之签订行政协议。在有行政协议的情况下,原告应当对行政协议的效力作初步判断,如果行政协议明显无效,原告就不宜诉请确认行政协议效力或继续履行合同;行政协议无效的,原告可以主张赔偿或违约责任。在行政协议有效的前提下,原告可以针对行政协议提出解除、变更的诉讼请求;或者针对被告具体的行政协议行为,提出撤销、确认违法等诉讼请求。除此之外,原告应慎重考虑法院关于诉讼请求的释明,在案件审理过程中及时调整诉讼请求。

行政协议案件诉讼请求的特殊性,决定了法院审理行政协议案件必须高度重视原告的诉讼请求以及诉讼请求在审理过程中对案件的影响。首先,在原告的诉讼请求不明确时,法院应尽到释明义务。法院的释明义务开始于原告立案起诉阶段,贯穿于行政协议案件审理全过程。行政协议案件的复杂性与专业性远远超出了当事人的认知能力,因此,当事人不能准确地锁定诉讼请求也是常理。相较于普通的行政行为案件,行政协议案件尤其需要法院的释明义务,这也要求法院在审理行政协议案件时明确原告的诉讼目的,并加大释明诉讼请求义务的强度。在李某萍诉彭阳县自然资源局、彭阳县白阳镇人民政府行政协议纠纷案中,一审时原告的诉讼请求是确认案涉行政协议违法;在二审过程中,二审法院审查发现在案涉行政协议的签订与履行过程中,被告明显违背了诚实信用原则,且属滥用职权的行为。为了实质性化解矛盾纠纷,减少当事人诉累,依法监督行政机关依法行政,二审法院向原告释明,一审原告也将诉讼请求变更为撤销案涉行政协议。本案最终以撤销案涉行政协议结案,原告达到了敦促政府与其重新签订补偿协议的诉讼目的,在这一过程中,法院的诉讼请求释明义务发挥了重要作用。在行政协议案件中,法院的诉讼请求释明义务不仅仅是形式上的程序,而是需要法院在审理过程中紧密关注原告的诉讼目的,在审理过程中发现原告现有的诉讼请求难以达到诉讼目的时,及时向原告释明诉讼请求变更事宜。

第三节 行政协议案件判决方式的完善

一、现有判决方式的类型

根据《行政诉讼法》规定,我国行政诉讼判决主要有驳回原告诉讼请求判决、撤销或撤销重作判决、限期履行法定职责判决、给付判决、确认违法判决、确认无效判决、变更判决七大类型。有观点认为,行政协议案件适用《行政诉讼法》规定的以上七类判决方式,不存在独立的行政协议案件判决方式。[1]随着

〔1〕 参见郭修江:《行政诉讼判决方式的类型化——行政诉讼判决方式内在关系及适用条件分析》,载《法律适用》2018 年第 11 期,第 10 页。

《行政协议诉讼司法解释》的出台，我国形成了独立的行政协议案件判决方式。但是，现有的行政协议案件判决方式并未涵盖所有行政协议案件类型，且在适用条件与适用顺序上，呈现明显的缺陷。

从《行政协议诉讼司法解释》看，现有行政协议案件的判决方式主要有以下类型：

（一）确认行政协议无效判决

所谓确认行政协议无效判决，是指人民法院经过审理后否决行政协议效力的判决形式。确认行政协议无效可分为全部无效和部分无效。当然，部分无效的前提是行政协议具有可分内容，如果协议内容不可分应确认行政协议全部无效。此外，《行政协议诉讼司法解释》还规定了行政协议未经审批而未生效的情形，实践中一般也将其纳入了行政协议的无效。行政协议被确认无效的，自始无效，当事人因协议取得的财产应当返还，不能返还的，判决折价补偿。此外，《民法典》还规定，有过错的一方应当赔偿对方因此所受到的损失；双方都有过错的，应当各自承担相应的责任。

根据《行政协议诉讼司法解释》的规定，确认行政协议无效的理由分为两类：一是基于行政行为重大明显违法规则确认行政协议无效；二是基于合同法的合同无效规则确认行政协议无效。从司法实践看，法院对于适用《行政诉讼法》和《民法典》确认行政协议无效的次序和关系存在较大争议。既有优先适用行政法律规范的，也有优先适用民事法律规范的，还有同时适用行政法律规范和民事法律规范的。虽然《行政协议诉讼司法解释》对确认行政协议无效的理由进行了明确，但实践中的争议并未止息，相互不一致的判决仍然存在。

（二）撤销行政协议判决

所谓撤销行政协议判决，是指人民法院经过审理后判决撤销行政协议使之失去效力的判决形式。行政协议被判决撤销后，当事人因行政协议取得的财产应当返还；不能返还的，折价赔偿。因被告的原因协议被撤销的，行政机关应当采取补救措施或者赔偿协议相对人的损失。

《行政协议诉讼司法解释》第 11 条规定了人民法院审理行政协议案件，对被告订立行政协议等行为进行合法性审查，但并没有明确违法所导致的法律后果。在撤销行政协议的理由上，《行政协议诉讼司法解释》明确规定行政协议存在胁迫、欺诈、重大误解、显失公平等情形的,可以依法判决撤销该协议。显然,《行政协议诉讼司法解释》并未规定行政协议违法的,可以判决撤销。也就是说,行政行为的撤销理由不同于行政协议,不能适用《行政诉讼法》规定的撤销理由撤销行政协议,应当适用《民法典》的规定撤销行政协议。

(三)撤销行政机关单方变更、解除行政协议决定判决

在行政协议履行过程中,行政机关为了公共利益需要行使行政优益权,单方变更或者解除行政协议,是运用行政权对行政协议的干预,是通过行政行为改变或终止协议的效力。对于行政机关为了公共利益变更或者解除决定,人民法院审理后认为该行政行为违法的,可以作出撤销该变更或者解除决定的判决。即使行政机关变更或者解除行政协议的行为合法,但给行政协议相对人造成损失的,也应补偿受害人的损失。

人民法院判决撤销行政机关变更或解除行政协议的决定,适用《行政诉讼法》第 70 条规定的行政行为撤销理由。此外,人民法院在撤销行政机关单方变更或者解除决定的同时,可以判决行政机关继续履行协议或者赔偿损失等。

(四)解除行政协议判决

所谓解除行政协议判决,是指人民法院经过审理后,认为符合协议解除的法定或者约定情形,准许解除行政协议的判决形式。由于我国当前行政协议诉讼的被告恒定为行政机关,不允许行政机关起诉解除行政协议,当前解除行政协议判决是针对公民、法人或者其他组织的诉讼请求裁判的。

从《行政协议诉讼司法解释》规定看,判决解除行政协议依据《民法典》的规定,可分为法定解除和约定解除。需要指出的是,如果符合约定解除的情形,《行政协议诉讼司法解释》并未对行政机关如何行使解除权作出规定。事实上,如果符合法定或者约定解除的情形,也应当允许行政机关起诉解除。否则,行政机关只能单方作出解除行政协议的决定,但又不符合作出单方解除的条件,结果就会十分尴尬。

(五)履行行政协议判决

被告未依法、未依照约定履行行政协议的,或者被告违法变更、解除行政协议的,人民法院判决被告履行协议。根据《行政协议诉讼司法解释》的规定,履

行协议判决的适用情形既包括被告不履行协议或者未完全正确履行协议的情形,还包括被告违法行使单方变更权、解除权而拒不履行协议的情形。

(六)违约赔偿或者补偿判决

被告不履行行政协议给原告造成损失的,人民法院可以根据原告的请求判决被告承担赔偿责任。这里的赔偿责任不同于《国家赔偿法》上的赔偿责任,可以依据《民法典》的规定要求被告承担违约赔偿责任。此外,被告违法解除或者变更行政协议给协议相对人造成损失的,也应当判决被告承担赔偿责任。

被告基于公共利益需要单方变更、解除行政协议合法,但给协议相对人造成损失或者被告基于公共利益需要行使职权,导致原告履行不能、履行费用增加等损失的,应当判令补偿原告损失。

(七)驳回诉讼请求判决

驳回诉讼请求判决,是指人民法院审理后,不能支持原告的诉讼请求而使用的判决方式。例如,不能支持原告要求撤销被告的解除协议决定、不能制止原告要求被告履行行政协议的决定等情形。

二、现有判决方式的不足

判决方式为解决争议所设,不能因为判决方式不足而把纠纷拒之门外。

(一)判决形式不够丰富,不能满足协议纠纷解决的需要

行政协议纠纷既包括因协议的签订、履行等引起的协议性纠纷,也包括因行政权的行使引起的行政性纠纷。因此,无法适用《行政诉讼法》及其司法解释针对行政行为规定的判决种类。《行政诉讼法》第 78 条规定行政协议诉讼的履行判决、采取补救措施判决或者赔偿判决、补偿判决。2018 年《行政诉讼法司法解释》又增设了确认有效判决、补救判决、赔偿判决和补偿判决。2019 年《行政协议诉讼司法解释》结合行政协议诉讼的特点,增加了符合行政协议诉讼需求的判决形式,如确认协议无效判决、撤销行政协议判决、撤销单方变更、解除行政协议决定判决等。

但是,从行政协议诉讼实践看,行政协议判决形式仍然不够丰富,无法满足行政协议诉讼的需要。例如,在邢某文诉芜湖市鸠江区官陡街道办事处行政协

议案[1]中，被告对原告房屋进行拆迁，针对其中部分房屋签订协议后，因对另一部分房屋合法性存有争议，原告起诉要求被告与其就剩余房屋签订补偿协议，法院以不符合受案范围为由裁定驳回起诉。虽然《行政协议诉讼司法解释》对于协议签订的请求权作出了规定，但判决形式中还缺乏这一判决类型。无法否认的是，当前司法实践中仍大量存在此种状况。

（二）判决理由选择混乱，对行政协议的双重特性认识不够

《行政协议诉讼司法解释》第 27 条规定：“人民法院审理行政协议案件，应当适用《行政诉讼法》的规定；行政诉讼法没有规定的，参照适用《民事诉讼法》的规定。人民法院审理行政协议案件，可以参照适用民事法律规范关于民事合同的相关规定。”但是，《行政协议诉讼司法解释》在确认行政协议无效判决的适用方面，规定法院应当以《行政诉讼法》关于行政行为无效的情形判断行政协议的效力，同时可以适用民事法律规范确认行政协议无效。在撤销行政协议判决的适用上，《行政协议诉讼司法解释》又援引民事合同可撤销情形，即胁迫、欺诈、重大误解、显失公平情形，来适用撤销行政协议判决。也就是说，《行政协议诉讼司法解释》规定了“优先适用行政法律规范”的同时，还在具体的判决方式适用情形中大量引入了民事法律规范。而《行政协议诉讼司法解释》仍是行政法律规范，因此将民事法律规范引入《行政协议诉讼司法解释》予以适用并不违反“优先适用行政法律规范”的狡辩，对于学术研究与理性探讨而言毫无意义。行政协议判决方式适用规则的混乱为司法实践带来了极大的困扰，举例而言，即便是确认行政协议无效判决，法院输出的判决在规则使用方面也会呈现不同的趋向。在实践中，法院常用两套标准——《行政诉讼法》第 75 条和《民法典》第 148 条交替审查行政协议是否无效。但是，二者如何适用，是否有先后之分，是否根据案件具体情况可以只选其中之一适用，均没有定论。

在司法实践中，很多法院已经承认了行政协议的“协议性”对协议的影响，并且直接适用民事法律规范的规定对行政协议作出判决。例如，在陈某庚诉福建省连江县人民政府行政协议纠纷案[2]中，法院认为，基于合同双方自愿性原则和诚实信用原则，对合同的效力不宜轻易否定。通常，导致协议无效的事由

---

〔1〕 安徽省芜湖市鸠江区人民法院行政裁定书，(2015)鸠行初字第 00046 号。

〔2〕 河南省高级人民法院行政判决书，(2018)豫行终 3050 号。

系存在《合同法》第52条规定的情形:(1)一方以欺诈、胁迫的手段订立合同,损害国家利益;(2)恶意串通,损害国家、集体或者第三人利益;(3)以合法形式掩盖非法目的;(4)损害社会公共利益;(5)违反法律、行政法规的强制性规定等。本案审理法院明显在行政法律规范与民事法律规范之间着重强调了民事法律规范。又如,在潘某德诉金水区人民政府等履行安置补偿协议案[1]中,法院认为行政协议主要是约定义务而不是法定义务,不能完全按照行政行为的规律进行,即使确认行政协议违法,也不能产生行政赔偿的法律后果。值得注意的是,上述案件判决于《行政协议诉讼司法解释》出台之前,彼时直接适用民事法律规范判决行政协议案件殊为不易。

关于行政协议的性质行政法学界始终坚持"行政性为主"的底线。"对行政合同而言,行政性是第一位的特征,契约性是第二位的特征。通过公法规则调整合同关系,抓住了问题的实质,反之则舍本逐末。"诸如此类的言论已经司空见惯,这也是行政协议判决适用法律规则如此混乱的原因所在。正如韩宁博士所言,在公私法二元论的大背景下,行政法学界既无法从学科内部完善行政协议的法律规范适用规则,也无法从民法学科汲取相关知识予以弥补,遑论以跨部门法的姿态对上述问题作出解答。当我们寻求解除这一"为获得相应便利而不得不承受的负担"的解决方案时,诸如"行政合同是在合作行政的精神指引下,行政主体以合同方式实现行政目的的一种行政行为的法律结果;行政性是其实质特征,合同性是其形式特征"等论断显然是苍白无力的,然而值得我们注意的是,此类论述却仍然不断地见诸期刊。行政协议的"双重性"虽然早已成为通说,但其仍然处在概念创想之初级阶段,至于将可资适用的规则"批量投产",或许还有很长的一段路。[2]但可以肯定的是,割裂行政协议的行政性与协议性,以及区分时过分强调其中之一的优越性,都是不可取的。

行政协议的双重性不应是行政性与民事性的简单相加,更不是形式与本质的二元分裂。这就决定了我们不能将行政协议行为拆解分割为行政行为与民事行为,甚至不能说行政协议行为中某一行为具有较强的行政性或民事性。尽管将行政协议行为一一区分并分别讨论是目前可行的解决行政协议争议的方

---

[1] 江必新:《中国行政合同法律制度:体系、内容及其构建》,载《中外法学》2012年第6期,第1165页。

[2] 参见韩宁:《行政协议研究之现状与转向》,载《法治研究》2019年第6期,第137页。

法,但是,这并不意味着行政协议行为可以被划分为行政行为与民事行为。任何行政协议行为必须是在“行政协议”双重性影响下的产物,包括行政协议本身。因此,围绕行政协议与行政协议行为的判决也必将是双重性下的判决。

(三)各类判决方式之间的顺位关系未能厘清

关于行政协议各判决方式之间的关系,有观点认为,确认有效判决和继续履行判决是首选的两种判决方式。当行政协议无法继续履行时,应当考虑补救判决的适用,特殊情况下可要求被告撤销单方变更、解除协议的决定。赔偿判决和补偿判决应作为第三顺位的判决。[1]

在实践中,基于审理理念的不同,法院对于判决方式顺位的理解并不一致。有观点认为,《行政诉讼法》第78条借鉴了原《合同法》第107条的规定,将继续履行、采取补救措施以及赔偿损失明确为行政协议案件的违约责任,没有适用顺位上的限制。[2]但笔者认为,由于行政协议兼具契约性和行政性,其存续力应当比单方行政行为更强,应当尽量保证其有效性。因此,继续履行应为行政协议类纠纷裁判方式的首选。

事实上,审理是围绕原告的诉讼请求展开的,监督行政权的目的与原告诉讼的平衡决定了对判决方式的选择。

三、完善行政协议案件判决方式的建议

(一)限缩确认行政协议无效判决方式的适用

受传统行政协议双重性质理论的影响,多数观点认为,有效的行政协议必须同时满足行政法律规范与民事法律规范的规定,即不能存在《行政诉讼法》第75条规定与《民法典》中[3]规定的任何一种情形。换言之,一旦存在以上任何一种情形,行政协议应当被确认为无效。相比传统的行政行为,行政诉讼对行政协议有效的要求更高,这就导致行政协议在司法实践中被确认为无效的概率

---

〔1〕 参见陈思融:《论行政协议诉讼各类判决方式之关系》,载《政治与法律》2017年第8期,第152页。

〔2〕 参见梁凤云:《行政协议案件的审理和判决规则》,载《国家检察官学院学报》2015年第4期,第36页。

〔3〕 原《合同法》第52条。

大大增加。尤其是在《行政协议诉讼司法解释》实施以后,“人民法院可以适用民事法律规范确认行政协议无效”的表述语焉不详,更易误导司法实践中确认行政协议无效判决的宽泛适用。

在海南紫林房地产开发有限公司诉儋州市木棠镇人民政府行政协议纠纷案中,关于案涉行政协议是否有效,法院认为,《合同法》第52条第5项规定,违反法律、行政法规的强制性规定的合同无效。原《中华人民共和国城镇国有土地使用权出让和转让暂行条例》(1990年5月19日国务院令第55号发布,2020年修订)第11条规定:“土地使用权出让合同应当按照平等、自愿、有偿的原则,由市、县人民政府土地管理部门(以下简称出让方)与土地使用者签订。”原《城市房地产管理法》(2007年8月30日修订后于2009年8月二次修正)第15条规定:“土地使用权出让,应当签订书面出让合同。土地使用权出让合同由市、县人民政府土地管理部门与土地使用者签订。”据此,本案中,木棠镇人民政府作为乡镇一级人民政府不具有签订国有土地使用权出让合同主体资格,其与三亚市房地产开发建设总公司海口公司签订的《出让协议书》违反了上述法律、法规的强制性规定,依法应当认定无效。这是一起典型的适用民事法律规范认定行政协议无效的案例。在金某兰、崔某诉汪清县人民政府、第三人珲春市誉鹏房地产开发有限公司要求履行行政纠纷案中,法院在审查行政协议的效力时,认为本案涉及的房屋土地征收的依据是吉林省国土资源厅作出的吉国土资耕函〔2013〕552号《关于汪清县人民政府2013年第2批次农用地转用和土地征收的批复》。依照土地管理法律法规及司法解释以及《国有土地上房屋征收与补偿条例》的规定,本案系集体土地征收项目。尽管《国有土地上房屋征收与补偿条例》对涉及土地房屋征收的程序所作的规定,与有关集体土地征收法律法规的规定不抵触的,集体土地征收行政机关可以参照执行,但汪清县人民政府适用《国有土地上房屋征收与补偿条例》对该项目按照国有土地征收程序作出行政行为,违反法律规定。《行政诉讼法》第75条规定:“行政行为有实施主体不具有行政主体资格或者没有依据等重大且明显违法情形,原告申请确认行政行为无效的,人民法院判决确认无效。”该法系对行政行为无效的情形所作的规定,人民法院在审理行政案件中,对被诉行政行为的审查不以当事人的诉讼请求范围为限。在行政诉讼中,对无效行政行为的确认应属人民法院的法定职责。故对汪清县人民政府超越法定职权对本案被征收人即原告所作的行政行为依法确认为无效。很明显,本案审理法院将行政协议的效力作为一项行政行为进行审查,并完全适用行政法律规范确认了案涉行政协议无效。

确认行政协议无效判决方式的扩张,不仅不利于行政管理与服务的稳定,也不是规范政府守信践诺机制的最佳手段。行政协议签订的初衷在于达到协议确定的行政管理与服务目的,如果一味任由其被宽泛地确认无效,而试图以赔偿责任来挽救损失的话,未免得不偿失。对行政协议双重性的理解不能浮于表面,行政协议行为既适用行政法律规范又适用民事法律规范,以及根据具体情况选择适用行政法律规范或民事法律规范的做法都不可取。法院审理行政协议案件不应停留在对法律规范的理解与适用上,相比外在表现的法律规范而言,真正值得关注的是规范背后的法律原则与逻辑。行政协议作为行政活动的一种方式,需要遵守依法行政原则;同时,其又具有合同的属性,也要遵守契约的基本原则。在认定行政协议无效时,可以适用行政行为无效的标准,但仍可存在针对行政协议的特别无效标准;也可以准用民事合同法的无效标准,但仍需要与公法原则相协调。行政协议无效标准的确定与选取,需要在依法行政原理与契约严守原则、法律优位与法安定性、信赖保护原则之间进行价值衡量。[1]

在行政协议的司法实践中,法院应当合理运用行政法中的信赖保护原则,对合同的效力进行审理。从信赖保护原则看,行政主体做出某种行为承诺等具有一定可预见性的活动后,不得随意改变;若基于维护公共利益的需要必须改变已经形成的法律状态,应对公民法人或者其他组织正当的既得权益和合理预期加以保护,否则行政主体应承担相应的法律责任,特别是当公权力主体计划变更其原有的公权力行为和决定时,必须考虑到相对人已经取得的权益,或者即将必然取得权益的保护问题,公权力主体不得以追求公共利益为借口任意变更先前所作决定而使相对人对于公权力行为的信赖落空,使得期待中的利益受损。

行政协议相较于民事合同而言,其订立一方为公权力主体,合同相对人对行政协议的信赖力远远大于与民事主体签订的民事合同,司法审查对于行政协议既有的尊重也应该普遍强于普通的民事合同。因此,显而易见的道理是,否定一项行政协议的效力,其标准与难度都应该绝对高于否定一项普通民事合同的效力。所以现行的以行政法律规范与民事法律规范任意适用去否定行政协

---

〔1〕 参见王贵松:《行政协议无效的认定》,载《北京航天航空大学学报(社会科学版)》2018 年第 5 期,第 18 页。

议效力的做法缺乏合理性,司法实践中应注意限缩确认行政协议无效判决的适用。

(二)增加支持原告诉讼请求的变更行政协议判决

《行政协议诉讼司法解释》并没有明确规定支持原告诉讼请求的变更行政协议判决,但是在司法实践中,变更行政协议的判决屡见不鲜。例如,在陈某前诉杭州市余杭区人民政府良渚街道办事处行政协议纠纷案中,法院经过审查在判决中直接变更了行政协议的内容。《行政协议诉讼司法解释》引用了原《合同法》关于撤销或变更合同的法律规定,但是只规定了行政协议的撤销判决,没有规定变更行政协议的判决方式。《合同法》中关于合同可撤销和可变更的法理依据是一样的,但是《行政协议诉讼司法解释》在引用时却有选择地遗漏了关于行政协议的变更判决适用情形。笔者认为,支持原告诉讼请求的变更行政协议的判决有着明显的优势,行政协议案件的审理在于解决行政协议争议,所以行政协议案件并不遵循一事一审的审判规则。原告请求变更行政协议,法院经审理,认为确有必要对行政协议进行变更的可以直接对行政协议进行变更,这样更有利于彻底解决行政协议争议。

(三)丰富判决方式类型,促进行政协议判决方式专门化

根据《行政协议诉讼司法解释》规定,现有的行政协议案件判决方式有:撤销行政协议判决;判决撤销被告变更、解除行政协议的行政行为;判决被告继续履行行政协议;判决解除行政协议;判决被告承担违约责任;判决被告给予补偿;判决被告给予赔偿;判决驳回原告诉讼请求。但是,现有的判决方式并不能满足司法实践的需要,并且判决制度在设计上缺乏整体性。行政协议案件不同于传统行政案件,行政协议案件是一种新类型的案件,撤销判决、确认判决、驳回诉讼请求判决、变更判决等传统的判决方式与行政协议案件不相适应,需要为其设定相应的判决种类。[1]

虽然在判决方式上,《行政协议诉讼司法解释》相比《行政诉讼法》与司法解释丰富了许多,但仍旧满足不了司法实践的需求。主要原因在于行政协议案

---

〔1〕 参见江必新、邵长茂:《新行政诉讼法修改条文理解与适用》,中国法制出版社2015年版,第287页。

件的审理规则混乱,行政法律规范与民事法律规范定位错误。行政协议以及行政协议行为不同于传统的行政行为,不能套用审理行政行为的规则,更不能照搬审理民事合同的规则,而应该形成专门的行政协议案件审理规则和判决方式。除应增加支持原告诉讼请求的变更行政协议判决之外,立法应为行政协议案件的判决方式预留空间,以适应行政协议案件的需要。

结　论

行政协议是行政机关与公民、法人或者其他组织通过平等协商达成的合意,是行政机关借用司法手段实现行政任务的新型管理手段。在行政协议中,作为管理主体的行政机关追求行政管理目的和公共利益,协议相对人追求自身利益或商业利益,二者互相尊重,平等协商,公平合作。

作为一种柔性的行政活动方式,行政协议与我国司法实践中的行政行为存在重大差别。行政行为的公定力、确定力、拘束力、执行力等效力内容不适用于行政协议,但行政协议作为行政活动方式,应受行政法基本原则的约束。行政协议和民事合同的区分是困难的,需要进一步通过立法手段明确行政协议的内涵并列举常用的、易引发争议的行政协议。在当前立法不周延的情况下,“行政法上的权利义务”应当是认定行政协议的核心标准。

行政协议诉讼案件的受案范围应当以行政协议的识别为前提。行政协议案件范围不仅包括协议效力、履行、变更、解除等纠纷,还包括行政机关行使行政优益权引发的纠纷以及协议相对人不履行行政协议的纠纷等。因此,还应当通过立法建立行政相对人不履行行政协议的“官告民”诉讼。

行政协议诉讼当事人资格认定受协议相对性原则的规范,同时结合行政法上的“法律利害关系”模式和“行政主体理论”分别认定适格原告和适格被告。此外,行政协议诉讼被告的认定还应结合协议签订与履行的实际控制权、批准权,增列地方政府为共同被告。

行政协议的有效、无效、撤销与效力待定等法律效力状态审查,应主要适用民事法律规范,还应当结合法律优先原则、比例原则、信赖保护原则等,保障行政协议的效力比民事合同的效力更加稳定。

行政协议案件诉讼请求的确定以问题有效、实质解决为导向,司法应摒弃行政行为诉讼中“一事一诉”“不得变更诉讼请求”等观念。从裁判方式上看,立法应完善判决种类，建构适合行政协议案件类型的判决体系。

最后，审理行政协议案件应打破部门法观念，消除行政法优先的行政行为审查思路，实现行政法与民法并重、融合和衔接。

参 考 文 献

一、专著

[1][德]哈特穆特·毛雷尔:《行政法学总论》,高家伟译,法律出版社 2000 年版。

[2]于安编著:《德国行政法》,清华大学出版社 1999 年版。

[3]王名扬:《英国行政法》,中国政法大学出版社 1987 年版。

[4][英]威廉·韦德:《行政法》,楚建译,中国大百科全书出版社 1997 年版。

[5]应松年主编:《当代中国行政法》,中国方正出版社 2000 年版。

[6]周枏:《罗马法原论》,商务印书馆 2004 年版。

[7]中共中央马克思恩格斯列宁斯大林著作编译局编译:《马克思恩格斯选集》(第 3 卷第 2 版),人民出版社 1995 年版。

[8]王名扬:《法国行政法》,中国政法大学出版社 1988 年版。

[9]王利明、崔建远:《合同法新论总则》,中国政法大学出版社 2000 年版。

[10][英]梅因:《古代法》,沈景一译,商务印书馆 2009 年版。

[11]卢超:《经由"内部契约"的公共治理:英国实践》,载姜明安主编:《行政法论丛》(第 11 卷),法律出版社 2008 年版。

[12]林纪东:《行政法新论》,台北,三民书局 1985 年版。

[13]应松年:《行政行为法》,人民出版社 1993 年版。

[14]张文显:《法学基本范畴研究》,中国政法大学出版社 1993 年版。

[15]舒国滢主编:《法学方法论丛》(第 1 卷),中国法制出版社 2012 年版。

[16][美]E. 博登海默:《法理学、法律哲学与法律方法》,邓正来译,中国政法大学出版社 1999 年版。

[17]黄杰:《中华人民共和国行政诉讼法诠释》,人民法院出版社 1994 年版。

[18]翁岳生主编:《行政法》(第 2 版),中国法制出版社 2009 年版。

[19]马怀德:《行政诉讼原理》,法律出版社 2003 年版。

[20]章剑生:《现代行政法总论》,法律出版社 2014 年版。

[21]余凌云:《行政契约论》(第 2 版),中国人民大学出版社 2006 年版。

[22]林明锵:《行政契约法研究》,台北,翰芦图书出版有限公司 2006 年版。
[23]史尚宽:《债法总论》,中国政法大学出版社 2000 年版。
[24][德]卡尔·拉伦茨:《德国民法通论》(下册),王晓晔等译,法律出版社 2003 年版。
[25][德]G. 平特纳:《德国普通行政法》,朱林译,中国政法大学出版社 1999 年版。
[26]中共中央文献研究室编:《十八大以来重要文献选编》(上),中央文献出版社 2014 年版。
[27]江必新、梁凤云:《行政诉讼法理论与实务》,北京大学出版社 2009 年版。
[28]江利红:《行政法学》,中国政法大学出版社 2014 年版。
[29]叶必丰:《行政法与行政诉讼法》(第二版),高等教育出版社 2012 年版。
[30]何海波:《行政诉讼法》(第二版),法律出版社 2016 年版。
[31]梁慧星:《民法总论》(第 5 版),法律出版社 2017 年版。
[32]胡建淼主编:《行政法学》,复旦大学出版社 2003 年版。
[33]王泽鉴:《民法思维:请求权基础理论体系》,北京大学出版社 2009 年版。
[34]王泽鉴:《民法总则》,北京大学出版社 2014 年版。
[35]王利明:《民法总论》(第 2 版),中国人民大学出版社 2015 年版。
[36]朱庆育:《民法总论》(第 2 版),北京大学出版社 2016 年版。
[37][日]美浓部达吉:《公法与私法》,黄冯明译,中国政法大学出版社 2003 年版。
[38]王利明:《民法总则研究》(第 2 版),中国人民大学出版社 2012 年版。
[39]李永军:《民法总论》,法律出版社 2006 年版。
[40]姜明安主编:《行政法与行政诉讼法》,北京大学出版社、高等教育出版社 1999 年版。
[41]叶必丰:《行政行为原理》,商务印书馆 2019 年版。
[42]李广宇:《新行政诉讼法逐条解释》,法律出版社 2015 年版。
[43]李适时主编:《中华人民共和国民法总则释义》,法律出版社 2017 年版。
[44]周佑勇:《行政法基本原则研究》,武汉大学出版社 2005 年版。
[45]江必新:《中华人民共和国行政诉讼法理解适用与实务指南》,中国法制出版社 2015 年版。
[46]江必新、邵长茂:《新行政诉讼法修改条文理解与适用》,中国法制出版社 2015 年版。
[47]蔺耀昌:《行政契约效力研究》,法律出版社 2010 年版。
[48]苏林琴:《行政契约:中国高校与学生新型法律关系研究》,教育科学出版社 2011 年版。
[49]张树义:《行政合同》,中国政法大学出版社 1994 年版。
[50]胡叔宝:《契约政府的契约规则》,中国社会科学出版社 2004 年版。
[51]杨解君:《中国行政合同的理论与实践探索》,法律出版社 2009 年版。
[52]王克稳:《政府合同研究》,苏州大学出版社 2007 年版。
[53]施建辉:《政府合同研究》,人民出版社 2008 年版。
[54]余凌云:《全球时代下的行政契约》,清华大学出版社 2010 年版。

[55]郑秀丽:《行政合同过程研究》,法律出版社 2016 年版。
[56]步兵:《行政契约履行研究》,法律出版社 2011 年版。
[57]施建辉:《行政契约缔结论》,法律出版社 2011 年版。
[58]胡宝岭:《行政合同争议司法审查研究》,中国政法大学出版社 2015 年版。
[59]王旭军:《行政合同司法审查》,法律出版社 2013 年版。
[60]李霞:《行政合同研究:以公私合作为背景》,社会科学文献出版社 2015 年版。
[61]杜万华主编:《最高人民法院商事审判指导丛书:合同案件审判指导》,法律出版社 2018 年版。
[62]应松年:《与法同行:应松年口述》,中国政法大学出版社 2015 年版。
[63]章剑生:《现代行政法基本理论》(第 2 版),法律出版社 2014 年版。
[64]王贵松:《行政裁量的构造与审查》,中国人民大学出版社 2016 年版。
[65]余凌云:《行政法案例分析和研究方法》,清华大学出版社 2019 年版。
[66]汪庆华:《政治中的司法:中国行政诉讼的法律社会学考察》,清华大学出版社 2011 年版。
[67]何海波编:《行政法治奠基时:1989 年〈行政诉讼法〉史料荟萃》,法律出版社 2019 年版。
[68]应松年主编:《当代中国行政法》,人民出版社 2018 年版。
[69]余凌云:《行政法讲义》(第 3 版),清华大学出版社 2019 年版。
[70]李洪雷:《行政法释义学:行政法学理的更新》,中国人民大学出版社 2014 年版。
[71]梁凤云:《新行政诉讼法讲义》,人民法院出版社 2015 年版。
[72]章志远:《行政法案例分析教程》,北京大学出版社 2016 年版。
[73]马英娟、李泠烨、韩思阳编著:《行政法典型案例评析》,北京大学出版社 2016 年版。
[74]何兵主编:《行政诉讼案例研习》,法律出版社 2018 年版。
[75]张治宇:《合作论:从政治哲学、法哲学到行政法哲学》,法律出版社 2017 年版。
[76]杨利敏:《行政法与现代国家之构成:两大法系行政法结构性特质形成之探析》,北京大学出版社 2016 年版。
[77]杨解君:《中国法律体系化的探索:行政法与相关部门法的交叉衔接研究》,人民出版社 2014 年版。
[78]何海波:《实质法治:寻求行政判决的合法性》,法律出版社 2009 年版。
[79]沈岿:《公法变迁与合法性》,法律出版社 2010 年版。
[80]周佑勇:《行政法原论》(第 3 版),北京大学出版社 2018 年版。
[81]江必新:《国家治理现代化与行政法治》,中国法制出版社 2016 年版。
[82]林莉红主编:《行政法治的理想与现实:〈行政诉讼法〉实施状况实证研究报告》,北京大学出版社 2014 年版。
[83]江必新、梁凤云:《行政诉讼法理论与实务》,法律出版社 2017 年版。

[84]章剑生主编:《行政诉讼判决研究》,浙江大学出版社2010年版。
[85]解志勇:《行政诉讼调解》,中国政法大学出版社2012年版。
[86]王振宇:《行政诉讼法理论与实务》,中国人民大学出版社2012年版。
[87]江必新:《行政诉讼法比较研究》,中国法制出版社2019年版。
[88]邓刚宏:《行政诉判关系研究》,法律出版社2013年版。
[89]薛刚凌等:《法治国家与行政诉讼:中国行政诉讼制度基本问题研究》,人民出版社2015年版。
[90]蔡小雪、郭修江、耿宝建:《行政诉讼中的法律适用:最高人民法院行政诉讼批复答复解析》,人民法院出版社2011年版。
[91]梁凤云:《最高人民法院行政诉讼批复答复释解与应用》,中国法制出版社2011年版。
[92]蔡小雪、甘文:《行政诉讼实务指引》,人民法院出版社2014年版。
[93]蔡小雪、郭修江:《房屋征收案件审理指引》,人民法院出版社2015年版。
[94]张千帆等:《比较行政法:体系、制度与过程》,法律出版社2008年版。
[95]罗豪才、毕洪海编:《行政法的新视野》,商务印书馆2011年版。
[96]崔德高:《PPP项目执行阶段操作指南:100个实务问题深度解析》,法律出版社2018年版。
[97][英]罗伯特·鲍德温、马丁·凯夫、马丁·洛奇编:《牛津规制手册》,宋华琳等译,上海三联书店2017年版。
[98][英]科林·斯科特:《规制、治理与法律:前沿问题研究》,安永康译,清华大学出版社2018年版。
[99][英]伊丽莎白·费雪:《风险规制与行政宪政主义》,沈岿译,法律出版社2012年版。
[100][英]安东尼·奥格斯:《规制:法律形势与经济学理论》,骆梅英译,中国人民大学出版社2008年版。
[101][英]保罗·克雷格:《英国与美国的公法与民主》,毕洪海译,中国人民大学出版社2008年版。
[102][英]T. R. S. 艾伦:《法律、自由与正义:英国宪政的法律基础》,成协中、江菁译,法律出版社2006年版。
[103][英]特伦斯·丹提斯、阿兰·佩兹:《宪制中的行政机关:结构、自治与内部控制》,刘刚等译,高等教育出版社2006年版。
[104][英]史蒂文·卡恩:《行政法原理与案例》,张梦中等译,中山大学出版社2004年版。
[105][美]肯尼思·沃伦:《政治体制中的行政法》,王丛虎等译,中国人民大学出版社2005年版。
[106][美]理查德·斯图尔特:《美国行政法的重构》,沈岿译,商务印书馆2002年版。
[107][美]杰瑞·马肖:《行政国的正当程序》,沈岿译,高等教育出版社2005年版。

[108][美]史蒂芬·布雷耶:《规制及其改革》,李洪雷等译,北京大学出版社2008年版。
[109][美]肯尼斯·戴维斯:《裁量正义:一项初步的研究》,毕洪海译,商务印书馆2009年版。
[110][美]朱迪·弗里曼:《合作治理与新行政法》,毕洪海、陈标冲译,商务印书馆2010年版。
[111][美]J.西达克、丹尼尔·史普博:《美国公用事业的竞争转型:放松管制与管制契约》,宋华琳、李鸻等译,上海人民出版社2012年版。
[112][美]理查德·爱泼斯坦:《私有财产、公共行政与法治》,刘连泰译,浙江大学出版社2018年版。
[113][法]狄骥:《公法的变迁》,郑戈译,中国法制出版社2010年版。
[114][日]市桥克哉等:《日本现行行政法》,田林等译,法律出版社2017年版。
[115][日]室井力等主编:《日本行政程序法逐条注释》,朱芒译,上海三联书店2009年版。
[116]朱新力:《司法审查的基准:探索行政诉讼的裁判技术》,法律出版社2005年版。
[117]应松年、袁曙宏主编:《走向法治政府:依法行政理论研究与实证调查》,法律出版社2001年版。
[118]章志远:《个案变迁中的行政法》,法律出版社2011年版。
[119]叶必丰:《行政行为的效力研究》,中国人民大学出版社2002年版。
[120]章志远:《行政行为效力论》,中国人事出版社2003年版。
[121]金伟峰:《无效行政行为研究》,法律出版社2005年版。
[122]赵宏:《法治国下的行政行为存续力》,法律出版社2007年版。
[123]何君:《行政行为实行力研究:以服务行政为背景》,法律出版社2016年版。
[124]宋功德:《聚焦行政处理:行政法上"熟悉的陌生人"》,北京大学出版社2007年版。
[125]闫尔宝:《行政行为的性质界定与实务》,法律出版社2010年版。
[126]沈岿:《风险规制与行政法新发展》,法律出版社2013年版。
[127]顾功耘:《当代主要国家公私合作法》,北京大学出版社2017年版。
[128]沈岿:《谁还在行使权力:准政府组织个案研究》,清华大学出版社2003年版。
[129]罗豪才主编:《软法的理论与实践》,北京大学出版社2010年版。
[130]李广宇:《如何裁判行政案件:判例体现的理念与方法》(第1卷),法律出版社2018年版。
[131]于立深:《契约方法论:以公法哲学为背景的思考》,北京大学出版社2007年版。
[132]董炯:《国家、公民与行政法:一个国家——社会的角度》,北京大学出版社2001年版。
[133]袁曙宏、宋功德:《统一公法学原论》,中国人民大学出版社2005年版。
[134]薛刚凌:《行政诉权研究》,华文出版社1999年版。
[135]章志远:《行政诉讼类型构造研究》,法律出版社2007年版。
[136]马立群:《行政诉讼标的研究》,中国政法大学出版社2013年版。
[137][英]马丁·洛克林:《公法与政治理论》,郑戈译,商务印书馆2002年版。

[138]王丹红:《日本行政诉讼类型法定化制度研究》,法律出版社 2012 年版。
[139][英]休・柯林斯:《规制合同》,郭小莉译,中国人民大学出版社 2014 年版。
[140]葛伟军:《案例合同法》,法律出版社 2018 年版。
[141]程啸:《合同法一本通——中华人民共和国合同法总成》,法律出版社 2019 年版。
[142]王利明:《合同法案例研习》,中国人民大学出版社 2019 年版。
[143]朱广新:《合同法总则研究》,中国人民大学出版社 2018 年版。
[144]王泽鉴:《民法概要》(第 2 版),北京大学出版社 2011 年版。
[145]苏力:《是非与曲直:个案中的法理》,北京大学出版社 2019 年版。
[146]梁慧星:《民法总则讲义》(精装版),法律出版社 2018 年版。
[147][美]E. 博登海默:《法理学:法律哲学与法律方法》,邓正来译,中国政法大学出版社 2017 年版。
[148]梁慧星:《裁判的方法》(第 3 版),法律出版社 2017 年版。
[149][德]K. 茨威格特、H. 克茨:《比较法总论》(上),潘汉典等译,中国法制出版社 2017 年版。
[150]台湾大学法律学院:《德国民法典》,北京大学出版社 2017 年版。
[151]莫于川:《柔性行政方式法治化研究——从建设法治政府、服务型政府的视角》,厦门大学出版社 2011 年版。
[152]史笔:《房屋征收与补偿司法实务》,中国法制出版社 2011 年版。
[153]邹爱华:《土地征收中的被征收人权利保护研究》,中国政法大学出版社 2011 年版。
[154]杨临宏:《中国公务员法:原理与制度》,云南大学出版社 2009 年版。
[155]史际春主编:《经济法》,中国人民大学出版社 2010 年版。
[156]杨士富、刘晓善主编:《经济法原理与实务》,北京大学出版社 2013 年版。
[157]王先林:《经济法教程》,上海交通大学出版社 2013 年版。
[158]史际春、邓峰:《经济法总论》(第 2 版),法律出版社 2008 年版。
[159]李曙光:《经济法学》,中国政法大学出版社 2013 年版。
[160]张世明:《经济法学理论研究演变》,中国民主法制出版社 2009 年版。
[161]王保树:《经济法原理》,社会科学文献出版社 2004 年版。
[162]何勤华:《当代日本法学——人与作品》,上海社会科学出版社 1991 年版。
[163]李昌麒主编:《经济法学》,法律出版社 2007 年版。
[164]张守文、于雷:《市场经济与新经济法》,北京大学出版社 1993 年版。
[165]杨紫烜、徐杰主编:《经济法学》,北京大学出版社 2009 年版。
[166]张守文:《经济法原理》,北京大学出版社 2013 年版。
[167]刘宗德:《制度设计型行政法学》,台北,元照出版有限公司 2009 年版。

[168]许宗力:《法与国家权力》,台北,月旦出版社 1993 年版。
[169]李嘉娜:《市政公用事业监管的行政法研究》,中国政法大学出版社 2012 年版。
[170]王智斌:《行政特许的私法分析》,法律出版社 2008 年版。
[171]孙宪忠:《国家所有权的行使与保护研究》,中国社会科学出版社 2015 年版。
[172]何红锋主编:《政府采购法详解》,知识产权出版社 2002 年版。
[173]杨汉平:《政府采购法律制度理论与实务》,西苑出版社 2002 年版。

二、期刊文章

[1]杨寅:《公私法的汇合与行政法演进》,载《中国法学》2004 年第 2 期。
[2]于立深:《台湾地区行政契约理论之梳理》,载《中外法学》2018 年第 5 期。
[3]余凌云:《行政协议的判断标准——以"亚鹏公司案"为分析样本的展开》,载《比较法研究》2019 年第 3 期。
[4]韩宁:《行政协议判断标准之重构——以"行政法上的权利义务"为核心》,载《华东政法大学学报》2017 年第 1 期。
[5]沈福俊:《司法解释中行政协议定义论析——以改造"法定职责范围内"的表述为中心》,载《法学》2017 年第 10 期。
[6]陈天昊:《行政协议的识别与边界》,载《中国法学》2019 年第 1 期。
[7]王利明:《论行政协议的范围——兼评〈关于审理行政协议案件若干问题的规定〉第 1 条、第 2 条》,载《环球法律评论》2020 年第 1 期。
[8]郭修江:《行政协议案件审理规则——对〈行政诉讼法〉及其适用解释关于行政协议案件规定的理解》,载《法律适用》2016 年第 12 期。
[9]耿宝建、殷勤:《行政协议的判定与协议类行政案件的审理理念》,载《法律适用》2018 年第 17 期。
[10]陈思融:《论行政协议的法律效力状态》,载《浙江学刊》2018 年第 5 期。
[11]王敬波:《司法认定无效行政协议的标准》,载《中国法学》2019 年第 3 期。
[12]王贵松:《行政协议无效的认定》,载《北京航空航天大学学报(社会科学版)》2018 年第 5 期。
[13]陈思融:《行政协议诉讼各类判决方式之关系》,载《政治与法律》2017 年第 8 期。
[14]程琥:《行政协议案件判决方式研究》,载《行政法学研究》2018 年第 5 期。
[15]刘飞:《行政协议诉讼的制度构建》,载《法学研究》2019 年第 3 期。
[16]方立新、姚利红:《公私法的分野与趋同》,载《外国法制史研究》2011 年第 2 期。
[17]张传玺:《论中国历代契约资料的蕴藏及其史料价值》,载《北京大学学报(哲学社会科学版)》1991 年第 3 期。

[18]杨解君:《契约文化的变迁及其启示(上)——契约理念在公法中的确立》,载《法学评论》2004 年第 6 期。
[19]杨小君:《契约对依法行政的影响》,载《法学研究》2007 年第 2 期。
[20]杨解君:《论契约在行政法中的引入》,载《中国法学》2002 年第 2 期。
[21]余凌云:《论行政法领域中存在契约关系的可能性》,载《法学家》1998 年第 2 期。
[22]杨小君:《契约对行政职权法定原则的影响及其正当规则》,载《中国法学》2007 年第 5 期。
[23]王贵松:《行政行为无效的认定》,载《法学研究》2018 年第 6 期。
[24]何海波:《行政行为的合法要件——兼议行政行为司法审权根据的重构》,载《中国法学》2009 年第 4 期。
[25]沈岿:《行政行为公定力与妨害公务——兼论公定力理论研究之发展进路》,载《中国法学》2006 年第 5 期。
[26]李可:《原则和规则的若干问题》,载《法学研究》2001 年第 5 期。
[27]刘风景:《立法目的条款之法理基础及表述技术》,载《法商研究》2013 年第 3 期。
[28]邱本:《从契约到人权》,载《法学研究》1998 年第 6 期。
[29]杨解君:《契约的理念引入行政法的背景分析——基础条件》,载《法制与社会发展》2003 年第 3 期。
[30]孙笑侠:《契约下的行政——从行政合同本质到现代行政法功能的再解释》,载《比较法研究》1997 年第 3 期。
[31]陈天昊:《在公共服务与市场竞争之间——法国行政合同制度的起源与流变》,载《中外法学》2015 年第 6 期。
[32]付士成:《我国使用行政合同存在的主要问题》,载《行政法学研究》1993 年第 2 期。
[33]郑京文、佘辛文:《行政合同纠纷纳入行政诉讼问题探讨》,载《行政法学研究》1996 年第 4 期。
[34]于安:《德国法上行政行为的构成》,载《中国法学》1999 年第 5 期。
[35]陈天昊:《行政协议中的平等原则——比较法视角下民法、行政法交叉透视研究》,载《中外法学》2019 年第 1 期。
[36]许安标:《行政复议法实施二十周年回顾与展望》,载《中国法律评论》2019 年第 5 期。
[37]张旭:《行政协议争议可复议问题研究》,载《上海公安学院学报》2019 年第 5 期。
[38]崔建远:《行政合同之我见》,载《河南省政法管理干部学院学报》2004 年第 1 期。
[39]江必新:《行政协议的司法审查》,载《人民司法(应用)》2016 年第 34 期。
[40]贺小荣:《行政协议的创设与国家治理方式的转型》,载《中国法律评论》2017 年第 1 期。
[41]王克稳:《论行政合同与民事合同的分离》,载《行政法学研究》1997 年第 4 期。

[42]江嘉琪:《我国台湾地区行政契约法制之建构与发展》,载《行政法学研究》2014 年第 1 期。
[43]屈茂辉:《机关法人制度解释论》,载《清华法学》2017 年第 5 期。
[44]余凌云:《行政协议的判断标准——以“亚鹏公司案”为分析样本的展开》,载《比较法研究》2019 年第 3 期。
[45]杨小君:《论行政合同的特征、法律性质》,载《行政法学研究》1998 年第 2 期。
[46]于立深:《行政协议司法判断的核心标准:公权力的作用》,载《行政法学研究》2017 年第 2 期。
[47]陈韩宁:《行政协议研究之现状与转向》,载《法治研究》2019 年第 6 期。
[48]王敬波、李晓果:《国有土地使用权出让争议解决新探索——以江苏瑞豪置业公司建设用地使用权出让合同纠纷案为例》,载《法律适用》2017 年第 4 期。
[49]叶必丰:《行政合同的司法探索及其态度》,载《法学评论》2014 年第 1 期。
[50]杨科雄:《试论行政协议的识别标准》,载《中国法律评论》2017 年第 1 期。
[51]宋海东:《新行政诉讼法语境下行政协议若干问题探析——以类型化诉讼为视角》,载《山东审判》2015 年第 6 期。
[52]曹云吉:《民事诉讼正当当事人判断标准的构建——兼谈起诉条件的“双层高阶化”》,载《北方法学》2019 年第 5 期。
[53]杜文聪:《合同相对性的突破与我国合同法相关制度构建》,载《法律适用》2006 年第 11 期。
[54]刘赫喆:《行政合同中潜在缔约人公平竞争权的保护——以缔约行政主体优益权规制为切入点》,载《北京行政学院学报》2019 年第 6 期。
[55]刘训峰:《公平竞争权之质疑——对〈最高人民法院关于执行《中华人民共和国行政诉讼法》若干问题的解释〉第 13 条的重新审视》,载《行政法学研究》2011 年第 3 期。
[56]沈岿:《重构行政主体范式的尝试》,载《法律科学》2000 年第 6 期。
[57]王青斌:《行政诉讼被告认定标准的反思与重构》,载《法商研究》2018 年第 5 期。
[58]王振标:《论村规民约的法治化治理》,载《行政与法》2016 年第 2 期。
[59]崔建远、吴光荣:《中国法语境下的合同效力:理论与实践》,载《法律适用》2012 年第 7 期。
[60]周明:《行政协议效力审查规则探究》,载《山东法官培训学院学报》2018 年第 6 期。
[61]梁凤云:《行政协议案件的审理和判决规则》,载《国家检察官学院学报》2015 年第 4 期。
[62]王轶:《民法总则法律行为效力制度立法建议》,载《比较法研究》2016 年第 2 期。
[63]陈无风:《司法审查图景中行政协议主体的适格》,载《中国法学》2018 年第 2 期。
[64]王轶:《论合同行为的一般生效条件》,载《法律适用》2012 年第 7 期。

[65]危辉星:《行政协议案件司法审查相关问题探析——安吉展鹏金属精密铸造厂诉安吉县人民政府搬迁行政协议案》,载《法律适用》2018 年第 24 期。
[66]李永军:《从〈民法总则〉第 143 条评我国法律行为规范体系的缺失》,载《比较法研究》2019 年第 1 期。
[67]翟远见:《〈合同法〉第 45 条(附条件合同)评注》,载《法学家》2018 年第 5 期。
[68]陈无风:《行政协议诉讼:现状与展望》,载《清华法学》2015 年第 4 期。
[69]王轶:《论我国合同法中的"胁迫"》,载《四川大学学报(哲学社会科学版)》2019 年第 1 期。
[70]杨代雄:《恶意串通行为的立法取舍——以恶意串通、脱法行为与通谋虚伪表示的关系为视角》,载《比较法研究》2014 年第 4 期。
[71]冉克平:《"恶意串通"与"合法形式掩盖非法目的"在民法典总则中的构造——兼评〈民法总则〉之规定》,载《现代法学》2017 年第 4 期。
[72]胡锦光、王锴:《论我国宪法中"公共利益"的界定》,载《中国法学》2005 年第 1 期。
[73]王利明:《关于无效合同确认的若干问题》,载《法制与社会发展》2002 年第 5 期。
[74]王轶:《合同效力认定的若干问题》,载《国家检察官学院学报》2010 年第 5 期。
[75]朱广新:《合同未办理法定批准手续时的效力——对〈中华人民共和国合同法〉第 44 条第 2 款及相关规定的解释》,载《法商研究》2015 年第 6 期。
[76]陈小君:《民事法律行为效力之立法研究》,载《法学家》2016 年第 5 期。
[77]韩世远:《重大误解解释论纲》,载《中外法学》2017 年第 3 期。
[78]李霞:《论特许经营合同的法律性质——以公私合作为背景》,载《行政法学研究》2015 年第 1 期。
[79]苏海雨:《论行政协议的双阶审查》,载《理论月刊》2018 年第 8 期。
[80]余凌云:《论行政契约的救济制度》,载《法学研究》1998 年第 2 期。
[81]龚祥瑞:《宪法与法律——读戴雪〈英宪之法的研究导论〉》,载《比较法研究》1995 年第 3 期。
[82]高松元:《论法治行政与行政契约的亲和性》,载《当代法学》2002 年第 3 期。
[83]韩津和、杨西虎:《行政合同法律适用模式之选择》,载《法律适用》2014 年第 3 期。
[84]章剑生:《"有错必纠"的界限》,载《中国法学》2013 年第 2 期。
[85]时明涛:《论履行不能》,载《安徽警官职业学院学报》2017 年第 3 期。
[86]王智慧:《试论合同相对性的理论基础》,载《当代经济》2016 年第 35 期。
[87]陈璟:《试论合同相对性原则例外的涵义》,载《当代法学》2002 年第 5 期。
[88]张启江:《"行政"与"协议"的融合与冲突——行政协议制度研究三十年》,载《时代法学》2016 年第 5 期。

[89]龙凤钊:《行政合同的法律属性——从行政合同行为的双重特征分析》,载《武汉科技大学学报(社会科学版)》2013 年第 5 期。
[90]王学辉、邓稀文:《也谈行政协议族的边界及其判断标准》,载《学习论坛》2019 年第 1 期。
[91]黄学贤:《行政协议司法审查的理论研究与实践发展》,载《上海政法学院学报(法治论丛)》2018 年第 5 期。
[92]韩宁:《行政协议研究之现状与转向》,载《法治研究》2019 年第 6 期。
[93]刘飞:《行政协议诉讼的制度构建》,载《法学研究》2019 年第 3 期。
[94]麻锦亮:《纠缠在行政性与协议性之间的行政协议》,载《中国法律评论》2017 年第1 期。
[95]陈国栋:《行政合同行政性新论——兼与崔建远教授商榷》,载《学术界》2018 年第9 期。
[96]崔建远:《行政合同族的边界及其确定根据》,载《环球法律评论》2017 年第 4 期。
[97]王利明:《"饭碗法学"当休矣》,载《法制资讯》2011 年第 6 期。
[98]李广宇:《审理行政协议案件对民事法律规范的适用》,载《中国法律评论》2016 年第 1 期。
[99]周佑勇:《行政法基本原则的反思与重构》,载《中国法学》2003 年第 4 期。
[100]熊樟林:《行政法基本原则与软法互动刍议》,载《中南财经政法大学研究生学报》2009 年第 5 期。
[101]严益州:《论行政合同上的情势变更——基于控权论立场》,载《中外法学》2019 年第 6 期。
[102]张松波:《论行政诉讼原告诉讼请求对法院的拘束力》,载《行政法学研究》2019 年第 1 期。
[103]闫尔宝:《论行政协议诉讼的特殊性》,载《法理研究》2019 年第 2 期。
[104]许鹏、乐巍:《行政协议单方变更权的司法审查》,载《人民司法(应用)》2016 年第 22 期。
[105]郭修江:《行政诉讼判决方式的类型化——行政诉讼判决方式内在关系及适用条件分析》,载《法律适用》2018 年第 11 期。
[106]江必新:《中国行政合同法律制度:体系、内容及其构建》,载《中外法学》2012 年第 6 期。
[107]姚辉等:《涉犯罪合同效力问题研究》,载《法学杂志》2017 年第 3 期。
[108]姚明斌:《"效力性"强制规范裁判之考察与检讨——以〈合同法解释二〉第 14 条的实务进展为中心》,载《中外法学》2016 年第 5 期。
[109]缪因知:《国有股转让协议审批要求对合同效力之影响——以"史上最大股权纠纷"为例》,载《中外法学》2015 年第 5 期。

[110]吴光荣:《谈无权处分行为的效力——兼论法释〔2012〕8 号第 3 条的理论基础》,载《法学家》2015 年第 5 期。
[111]刘高等:《民刑交叉中合同效力的认定及诉讼程序的构建——以最高人民法院相关司法解释为视角》,载《法学家》2015 年第 2 期。
[112]杨永清:《批准生效合同若干问题探讨》,载《中国法学》2013 年第 6 期。
[113]吴光荣:《行政审批对合同效力的影响:理论与实践》,载《法学家》2013 年第 1 期。
[114]蔡立东:《行政审批与权利转让合同的效力》,载《中国法学》2013 年第 1 期。
[115]刘贵祥:《论行政审批与合同效力——以外商投资企业股权转让为线索》,载《中国法学》2011 年第 2 期。
[116]刘凯湘、夏小雄:《论违反强制性规范的合同效力——历史考察与原因分析》,载《中国法学》2011 年第 1 期。
[117]章志远:《新时代我国行政审判的三重任务》,载《东方法学》2019 年第 6 期。
[118]彭錞:《公共企事业单位信息公开:现实、理想与路径》,载《中国法学》2018 年第 6 期。
[119]付荣、江必新:《论私权保护与行政诉讼体系的重构》,载《行政法学研究》2018 年第 3 期。
[120]郭修江:《监督权力、保护权利、实质化解行政争议——以行政诉讼法立法目的为导向的行政案件审判思路》,载《法律适用》2017 年第 3 期。
[121]梁君瑜:《行政程序瑕疵的三分法与司法审查》,载《法学家》2017 年第 3 期。
[122]龙非:《行政诉讼类型法定化之反思——基于比较法分析的视角》,载《政法学研究》2016 年第 6 期。
[123]侯丹华:《新〈行政诉讼法〉中几种特殊类型诉讼的判决方式》,载《法律适用》2016 年第 6 期。
[124]翟翌:《论"行政特许"对"民商事特许"的借鉴》,载《法学评论》2016 年第 3 期。
[125]翟翌:《基于"相似性"本质的行政特许界定及其应用》,载《中国法学》2016 年第 1 期。
[126]周佑勇:《特许经营权利的生成逻辑与法治边界——经由现代城市交通民营化典型案例的钩沉》,载《法学评论》2015 年第 6 期。
[127]江国华:《从行政行为到行政方式:中国行政法学立论中心的挪移》,载《当代法学》2015 年第 4 期。
[128]关保英:《行政程序滥用研究》,载《现代法学》2015 年第 3 期。
[129]陈思融:《论行政诉讼补救判决的适用——基于 104 份行政裁判文书的统计分析》,载《中国法学》2015 年第 2 期。
[130]杨伟东:《行政诉讼制度和理论的新发展——行政诉讼法修正案评析》,载《国家检察官学院学报》2015 年第 1 期。

[131]于晓虹:《策略性服从:我国法院如何推进行政诉讼》,载《清华法学》2014 年第 1 期。
[132]薛刚凌:《行政诉讼法修订基本问题之思考》,载《中国法学》2014 年第 3 期。
[133]张青波:《行政主体从事私法活动的公法界限——以德国法为参照》,载《环球法律评论》2014 年第 3 期。
[134]于立深、刘东霞:《行政诉讼受案范围的权利义务实际影响条款研究》,载《当代法学》2013 年第 6 期。
[135]刘飞:《行政诉讼类型制度的功能》,载《法学研究》2013 年第 5 期。
[136]江必新:《完善行政诉讼制度的若干思考》,载《中国法学》2013 年第 1 期。
[137]李广宇、王振宇:《行政诉讼类型化:完善行政诉讼制度的新思路》,载《法律适用》2012 年第 2 期。
[138]马怀德:《〈行政诉讼法〉存在的问题及修改建议》,载《法学论坛》2010 年第 5 期。
[139]余凌云:《行政主体理论之变革》,载《法学杂志》2010 年第 8 期。
[140]黄学贤:《形式作为而实质不作为行政行为探讨——行政不作为的新视角》,载《中国法学》2009 年第 5 期。
[141]胡建淼、吴恩玉:《行政主体责令承担民事责任的法律属性》,载《中国法学》2009 年第 1 期。
[142]葛云松:《法人与行政主体理论的再探讨——以公法人概念为重点》,载《中国法学》2007 年第 3 期。
[143]刘飞:《行政诉讼类型制度探析——德国法的视角》,载《法学》2004 年第 3 期。
[144]薛刚凌:《行政主体之再思考》,载《中国法学》2001 年第 2 期。
[145]王锡锌:《依法行政的合法化逻辑及其现实情境》,载《中国法学》2008 年第 5 期。

三、电子文献

[1]《最高人民法院发布第二批征收拆迁典型案例》,载中国法院网,https://www. chinacourt. org/article/detail/2018/05/id/3307496. shtml。
[2]《〈最高人民法院关于审理行政协议案件若干问题的规定〉新闻发布会》,载 http://www. court. gov. cn/zixun - xiangqing - 207571. html。
[3]最高人民法院第二巡回法院:《行政协议案件审理规则》,载 http://www. court. gov. cn/xunhui2/xiangqing - 84652. html。
[4]蒋某某诉重庆高新区管理委员会、重庆高新技术产业开发区征地服务中心行政协议纠纷案,载 https://www. chinacourt. org/article/detail/2019/12/id/4719250. shtml。
[5]六部门联合发布《中国开发区审核公告目录》(2018 年版),载 http://www. gov. cn/xinwen/2018 - 03/03/content_5270330. htm。

[6]行政协议案件典型案例,载 http://www.court.gov.cn/zixun - xiangqing - 208691.html。

四、外文论文

[1]J. Gareth Morley, Sovereign Promises: Does Canada Have a Law of Administrative Contracts?, Canadian Journal of Administrative Law and Practice, 2010, 23(1).

[2]Christopher T. Curtis, The Legal Security of Economic Development Agreements, Harvard International Law Journal, 1988, 29(2).

[3]Stern, Marie Louise, Some Lessons from French Administrative Law Experience, New York LawSchool Student Law Review, 1951, 1(1).

[4]Shalev Gabriela, Administrative Contracts, Israel Law Review, 1979, (4).

[5]Ayoub M. Al - Jarbou, Administrative Contracts under Saui Arabian Law, Public Contract Law Journal, 2011, 41(1).

[6]Adriana Magdalena Sandu, Maria Sofia Pagarin. Study on Administrative Contracts, ContemporaryReadings in Law and Social Justice, 2012, 4(2).

[7]Niculae Gament - Antoniu, Cristian Giuseppe Zaharie, The Field of Administrative Contracts In The Romanian Positive Law Related To The Provisions of Art. 2 Item(1) Let. C) From Law Nr. 554/2004Regarding The Administrative Legal Dispute. Contemporary Legal Institutions, 2012, 4(1).

[8]Liana - Teodora Pascariu, Current Guidelines In The Field of Administrative Contracts, The Annals of the "Stefancel Mare" University of Suceava, Fascicle of The Faculty of Economics and PublicAdministration, 2010, 10(2).

[9]Liana - Teodora Pascariu, The Distinction of the Administrative Contracts from Other Types of Contract, The Annals of the "Stefan cel Mare" University of Suceava, Fascicle of The Faculty of Economics and Public Administration, 2010, 10(Special Number).

[10] Julio Cueto - Rua, Administrative Civil and Commercial Contracts in Latin - American Law, Fordham Law Review, 1957, 26(1).

[11]Peter Vincent - Jones, The New Public Contracting: Public Versus Private Ordering?, Indiana Journal of Global Legal Studies, 2007, 14(2).

[12]Kimberly N. Brown, Government by Contract and the Structural Constitution, Notre Dame Law Review, 2011, 87(2).

[13]K. T. Murray, B. A. Murray, The Administrative Contract: Implications for Reform, Nassp Bulletin, 1999, 83(606).

[14]I. M. A. M. Ismail, International Infrastructure Agreements and PPPs in Developing Coun-

tries: Substantive Principles: With Special Reference to Arab and Latin American Countries, European Public Private Partnership Law Review, 2011, 6(3).
[15] Donald Frenzen, The Administrative Contract in the United States, George Washington Law Review, 1968, 37(2).
[16] Anastasia Kaltsa, Thomi Kourtesi, The Implementation of Private Law Principles in Administrative Contracts. European Public Law, 2000, 6(3).
[17] Sararu Catalin – Silviu, Interpretation of Administrative Contracts, Juridical Tribune, 2014, 4(1).
[18] Gregory Klass, Contract Law in the United States, Netherlands, Kluwer Law International, 2012.
[19] G. H. Treitel, The Law of Contract, London, Sweet & Maxswell Limited, 2003.
[20] Richard Stone, The Modern Law of Contract, Abingdon, Routledge – Cavendish, 2009.
[21] P. S. Atiya, The Rise and Fall of Freedom of Contract, New York, Oxford University Press, 1985.
[22] A. C. L. Davies, Accountability: A Public Law Analysis of Government by Contract, Oxford University Press, 2001.
[23] David Foulkes, Administrative Law, London, Butterworths, 1982.
[24] Danielle Kie Hart, Contract Law Now – Reality Meets Legal Fictions, University of Baltimore Law Review, 2011, 41(1).
[25] Melvin Aron Eisenberg, Why There is No Law of Relational Contract, Northwestern University Law Review, 1999, 94(3).
[26] Melvin Aron Eisenberg, The Emergence of Dynamic Contract Law, California Law Review, 2000, 88(6).
[27] Jay M. Feinman, Relational Contract Theory in Context, Northwestern University Law Review, 1999, 94(3).
[28] Anat Rosenberg, Contract' s Meaning and the Histories of Classical Contract Law, McGill Law Journal Revue de droit de McGill, 2013, 59(1).
[29] IR Macneil, Essays on the Nature of Contract, South Carolina Central Law Journal, 1980, (10).
[30] Philip J. Mc Connaughay, Rethinking the Role of Law and Contracts in East – West Commercial Relationships, Virginia Journal of International Law, 2000, 41(2).
[31] Andreas Abegg, Banishing Administrative Contracts from Law – Cooperation Between the State and Private Persons in the German Law of the 18th Century, Translated by Annemarie

Thatcher, Ancilla Iuris, 2012, (7).
[32] Georges Langrod, Administrative Contracts: A Comparative Study, The American Journal of Comparative Law, 1955, 4(3).
[33] Mark Seidenfeld, An Apology for Administrative Law in "The Contracting State", Florida State University Law Review, 2000, 28(1).
[34] Andreas Abegg, From the Social Contract to A Social Contract Law Forms and Function of Administrative Contracts in A Fragmented Society, Ancilla Iuris, 2008, (1).
[35] Dan Guttman, Governance by Contract: Constitutional Visions; Time for Reflection and Choice, Public Contract Law Journal, 2004, 33(2).